陕西省2022年经济学科建设项目(0104-363022206002)

中国西部管理案例研究

Case Studies on the Transformation Of Typical Enterprises in Western China

西部典型企业转型案例研究

第三辑

张红芳 褚志远 张丹妍◎等著

中国经济出版社
CHINA ECONOMIC PUBLISHING HOUSE
·北京·

图书在版编目（CIP）数据

西部典型企业转型案例研究／张红芳，褚志远著
. --北京：中国经济出版社，2022. 10
ISBN 978-7-5136-7126-2

Ⅰ. ①西… Ⅱ. ①张… ②褚… Ⅲ. ①企业升级-案例-研究-中国 Ⅳ. ①F279. 232. 5

中国版本图书馆 CIP 数据核字（2022）第 189020 号

责任编辑　杨元丽
责任印制　马小宾
封面设计　任燕飞

出版发行　中国经济出版社
印 刷 者　北京建宏印刷有限公司
经 销 者　各地新华书店
开　　本　710mm×1000mm　1/16
印　　张　15. 75
字　　数　233 千字
版　　次　2022 年 10 月第 1 版
印　　次　2022 年 10 月第 1 次
定　　价　88. 00 元
广告经营许可证　京西工商广字第 8179 号

中国经济出版社 **网址** www. economyph. com **社址** 北京市东城区安定门外大街 58 号 **邮编** 100011
本版图书如存在印装质量问题，请与本社销售中心联系调换（联系电话：010-57512564）

序

2022年是西北大学建校120周年，也是西北大学商科发展110周年，经过百余年发展，西北大学工商管理学院已成为具有一级博士学位授权点、博士后流动站、首批国家级一流本科专业的“本—硕—博—博士后”一体化育人平台。学院从1996年开始招收MBA，2009年获批举办EMBA课程，累计招收各类MBA学员万余名。在工商管理教育中，学院一直非常重视案例教学和案例研究。2011年8月，“西北大学经济管理学院西部案例中心”成立，主要任务是总结西部企业管理的经验，推动西北大学工商管理的本科教学、研究生教学、MBA教学和EMBA教学。中心成立以来共出版《中国西部企业管理案例研究》二辑。2021年编写团队聚焦爱菊粮油集团，推出《爱菊模式的案例研究：变革与学习》。2021年11月29日，该书新书发布会在爱菊集团会议中心举办，来自南京大学、西安交通大学、西北工业大学、陕西师范大学、西安理工大学、西安邮电大学等高校的专家学者以及爱菊集团相关领导参加了发布会。南京大学商学院名誉院长赵曙明教授受邀参加发布会并作讲座，发布会取得了积极的社会效应，强化了我校与企业共成长的信心与决心。

在推进案例建设中，学院一直秉承深入西部实践、研究西部企业、献智西部企业成长的思路，长期跟踪陕鼓集团等多家西部企业，十几年如一日与企业保持共生发展关系。2022年推出的研究成果集合了多年来我院教师研究西部典型企业转型形成的8篇案例，其中，入围全国百优案例2篇。案例集主要聚焦于西部地区具有代表性的企业转型案例，通过科学规范的分析范式、丰富多样的研究对象、引人入胜的情景再现、客观翔实的数据资料，展现出了西部地区典型企业转型的全过程。本案例集具有以下三个特点：

第一，案例研究与案例教学相统一。本案例集不仅注重案例的分析研究，同时也将案例教学摆在了突出的位置，在内容设计与撰写上，兼具研究意义与教学意义。在案例研究方面，本案例集在案例研究分析上视角独特，思路清晰，对于研究对象认识全面且深刻，深入剖析了企业转型过程中的关键问题与成功经验，体现出较高的研究价值。在案例教学方面，本案例集强调“以案例教学辅助知识讲授”的教学理念，在每一篇案例正文后，设置有针对性的案例教学说明，从教学目的和用途、启发思考题、分析思路、理论依据与分析、案例背景信息、关键要点、课堂计划、参考文献等方面，指导辅助学生深度学习每个案例。

第二，研究广度与研究深度相统一。横向来看，本案例集在内容选取上涵盖广泛，在企业类型上包含了国有企业、民营企业、混合所有制企业，既有上市公司又有非上市公司；在行业属性上包含了制造型企业、能源企业、服装加工企业、粮油企业；在问题领域更是丰富多样，涵盖了战略管理、公司治理、人力资源管理、企业并购、绩效评价、企业内部控制、商业模式等，能够满足不同类型、不同需求的企业的案例参考需求。纵向来看，本案例集基于情景化的案例研究，不仅仅是停留在简单的案例总结或验证已有理论的表象分析层面，更多的则是深入关系层面去探究独特管理现象所产生的原因，通过逻辑推理解释因素间的作用关系，并努力探索挖掘出管理现象内的作用激励与演化规律。

第三，本土特色与国际视野相统一。本案例集所选取的研究案例均为西部地区本土企业，这些企业在建立、成长、发展的过程中，都受到西部地区市场环境、政策环境、文化环境等的深刻影响，在不断推进自身企业现代化发展的过程中，也逐渐拥有了“西部气质”与“西部性格”。同时，随着新时代全方位对外开放的不断深化，以陕鼓集团、爱菊粮油集团为代表的本土企业借助“一带一路”倡议的新机遇，加速走出国门，深度融入全球价值链与供应链当中，极大地提升了本土企业的战略格局。对本土企业转型发展的分析解读与对重点企业海外并购、技术合作、对外投资等企业活动的介绍，将有助于推动国内企业家立足中国、放眼世界，实现企业高质量发展。

《中国西部企业管理案例研究》（第三辑）是我们建设西部特色案例的又一新起点，也是加强案例阵地建设的新成果。我们相信案例建设必将成为新阶段我校工商管理学科发展的新亮点。真诚希望我院的案例研究在全国同人的指导和支持下，不断地深入进行下去，办出特色，形成具有西部特色、西部气魄、全国影响的案例。受案例中心负责人的委托，是以为序。

西北大学副校长、经济管理学院院长、教授　吴振磊

2022 年 5 月于长安校区

目　录

第 1 篇　陕鼓动力：价值网络重构下的战略演进　/ 1

案例正文　/ 1

案例教学说明　/ 14

第 2 篇　陕鼓集团的全球价值链攀升之路：从获益外包到逆向外包　/ 29

案例正文　/ 29

案例教学说明　/ 59

第 3 篇　北元化工的混合所有制：从创始人到董事会的控制权演变　/ 89

案例正文　/ 89

案例教学说明　/ 100

第 4 篇　长庆石化：高绩效工作系统的引入　/ 115

案例正文　/ 115

案例教学说明　/ 132

第 5 篇　长庆石化：让诚信根植于心　/ 144
案例正文　/ 144
案例教学说明　/ 158

第 6 篇　卓诗尼陕西分公司的组织韧性构建之路：从即兴发挥到系统变革　/ 172
案例正文　/ 172
案例教学说明　/ 185

第 7 篇　神木电化老员工劳动关系处理之困局　/ 201
案例正文　/ 201
案例教学说明　/ 206

第 8 篇　爱菊粮油“玩”餐饮：“不务正业”还是战略升级　/ 219
案例正文　/ 219
案例教学说明　/ 224

附　件　/ 237

第1篇　陕鼓动力：价值网络重构下的战略演进①

张　洁　张红芳　褚志远　李彦博　陈彦妆　武　悦

案例正文
AnLiZhengWen

摘　要　本案例以西安陕鼓动力股份有限公司（以下简称“陕鼓动力”）2016—2020年分布式能源战略的实现过程为例，分析企业5年间在政策环境、市场环境以及技术环境的不确定性与不连续性下，如何通过构建价值网络与外部力量协同共创，不断探索新市场与新业务，发现新的客户“瓶颈”，形成领先的能力，向分布式能源服务一体化战略演进。企业以客户需求为核心，从金融价值网络构建以解决客户的资金“瓶颈”，到供应链网络构建促进石化与气体业务拓展，再到服务一体化网络构建促进智慧城市业务的新实践，整合了计划式与涌现式的战略过程，在不断演进中实现分布式能源战略。陕鼓动力通过重构价值网络突破行业发展“瓶颈”，在新市场与客户的“瓶颈”迁移中，不断重构核心能力、拓展战略版图。通过对陕鼓动力战略演进过程进行讨论，使学生对企业在复杂环境中通过价值网络构建促进战略演进的理论进行深入思考。

关键词　战略演进；价值网络；服务一体化网络；分布式能源战略

---

①　由于企业保密的要求，笔者在本案例中对有关名称、数据等做了必要的掩饰性处理；本案例只供课堂讨论之用，并无意暗示或说明某种管理行为是否有效。

引言

2020年，陕鼓动力的国内外市场以及供应链上下游都受到新冠肺炎疫情的冲击，在严峻复杂环境中，企业依然保持了快速增长的趋势，远远超出行业平均利润率。陕鼓动力现任董事长李宏安谈起2020年陕鼓动力的发展状况时，得意地说道："2020年1—6月，公司在不利环境中实现了逆势增长，陕鼓利润占到行业利润的83%，很多人问我说你们怎么把行业的钱全挣了？我说我们没挣这些钱，其他企业也挣不来这个钱。有的人说是虹吸现象，把钱全部吸来了，事实上不是这样的。陕鼓的上下游不是一个行业的，我们是跨行业价值链的链主，整合不同行业是陕鼓的战略思路。"2020年，"陕鼓模式"多次被写入陕西省和西安市政府工作报告，成为陕西省经济高质量增长的一个亮点。

回顾陕鼓动力的战略转型发展之路，李宏安董事长感慨万千。陕鼓动力曾经是风机行业设备制造的领先者，自2013年起，其营业收入与利润开始连续下滑。在经济新常态带来的挑战中，在行业环境剧变背景下，陕鼓动力必须开始思考与探索新的战略转型之路。而究竟什么才是最适合陕鼓动力的战略转型之路呢？经过管理层共同决策，自2016年起，公司全面启动从传统生产型制造向现代服务型企业转变之路，提出向分布式能源战略方向转变。这条路如何走下去？陕鼓动力的管理层也感受到了来自公司内外的压力。公司上下共同实践，开始探索最适合陕鼓动力的成长方式，演化形成陕鼓动力的战略实现之路。陕鼓动力自2017年重新开启了增长之路，2019年营业收入大幅提高，并在2020年新冠肺炎疫情期间实现了营业收入快速增长。2021年陕鼓动力又吹响了践行"双碳"目标的号角，瞄准绿色、低碳、节能需求，在行业发展周期和市场周期波动起伏中不断寻找新的战略方向。

1 背景

1.1 陕鼓动力早期成长中的跌宕起伏

陕鼓动力成立于1999年，是以陕西鼓风机（集团）有限公司（1968年建厂，以下简称"陕鼓"）生产经营主体和精良资产为依托而设立的股份公司，2010 年 4 月在上海证券交易所 A 股上市（见附件一）。由于早期自主开发了有效回收废气并再利用的能量透平回收装置（TRT）产品，同时乘着冶金行业快速发展的东风，陕鼓集团也加快了成长的步伐。2002 年，新上任的董事长印建安在工程总包服务中探索出制造业服务化趋势，围绕核心业务，陕鼓集团不断精简内部组织，将 11 个车间撤销、合并，最后保留总装车间、机加车间、叶片加工车间、动能厂、结构车间 5 个车间，并不断构建外部合作网络，到 2008 年陕鼓集团保持着每年 20% 以上的增长速度，进入发展黄金期。

成长的道路并非一帆风顺。2009 年，随着全国风机行业企业数量日益增加，达 400 多家，行业竞争加剧，陕鼓动力也在 2009 年出现营业收入下滑。陕鼓动力从 2009 年起进一步加强核心业务和核心能力建设，在核心业务方面，继续精简业务部门，只保留总装和加工两个生产车间。在核心能力方面，陕鼓动力加强远程诊断能力建设，开发旋转机械远程故障诊断系统，组建成立了远程故障诊断中心，搭建远程服务平台，对产品进行生命周期管理，强化为客户进行设备检测服务。经过核心业务聚焦和核心能力增强，通过快速战略调整，陕鼓动力实现了从 2010 年到 2012 年的快速增长（见图 1.1）。

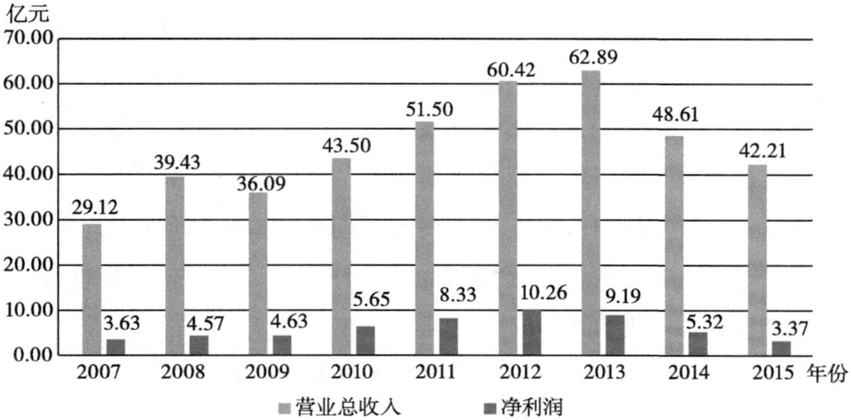

图 1.1　陕鼓动力早期的成长绩效

然而，环境的新变化又给企业成长之路带来了新的不确定性。到了 2013 年，由于下游行业产能过剩、需求放缓，受到经济发展新常态调整影响，市场持续低迷，2015 年陕鼓动力营业收入下滑至 42.21 亿元。但是，从国内市场占有率来看，其核心产品轴流压缩机、离心压缩机组以及能量回收装置依然保持较高市场水平。同时，陕鼓动力也为更好适应外部环境，形成外部合作关系网，与外部客户、供应链上下游企业构建合作网络，2013 年陕鼓集团供应链成员企业已有近 200 家。陕鼓集团时任董事长印建安意识到，尽管陕鼓动力一直在转型，但作为系统服务外包商，其系统解决方案中的核心仍然以风机相关设备为主，而风机市场的发展已经遇到了“天花板”。因此，陕鼓动力必须另寻出路，才有可能长足发展。出路到底在何方？管理层经过讨论，认为分布式能源市场有着巨大的机会，是新常态下的新需求。

1.2 公司发展步入新阶段

2016 年，陕鼓动力开始明确提出聚焦分布式能源市场的战略新方向。“分布式能源”，是指分布在用户端的能源综合利用系统，是相对于集中供能的分散式供能方式。其是将用户多种能源需求进行系统整合优化，采用需求应对式设计和模块化配置的新型能源系统。可以利用现场废气、废热等发电，使部分污染物资源化、分散化；通过利用小规模、独立和分散的冷、热、电能系统，减少长距离输送能源的损耗，使得能源利用安全与灵活。分布式能源能够对接区域资源与区域需求，形成个性化的定制方案，符合国家能源安全战略以及节能减排的政策要求，也是未来国际能源发展的趋势。

在新的能源战略布局下，面临着政策风口的不断调整，市场环境的快速变化，以及技术方向的不连续变化等所形成的复杂环境，公司能否在新的挑战与机遇中实现新的战略方向？在重要转折期公司应该如何行动？陕鼓动力管理层围绕着战略方向开展了系统讨论，对环境变化、内外部治理机制、组织结构等进行了系统化的架构。

在公司上下达成共识后，公司聚焦分布式能源战略的行动方向，以客户价值为中心，不断构建新的价值网络以实现价值创造组合。在 5 年的战略行动中，布局与重构价值网络，与金融服务方、供应链上下游、服务提供商等通过合作联盟、并购、投资等形式，协同整合不同利益相关者，逐步形成“陕鼓品牌 + 设备 + 服务 + 工程 + 金融 + 运营 + 智能管控 + 贸易”的战略组合

图 1.2　陕鼓动力新阶段的成长绩效

模式，实现了从 2017 年到 2020 年的快速成长（见图 1.2）。

2　金融网络构建促进战略演进

2.1　把握政策机遇，发现客户痛点

2016 年，站在“十三五”规划的新起点，陕鼓动力也遇到国家政策调整的机遇期。在供给侧结构性改革的政策背景下，国家对冶金行业与产业实施搬迁政策。随着政策调整，市场“新风口”出现，工业领域的“退城入园”以及产业升级政策，都对聚焦于分布式能源战略提出了新的要求。陕鼓动力紧跟国家战略与用户的需求变化，针对用户能源需求向着就地产生、就地转化、就地利用的新需求转变，将能源消耗最低、产能端效能最大、余能利用最大化的能源集约方案作为公司探索的新战略方向。基于对客户需求、对本行业及其他行业的发展情况以及对陕鼓自身优势的分析，在多次内外部研讨交流的基础上，公司于 2016 年 7 月召开了“新常态、新思维、新举措”学习研讨动员大会，大会对聚焦分布式能源市场的战略新方向进行解析，推动战略的实施。围绕着分布式能源，公司重新进行市场策划与排兵布阵，向分布式能源服务化战略方向演进。

随着战略实施过程的推进，公司在市场开拓中发现很多经营遇到困难或者民营中小型的用户和供应商由于资金不足，难以适应新的变化，也影响了

陕鼓动力市场的拓展或者供应配套。在钢铁企业“退城入园”的发展过程中，很多中小钢铁企业需要能量回收设备以及能源使用优化的系统化的解决方案，但是项目规模大、周期长，设备价格昂贵等问题制约着新的需求增长。中小钢铁企业的资金渠道限制了市场的成长，也是战略实施中需要突破的“瓶颈”。

2.2 构建金融网络，形成关键“瓶颈”解决方案

针对客户所面临的资金短缺的困境与成长“瓶颈”，如何更好地为客户解决难题、突破关键“瓶颈”是陕鼓动力发展的关键思路。在战略实施过程中，公司市场部门发现市场“瓶颈”突破的关键就在于为顾客提供多元差异化的融资服务。陕鼓动力长期以来与多家银行、证券公司以及社会资本机构等保持良好的合作关系，在资金调动和协调方面形成了独特的优势，因此，结合客户痛点与自身优势，陕鼓动力基于自身多年的良好发展、资金优势和良好银行信誉，形成了“陕鼓 + 金融机构 + 优质客户（供应商）”三位一体的融资服务模式，探索并推出了一系列融合了多种融资模式的金融解决方案。

通过构建协同服务网络，公司实现参与者的多赢。其通过融资租赁、信托贷款、买方信贷、委托租赁、融资租赁 + 信托、BT/BOT/BOO、应收账款保理、合同能源管理（EMC）、保函融资、产业基金等金融服务模式，为客户提供了丰富的资金来源和融资模式选择。陕鼓动力构建了丰富的外部价值网络，与外部银行、信托、券商、租赁公司与保险公司开展合作。陕鼓动力与国家开发银行、中国进出口银行、浦发银行、中信银行等银行开展合作，其中包括 11 家外资银行，如花旗、汇丰、星辰等；与陕国投、国泰君安证券、五矿信托以及中信建投证券等信托与券商合作；并与民生金融租赁公司等租赁公司，以及中国出口信用保险公司、中国平安等保险公司达成合作关系。目前陕鼓动力参与或发起基金 12 只，规模合计 178 亿元。其在中国香港与卢森堡分别布局 2 家金融公司，公司以自有资金出资 2 亿元，设立西安长青动力融资租赁有限责任公司，由全集团进行资金统管。其与金融机构形成丰富多样的合作网络和客户网络链接，推动着陕鼓动力战略演进。

2.3　内部能力与组织模式的演进

在陕鼓动力实施战略转变的同时，公司内部也围绕着系统解决方案商与系统服务商搭建新的架构，成立了“两个中心”——系统方案中心（整合集团内外的资源）和金融方案中心，“两个中心”是公司战略实施与演进的重要组织力量。

系统方案中心需要支持新的业务方向和新的客户需求，围绕客户需求提供独特的技术与商务解决方案。金融方案中心需要围绕客户的金融需求，构建针对不同客户独特的金融解决方案。两个中心与公司部门共同配合，在客户和业务拓展中组建团队，识别市场机会并服务于客户，为陕鼓动力的战略转型与客户需求提供个性化的方案支持，不断探索新的战略方向。通过外部网络构建与内部组织变革，陕鼓动力不断加强投融资业务，逐渐演进形成了“金融 + 更多方案”的战略方向，为客户提供定制化的金融与个性化的系统方案服务，以解决客户资金来源紧张的痛点。

3　构建供应链网络助力分布式能源新业务领域拓展

3.1　新业务领域拓展与新“瓶颈”出现

随着“退城入园”政策周期的结束，冶金行业逐渐接近增长衰退期，陕鼓动力该何去何从？新的业务拓展的方向在哪里？公司又一次面临着探索与拓展新的业务领域的挑战。2017 年，随着供给侧结构性改革的深入推进，一方面，在供给侧的产能端市场，在国家能源结构调整、提高能源系统效率和发展质量、提升能源安全战略保障的背景下，需要以“十三五”能源规划及分布式能源战略方向为主，开展供给策略和方向的挑战和新布局；另一方面，在需求侧的用能端市场，围绕石化、化工、有色、钢铁等流程工业的能效提升的需求，以及工业园区一体化战略布局的市场需求进行战略调整。

陕鼓动力管理层认真研究国家供给侧结构性改革和节能环保政策趋势要求，同时，市场部门和系统方案中心等部门对石化行业以及天然气市场等新客户领域进行共同研究后，发现随着区域化、大规模化冶炼企业整合搬迁政策逐步进入尾声，化工园区的建设和运营也成为产业发展的新趋势。因此，公司确定了向石化与天然气行业的业务领域进行拓展的方向。由于石油和化工行业向规模大型化、炼化一体化以及产业集群化方向发展，同时，天然气市场的管线建设也在加速推进，非常规天然气液化市场快速增长，围绕着气（天然气、油田气、煤层气、页岩气、焦炉气等）的制、储、运、销的全流程领域存在较大市场空间，用户提出了汽拖机组改为电拖机组、单轴机组改为多轴机组的需求，给流程工业服务市场带来机会。

然而，由于石化行业等新客户资金充足，金融约束不再是新客户的“瓶颈”问题。因此，如何发现新的客户痛点拓展业务领域，有效实施分布式能源战略，如何针对客户需求开展供给端的创新，就成为陕鼓动力新上任的董事长李宏安面临的一个新的难题。围绕着战略目标和环境变化，针对新的客户，在新的竞争环境中，陕鼓动力面临着更大的挑战。陕鼓动力在 2017 年职工代表大会中启动了“新动能助推新发展，新作为开启新征程”之路，围绕着新的变化开展新的市场解决方案的探索。此时，公司在上下联动以及内外部协作中也发现了客户需求的痛点，也从金融服务的需求向流程工业服务一体化需求的方向转变。

3.2　构建供应链网络，提供一体化解决方案

随着客户对流程工业服务一体化需求成为新的挑战，董事长李宏安重新阐释了分布式能源战略实施中的“两个转变”，一是加强从单一产品制造商向分布式能源领域系统解决方案提供商和系统服务商转变；二是从产品经营向客户经营、品牌经营和资本经营转变。陕鼓动力各部门也全力推进“两个转变”，向打造世界一流智慧绿色能源强企的战略演进。

随着新的项目数量和合同金额大幅增加，其中 EPC 项目占比较大，供应链管理与项目整体履约压力增大，为此陕鼓动力在战略实施中，开始进一步加强供应链网络协作，以及供应链管理中合同履约信息化透明系统项目的建设。一方面，为了适应对能源综合利用需求，陕鼓动力运用互联网思维整合资源，推动成立分布式能源资源协作网，以多方互联的星网型协作关系，聚合市场需求侧及分布式能源产业链上的多方力量以提升分布式能源系统解决

方案能力。另一方面，加强围绕项目开展的全供应链流程的管理。陕鼓动力经过多轮次业务、技术考察和甄选，于2018年8月携手佰思杰科技有限公司打造全协同透明供应链，帮助陕鼓动力梳理和优化流程、识别用户关键需求，研发高质量的系统，加强项目全流程管理。

为进一步加强供应链网络有效协作，陕鼓动力推进采购国际化并构建供应链服务平台。公司成立欧洲采购中心，推进采购与销售业务的国际化网络构建。2019年，陕鼓动力与国内一流大宗商品在线交易系统IT及运营团队联合打造了工业互联网社会化协作服务平台——“链易得”供应链综合服务平台。平台覆盖分布式能源流程工业领域全产业链，集商流、物流、研发、资金流、能量流等多维度合作，包括上游代采、工业服务、下游分销等。为解决分布式能源领域的单点技术问题，形成“技术+”创新平台。同时，平台针对客户差异化需求，组合优势资源，向供应链上下游企业提供B2B交易、物流仓储、供应链金融、研发众包、工业服务等多领域一站式综合服务解决方案，实现成本下降、效率提升和模式创新。

在此基础上，通过协同组合优势资源，陕鼓动力逐渐形成了“技术+”“商务+”“金融+”“研发+”“能量+”的运作方式，实现了资源信息聚集、优势资源互补、多方价值实现的服务平台，深度服务于供应链上下游企业。为调动协作网络的参与者，平台倡导互联共享，多方互动，信息透明，优势互补。逐渐形成了以“一体化、智能化”为核心，以“冷、热、电、气、水、固废、安全、消防、环境监控”为线索的全流程定制化系统解决方案，将多层次的能源供应有机整合起来。通过能源的协同供应与互补集成提高方案的整体效率，降低能源使用的成本。

3.3　形成实施战略的核心能力

为了更好地为客户提供系统化解决方案，陕鼓动力不断加强“专业化+一体化”的综合能力的建设，包括工程成套设计能力、项目建设能力等，进一步构建核心能力，包括业务之间的协同联系能力、综合服务能力，以及系统化技术能力等。

一方面，陕鼓集团不断通过协同内外部资源、组织力量形成核心资产和能力。陕鼓集团在新的能源领域不断投入资源，包括成立综合能源事业部，在青海成立热电厂，配套锂电池厂与园区一体化。公司设立了陕鼓欧洲服务中心，与 EKOL 共同为用户提供更优的全产业链交付服务。为进一步实现陕鼓集团气体产业的规模化发展，2019 年 9 月，陕鼓集团收购六安钢铁控股集团特钢有限公司的两套空分资产，增强公司气体运营能力。陕鼓集团还构建了实施分布式能源方案的核心能力，在自己的园区建成了首个能源互联岛全球运营中心。能源互联岛项目针对区域能源资源和用户侧需求特征，利用在能量转化领域丰富的技术储备和商务经验，实现 N 类业务合一。通过能源互联岛平台实现污水处理、供热、制冷、供电、压缩空气、固废处理、新风供送及安防、消防监控等智能九联动系统的优化集成，形成了相对独立的能源供给和环保处理综合系统。

另一方面，陕鼓集团实施“互联网 + 智能云”，将智能化技术与业务融合，搭建陕鼓智能制造的基础平台，以实现从设计、制造、试验、集成、销售到现场交付与使用的数据全覆盖，通过产品智能化、过程智能化和服务智能化，提升客户项目实施过程中的数据收集能力与数据分析能力。

通过内外部协同演进与核心能力的动态演进，2017 年陕鼓集团订货量达到 113.25 亿元，与 2016 年同期的 80.04 亿元相比增长 41.49%，实现了自 2013 年以来的正向增长。同时，2018 年陕鼓集团实现了新业务领域的快速增长，石化行业营业收入 56.34% 的快速增长，取得了新业务领域拓展的成功。

4　服务一体化网络助力城市智慧园区业务的尝试

4.1　新兴能源革命与“一带一路”带来新机遇与挑战

随着能源革命与“碳中和”的发展，全球正在向清洁低碳安全高效多元化发展的现代能源体系转型发展，未来分布式能源系统将在流程工业、智慧城市及海外市场等领域有着广泛的发展空间。在新一轮的能源技术革命下，在中央和地方战略新兴产业、新基建等政策指引下，智慧城市投资建设也迎来了新的发展机遇。分布式能源与 5G 技术、人工智能、大数据、工业互联网、物联网等技术融合，实现冷、热、电等多能互补能源综合利用及能源智慧管控系统解决方案的新需求，也开始成为公司新的战略方向。同时，公司在“一带一路”领域新市场拓展也有很大的空间，印尼、菲律宾镍矿资源丰富，冶炼市场前景较好；俄罗斯、乌克兰等泛俄地区工业发展潜力巨大，升级改造需求旺盛。在新兴能源领域，氢气作为清洁无碳产品未来市场前景广阔，也成为陕鼓动力新的业务方向。天然气行业、智慧产业园区建设加速，未来产业上下游延伸及企业并购是主要趋势。目前，天然气管线建设速度远落后于规划速度，到 2025 年还需建设中国天然气长输管道 8.3 万千米，存在大量管线压缩机市场机会。未来可尝试涉足新领域，在 LNG（机组 + 服务 + 总包）、管线输送（机组 + 服务 + 单元工程）基础上，延伸至天然气储存、调峰、LNG 液厂投运及下游消费（加气站 + 分布式能源）领域形成天然气全流程市场。

4.2　服务一体化网络的深化与新业务拓展

陕鼓集团在冶金、煤化工、石油化工等工业领域积累了为客户提供智慧绿色能源系统解决方案和系统服务的能力与经验，也不断向新的智慧城市领域的业务拓展，在行动中实现战略的不断演进。在智慧城市方面，由于产业新城、工业园区、“退城入园”等给园区能源一体化带来市场机会，陕鼓集团成立的城市客厅综合能源股份有限公司也围绕智慧城市建设，在陕西省高新技术产业园启动了 15 万多平方千米智慧园区的建设，陕鼓动力通过网络协同，在现有一体化服务基础上，综合智慧配电网等一体化的分布式能源服务迈向新的里程。这也是陕鼓动力的分布式能源战略，是通过多能互补的能源互联网在智慧园区未来能源开发模式中的新实践。陕鼓动力以围绕一体化与智能化的分布式能源系统解决方案为核心，对集设备、工程、服务、运营、智能化、供应链、金融七大增值服务于一体的“1 + 7”业务格局进行模块化和网络化的布局，不断加强业务模块之间的网络互动，在网络构建过程中不断演进与深化。通过多模块联动深度洞悉用户隐形需求，以“要为客户找产品，不为产品找客户”的市场价值观，不断拓展服务边界。在不断加深服务一体化网络构建与新业务拓展下，2019 年陕鼓动力实现营业收入 73.04 亿元，较2018年同期增长44.95%。2020年，陕鼓动力实现营业收入80.65亿元，继续保持较高的增长率。

4.3 不断加强更新核心能力形成动态能力

在实现一体化服务网络构建过程中，陕鼓动力不断加强不同增值服务模块化的能力，以及不同模块间的互补与网络协同能力。在设计服务中，不断加强与外部网络协作的能力，在与设计方等合作方协作中，提前500天共同参与客户需求分析，深化设计模块服务协同。在运营服务方面，陕鼓动力按照“5+3”指标分析法，以工业品服务平台和先进的金融方案为途径，为用户提升全系统综合能效，优化资产结构，提高客户运营服务模块化水平，并进一步加强维修服务，提供更长周期（5~10年）的维修服务，通过增强运营模块化服务助力用户实现高质量发展。在核心工程技术方面，专注具体核心业务模块，加强全流程设备的研发，在大化肥、大化工、大空分、大风洞等领域实现了技术研发的重大突破，形成了组合技术能力以及一体化服务能力的核心能力体系。在智能化服务模块，公司与美林数据等签订合作协议，不断深化设备与服务的数字化能力，提供运营数据监测、数据采集分析等服务，加强产品智能化、过程智能化以及服务智能化，为用户提供用能智慧化解决方案。

陕鼓动力通过建立全方面协作机制，调动不同中心和部门，以及外部网络协作方共同围绕客户与市场提供高质量服务；通过建立内部对赌机制、归零赛马机制，调动系统方案中心与金融方案中心的协同服务。系统方案中心联合销售部门等在工艺、销售、技术、工程、运营等方面协作，不断增强团队协同作战的能力，以及外部网络协作和协调能力。陕鼓动力在内部不断提升后台的支持能力，包括合同管理部门、系统管理部门以及平台服务等的服务支持能力。

5 新的征程与未来发展

随着陕鼓动力分布式能源战略的实施部署，业务领域逐渐分散，不同的市场和不同的客户不断对陕鼓动力提出新的要求。新的困难与挑战也不断产生，董事长李宏安也陷入了新的思考中，“如何进一步深入了解用户新需求及新‘痛点’，最大化地为用户解决实际问题，聚焦客户需求构建新的核心能力?”“如何在未来战略探索与现有市场领域进行资源与精力的分配?”在他所提出的战略新路径和方法论中，陕鼓动力将继续坚持以战略文化为引领，市场开拓为纲，能力建设为基础，进一步提升研发能力、设计能力、执行能力、系统化方案解决能力，以及项目管理能力等综合能力，优化体制机制的不断改革创新，以金融投资与智能化为两翼，不断探索新的发展方向。在战略演变过程中，陕鼓动力不断依托自身在大型轴流压缩机、大型离心压缩机、大型空分机组、EKOL 汽轮机等产品和技术方面的优势，形成了“能量转换设备制造、工业服务和基础设施运营”三大业务板块和流程工业全产业链系统方案能力，研发的绿色节能产品和系统服务广泛应用于工业、智慧城市、“一带一路”、军民融合等领域。但是，随着新兴能源技术等新技术的变革，以及开拓国际化项目会给公司带来新的挑战，在新兴能源项目拓展中，国际上业主方对陕鼓动力提出国际化认证要求，如根据阿美认证以及壳牌认证等新要求，对公司的技术与服务标准以及企业组织管理体系扁平化、灵活化以及快速反应等提出要求。在新的战场，面对新的客户与竞争对手，如何根据环境变化不断重构网络并形成新的核心能力成为陕鼓动力面临的挑战。

2021 年，在践行“双碳”目标的新征程上，董事长李宏安又带领陕鼓动力不断构建新的价值网络，赴赛鼎工程有限公司与该公司签订战略合作协议，共同发挥自身产业优势深化合作。与万华化学集团股份有限公司签订战略合作协议，缔结长期友好合作关系；同时，陕鼓动力也获得由万华化学颁发的“战略供货商”荣誉奖牌，智慧绿色系统解决方案获得用户赞赏与认可。公司还和陕煤集团榆林化学有限责任公司共同成立合资公司，全面负责供气项目的投资、建设、运营，扩大气体业务的一体化与网络化发展战略，形成协同效应。面对更高的市场目标与发展挑战，陕鼓动力继续通过新的价值网络的构建，加速新能力构建，推进业务数字化与智能化，实现着战略的不断演进，不断开拓并布局新的战略业务版图。

案例教学说明

AnLiJiaoXueShuoMing

一、教学目的和用途

1. 适用课程

战略管理，管理学。

2. 适用对象

本案例主要为本科、硕士研究生、MBA 和 EMBA 的“战略管理”课程开发，适合具有一定工作经验的学生和管理者学习。

教学知识点：战略的概念、战略的演进、企业价值链的概念、行业价值链、企业价值网络理论。

3. 教学目的

本案例对陕鼓动力在价值网络构建中企业战略演进的过程进行分析，结合价值网络理论，分析在复杂环境中战略演进的概念、影响因素以及演进过程中的网络构建与内在机制教学。通过深入分析案例，使学生理解、掌握和思考以下四个方面的知识点，使学生能够掌握和运用战略演进理论、价值网络理论等对企业应对环境不确定与不连续变化开展战略选择与实施进行分析。具体教学目标如下：

（1）分析影响企业战略的环境复杂性特征并理解战略演进的本质；

（2）理解价值网络概念并分析价值网络构建阶段与企业战略演进的关系；

（3）理解价值网络如何作用于企业战略演进；

（4）理解陕鼓动力的战略实现过程及其独特性，并思考企业未来成长。

二、启发思考题

（1）2016—2020 年，陕鼓动力的环境发生了哪些变化？环境特征与变化如何影响战略的演进？

（2）什么是价值链与价值网络？分析陕鼓动力战略过程中价值网络构建

的方式与阶段。

（3）分析陕鼓动力价值网络构建与治理如何影响战略演进。

（4）分析陕鼓战略实现过程具有哪些独特性，思考陕鼓动力如何应对新发展、新问题与新挑战实现不断成长。

三、分析思路

本教学案例以陕鼓动力 2016—2020 年实施分布式能源的战略演进过程为主线，围绕“企业如何构建价值网络以实现战略”这一核心问题展开，开展递进式的分析：第一，理解什么是战略演进过程以及战略演进的影响因素（是什么以及为什么）；第二，从实践角度，进一步结合价值网络理论，探讨具体战略过程中网络关系重构的方式（谁共同参与演进）；第三，深入探讨战略演进创造价值背后的理论解释机制（如何作用）；第四，分析陕鼓的战略实现过程及其独特性，并思考未来的成长战略。详细分析思路与步骤如图 1.3 所示。

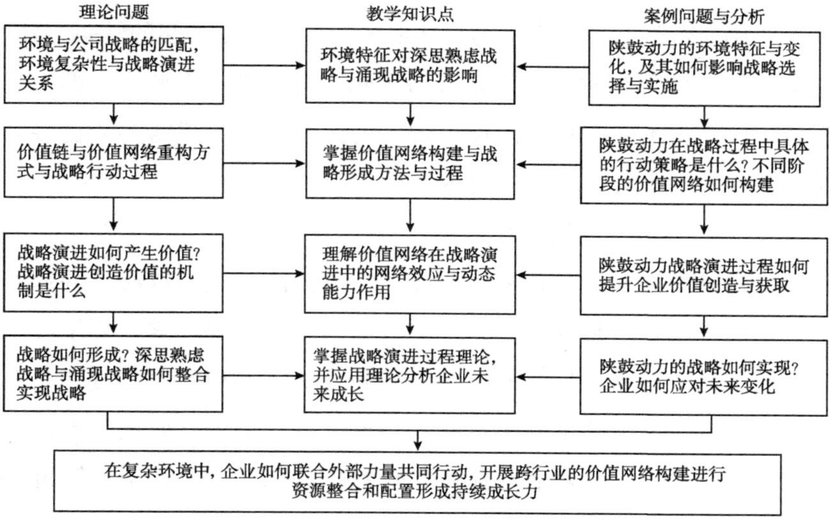

图 1.3　案例分析思维导图

四、理论依据与分析

（一）问题一：在2016—2020年，陕鼓动力的环境发生了哪些变化？环境特征与变化如何影响战略的演进？

1. 理论依据

（1）战略演进的本质。

战略演进的本质是公司的战略是由两部分形成的，一部分是通过管理分析开展的计划式战略，另一部分是响应环境与变化的涌现式战略。Arthur A. Thompson 等在《战略管理》教材中，认为战略演进包括两个方面，具体表现内容：①主动型战略要素。通过主动式行动来提高公司的财务绩效和获取竞争优势。公司为了应对环境的不断变化，通过深思熟虑的行动计划不断在原有计划基础上增加新的计划调整。②反应型战略要素。响应式行动是对不可预测的因素和新市场的应对。战略实现过程中需要增加响应式的战略应对复杂性与不确定性的情境。当市场与环境发生一些不可预知的转折，如政策、技术与市场的不可预测时，更需要战略的响应与调整。因此，一部分公司战略的构成应该来自不断变化与发展过程中的涌现行动。战略要素更多需要通过实验、适应性学习形成响应式战略要素（见图1.4）。

（2）环境与战略演进的关系。

战略的演进中计划与涌现程度的高低，以及演进速度取决于外部环境的特征。外部环境因素复杂性程度是影响战略演进的主要因素，环境复杂性程度高低主要包括了不确定性与不连续性的程度。①不确定性程度，是在一个时点有很多可能性。不确定性包括技术不确定性，市场不确定性与政策不确定性。②不连续程度，是未来发展路径不平坦性，需要实现不同路径的跃迁，包括技术不连续性，市场不连续性和政策不连续性。

2. 案例分析

2016年，陕鼓动力开始明确提出聚焦分布式能源市场的战略新方向。在新的战略布局下，陕鼓集团基于环境变化，不断调整，逐步迭代演进，实现

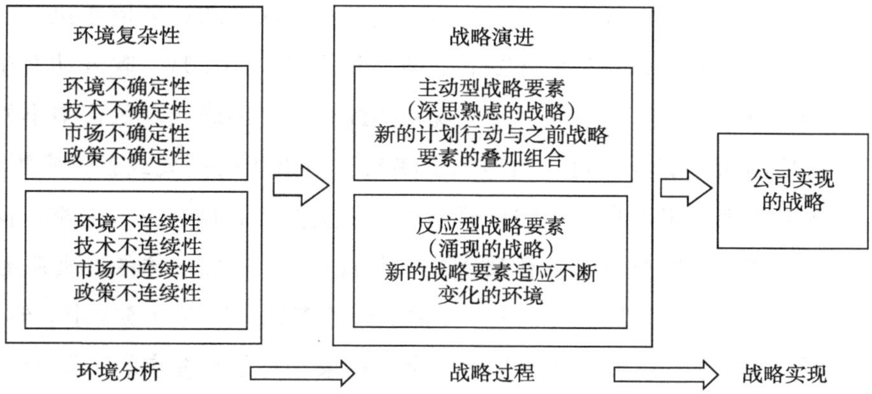

图 1.4　战略演进的本质与影响因素

了从 2017 年到 2020 年的快速成长。在对客户需求、本行业和其他行业的复杂发展情况分析，对自身优势的分析及内外部多次研讨交流的基础上，公司对新的战略方向不断探索，以分布式能源市场为圆心进行市场策划，在政策环境调整变化，市场环境不断演变以及技术环境变化中，不断重新排兵布阵，形成了陕鼓“品牌 + 设备 + 服务 + 工程 + 金融 + 运营 + 智能管控 + 贸易”组合模式，在与外部力量合作协同下实现设备、EPC、服务、运营、金融等协作网络。5 年间，陕鼓动力的环境主要表现出了以不确定性与不连续性为主要特征的复杂性：

第一，政策环境变化的不确定性与不连续性。2016 年，陕鼓动力迎来了国家政策调整带来的机遇，站在“十三五”规划的新起点，以及陕鼓动力提出的新的战略定位开启了新的成长之路。2016 年，在供给侧结构性改革的大背景调整下，国家对冶金行业与产业实施搬迁政策，工业领域的“退城入园”以及产业升级政策，都对聚焦于分布式能源战略提出了新的要求。随着“退城入园”政策周期的结束，冶金行业逐渐接近增长“瓶颈”。2018 年，跟随国家供给侧结构性改革和节能环保政策趋势要求，陕鼓集团开始探索与拓展新的业务领域，进一步向石化行业等新客户领域拓展。2020 年，在中央和地方战略新兴产业、新基建等政策指引下，陕鼓集团智慧城市投资建设迎来了新的发展机遇，对冷、热、电等多能互补能源综合利用及能源智慧管控系统解决方案有较大需求。

第二，市场需求环境的不确定性与不连续性。随着政策环境变化，工业领域的“退城入园”以及产业升级下市场“新风口”的出现，陕鼓动力在开拓市场和搭建供应商网络过程中，发现一些经营遇到困难或者民营中小型的用户和供应商由于资金不足，而影响了陕鼓动力市场的拓展或者供应配套。于是，陕鼓动力基于自身多年的良好发展、资金优势和良好银行信誉，积极探索“金融机构＋陕鼓动力＋优质客户（供应商）”三位一体的融资服务模式，实现金融机构、陕鼓动力、客户和供应商的多赢，发现市场需求。然而，随着向石化和天然气行业市场的拓展，金融约束不再是新客户的“瓶颈”问题。随着新的项目数量和合同金额大幅增加（其中，EPC项目占比较大），供应链管理与项目整体履约压力增大，天然气市场的管线建设也在加速实现，非常规天然气液化市场快速增长，围绕着气（天然气、油田气、煤层气、页岩气、焦炉气等）的制、储、运、销的全流程领域存在较大市场空间，因此，高质量一体化供应服务成为新的市场增长点。

第三，技术环境变化的不确定性与不连续性。全球正在从以化石能源为主的传统能源体系向清洁低碳安全高效多元化发展的现代能源体系转型发展。分布式能源系统作为一种新型动能系统和能源利用的方式，比传统能源具有更高效和更环保的优势，将在未来能源转型中扮演重要角色，流程工业、智慧城市及海外市场的空间也更广阔。陕鼓动力主要产品和核心技术依然是轴流压缩机、离心压缩机组以及能量回收装置，而新兴能源的体系对核心技术和能力提出了新的要求。在核心工程技术方面，陕鼓动力在大化肥、大化工、大空分、大风洞等领域实现了技术研发的重大突破，形成了以技术能力以及一体化服务能力组合的核心能力体系。

（二）问题二：什么是价值链与价值网络？分析陕鼓动力战略过程中价值网络构建的方式与阶段

1. 理论依据

随着企业面临外部环境复杂性的提高，企业价值创造活动从价值链向价值网络演变。战略行动的过程是企业与参与者互动的过程，这就需要协同价值链与价值网络，共同围绕客户价值创造开展系列活动，构建与外部参与者共同创造价值的系统。

（1）价值链。

Michael E. Porter 在《竞争优势》一书中指出，价值链是企业中的资源及价值通过企业间的“两两关系”进行的链式传递。价值链活动，是指企业生产产品并以为消费者创造价值的方式开展销售、配送和售后服务。

通过价值链为消费者创造价值，需要与供应商建立有效联盟，与消费者发展稳定良好的关系。只有企业与供应商和消费者建立了稳固良好的关系，合作双方相互信任促进知识传递，企业才能拥有社会资本，获取企业内部没有的资源，更好地为消费者创造价值（见图 1.5）。

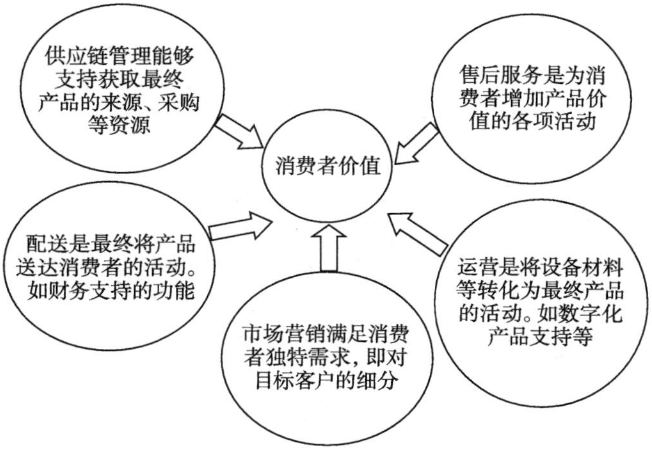

图 1.5　企业通过价值链活动创造价值

（2）价值网络及其重构过程。

在价值链基础上，Adrian Slywotzky 于 1998 年提出了价值网络的概念。由于客户需求的变化和互联网的冲击，企业的价值链、供应链等不断相交、扩大、变形进而形成价值网络。价值网络是由利益相关者，包括供应商、客户、竞争者及互补方构成的博弈集合，各成员企业利用核心资源和能力互补共同创造和传递价值，通过合作机制和数字化网络所联结起来的价值交换系统（见图 1.6）。一些价值网络定义也包括了战略网络等，其中，战略网络是彼此独立的企业通过合作协议连接起来的集合体，就其表现形式而言，战略网络包括战略联盟、合资企业、虚拟企业、业务外包、特许经营等多种组织形式。

企业价值网络的演变形成包括内部价值网络的解构与整合、外部价值网络的形成与扩展，以及内外部价值网络的连接与融合；网络参与者除了顾客、供应商、竞争者和互补者之外，还包括其他多种类型的经济主体。价值网络重构过程是组合价值让渡的过程，可以有效利用参与者之间的优势互补或正的外部性效应来提高顾客价值。由于每个企业各自拥有不同的核心产品或服务，将不同企业的优势产品或服务加以集成，能够创造出任何单一企业无法比拟的产品束，这种组合产品通常具备了提高价格的空间。

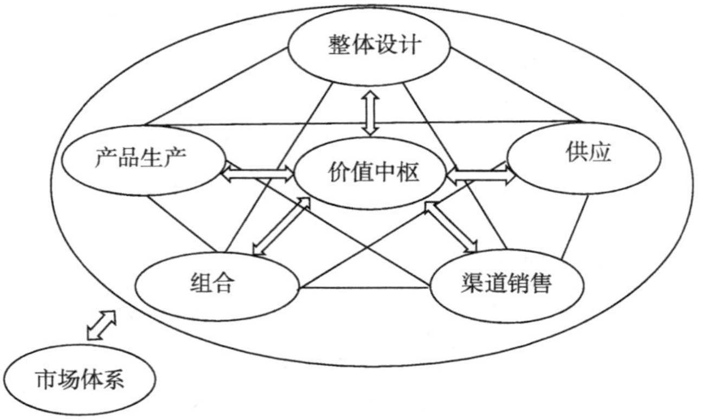

图 1.6　企业的价值网络

2. 案例分析

（1）构建基于金融服务的价值网络。

针对客户所面临的资金短缺的困境，陕鼓动力探索并推出了一系列的金融解决方案，陕鼓动力基于自身多年的良好发展、资金优势和良好银行信誉，积极探索“陕鼓动力 + 金融机构 + 优质客户（供应商）”三位一体的融资服务模式，构建金融机构、陕鼓动力、客户和供应商的多方互动与协作的价值网络。通过合作协议、战略联盟、设立投资等战略网络，融合了多种融资模式为客户提供价值。通过买方信贷、融资租赁、信托贷款、委托租赁、融资租赁 + 信托、

BT/BOT/BOO、应收账款保理、合同能源管理（EMC）、保函融资、产业基金等金融服务模式，为客户提供了丰富的资金来源和融资模式选择。陕鼓动力构建了丰富的外部价值网络，与外部银行、信托、券商、租赁公司与保险公司开展合作。陕鼓动力与国家开发银行、浦发银行、中国进出口银行、中信银行等 52 家银行开展合作，其中包括 11 家外资银行，如汇丰、花旗、星辰等；与陕国投、国泰君安证券、五矿信托以及中信建投证券等 13 家信托公司、券商合作；并与民生金融租赁公司等 7 家租赁公司，以及中国出口信用保险公司、中国平安等 5 家保险公司达成合作关系。目前，陕鼓集团参与或发起基金 10 余只，在中国香港与卢森堡分别布局 2 家金融公司，公司以自有资金 2 亿元出资设立西安长青动力融资租赁有限责任公司。

（2）构建基于供应链服务的价值网络。

陕鼓动力运用互联网思维整合资源，推动成立分布式能源资源协作网，以多方互联的星网型协作关系，聚合市场需求侧及分布式能源产业链上的多方力量以提升分布式能源系统解决方案能力。为加强围绕项目开展的全供应链流程的管理，陕鼓动力经过多轮次业务、技术考察和甄选，携手佰思杰科技有限公司打造全协同透明供应链，帮助陕鼓集团梳理和优化流程、识别用户关键需求，研发高质量的系统，加强项目全流程管理。

为进一步加强供应链网络有效协作，陕鼓推进采购国际化并构建供应链服务平台。陕鼓集团成立欧洲采购中心，推进采购与销售业务的国际化网络构建。2019 年，陕鼓集团与国内一流大宗商品在线交易系统 IT 及运营团队联合，打造了工业互联网社会化协作服务平台——“链易得”供应链综合服务平台。平台覆盖分布式能源流程工业领域全产业链，集商流、物流、研发、资金流、能量流等多维度合作，包括上游代采、工业服务、下游分销等。为解决分布式能源领域的单点技术问题，形成“技术 +”创新平台。为实现资源协作网平台的互联共享，新型平台运作方式倡导企业间的共同参与、共同尽力、共同享有，以市场为纽带，充分调动和发挥入网单位的主观能动性。

（3）构建服务一体化的价值网络。

在实现一体化服务网络构建过程中，陕鼓动力不断加强不同增值服务模块化能力，以及不同模块间的互补与网络协同能力。在设计服务中，加强与外部网络协作的能力，与设计方等合作方协作中，提前500天共同参与客户需求分析，深化设计模块服务协同。在运营服务方面，按照“5+3”指标分析法，以工业品服务平台和先进的金融方案为途径，为用户提升全系统综合能效，优化资产结构，提高客户运营服务模块化水平，并进一步加强维修服务，提供更长周期（5～10年）的维修服务，通过运营模块化服务增强助力用户实现高质量发展。与美林数据等签订合作协议，不断深化设备与服务的数字化能力建设，提供运营数据监测、数据采集分析等服务，提高用户增值服务。

（三）问题三：分析陕鼓动力价值网络构建与治理如何影响战略演进

1. 理论依据

关于企业通过构建价值网络如何实现价值创造和企业成长，现有理论研究形成了基于“网络结构—资源/能力—绩效”逻辑，即资源与能力是打开价值网络创造价值的过程机制。企业通过不同的网络结构特征可以获取多样化的资源，如通过网络强弱连接和不同网络位置可以获取信息、技术、知识等方面的资源（Tan et al.，2015；Xu et al.，2017）。另外，对于能力来说，企业可以通过创新网络构建提升自身的技术创新能力、产品开发能力以及机会识别能力等企业生存与发展必备能力的假设已经得到了大量研究的验证（Tsai，2009）。

Teece等（1997）提出动态能力理论，认为动态能力是企业整合、建立以及重构企业内外能力以便快速适应变化环境的能力。动态能力分析包括三个关键要素——组织过程、位置和发展路径，企业在给定的过程、位置与路径条件下重构内外部能力，适应快速变化的环境。Teece等（2007）认为动态能力可以用来持续创造、扩展、升级、保护和保持企业独特的资产基础。

Eisenhardt和Martin（2000）认为动态能力是公司整合重构中所释放的资源，以匹配和创造市场变化。Helfat等（2007）认为动态能力是指组织有目的地创造、扩展或修改其资源基础的能力。动态能力强调创新导向和实时反应，以及通过构建网络型组织进行业务的重组和调适，拓展组织边界，根据组织位置进行发展路径的选择。

2. 案例分析

随着陕鼓动力从冶金市场向石化市场的转变，为了更好地为客户提供系统化解决方案，其不断加强“专业化 + 一体化”的综合能力的建设，包括工程成套设计能力、项目建设能力等。进一步构建核心能力，包括业务之间的协同联系能力、综合服务能力，以及系统化技术能力等。

在实现一体化服务网络构建过程中，陕鼓动力不断加强不同增值服务模块化能力，以及不同模块间的互补与网络协同能力。在设计服务中，不断加强与外部网络协作的能力，在与设计方等合作方协作中，提前 500 天共同参与客户需求分析，深化设计模块服务协同。在运营服务方面，陕鼓动力按照“5 + 3”指标分析法，以工业品服务平台和先进的金融方案为途径，为用户提升全系统综合能效，优化资产结构，提高客户运营服务模块化水平，并进一步加强维修服务，提供更长周期（5 ~ 10 年）的维修服务，通过运营模块化服务增强助力用户实现高质量发展。在核心工程技术方面，专注具体核心业务模块，加强全流程设备的研发，在大化肥、大化工、大空分、大风洞等领域实现了技术研发的重大突破，形成了组合技术能力以及一体化服务能力的核心能力体系。在智能化服务模块，公司与美林数据等签订合作协议，不断深化设备与服务的数字化能力，提供运营数据监测、数据采集分析等服务，加强产品智能化、过程智能化以及服务智能化，为用户提供用能智慧化解决方案。

陕鼓动力通过建立全方面协作机制，调动不同中心和部门，以及外部网络协作方，建立内部对赌机制、归零赛马机制，调动系统方案中心与金融方案中心的协同服务。系统方案中心联合销售部门等在工艺、销售、技术、工程、运营等方面协作，不断增强团队协同作战的能力，以及外部网络协作和协调能力。陕鼓动力在内部不断提升后台的支持能力，包括合同管理部门、系统管理部门以及平台服务等的服务支持能力。

（四）问题四：分析陕鼓战略实现过程具有哪些独特性，思考陕鼓动力如何应对新发展、新问题与新挑战实现不断成长

1. 理论依据

战略演进的过程综合了深思熟虑的计划式过程，以及不断形成的涌现式的战略过程。一方面，是结合了传统的由高层制定，自上而下地实施计划的过程；另一方面，是考虑适应性的高管和不同参与者共同进行战略框架构建，不同层面共同参与战略的制定与实施并不断调整的战略过程。战略演进的过程考虑到了组织与环境的互动，能够根据复杂环境的变化，与内外部网络参与者共同制定并实施战略。Weiser 和 Jarzabkowski（2020）整合战略过程中计划式过程与适应性过程，战略演进过程如图 1.7 所示。

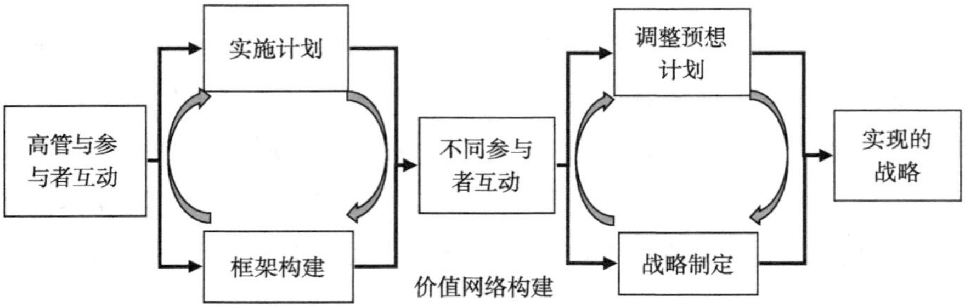

图 1.7　价值网络重构下的战略演进过程框架

2. 案例分析

首先，通过高管对战略计划的制订与计划实施的推动，明确战略方向，推动战略实施。陕鼓动力管理层围绕着战略方向开展了系统讨论，对环境变化、内外部治理机制、组织结构等进行了系统化的架构。随着客户对流程工业服务一体化需求成为新的挑战，董事长李宏安重新阐释了分布式能源战略实施中的“两个转变”。陕鼓动力各部门也全力推进“两个转变”，向打造世界一流智慧绿色能源强企的战略演进。

其次，在多次内外部研讨交流的基础上，陕鼓动力于 2016 年 7 月召开了“新常态、新思维、新举措”学习研讨动员大会，大会对聚焦分布式能源市场的战略新方向进行解析，推动战略的实施。在公司上下达成共同认知后，公

司聚焦分布式能源战略的行动方向，以客户价值为中心，不断构建新的价值网络以实现价值创造组合。在 5 年的战略行动中，布局与重构价值网络，与金融服务方、供应链上下游、服务提供商等通过合作联盟、并购、投资等形式，协同整合不同利益相关者，逐步形成“陕鼓品牌 + 设备 + 服务 + 工程 + 金融 + 运营 + 智能管控 + 贸易”的战略组合模式。陕鼓战略过程也是通过协同多方网络关系，组合优势资源，在实施过程中，与内外部参与者共同活动，深度服务于供应链上下游企业，通过建立全方面协作机制，调动不同中心和部门，以及外部网络协作方共同围绕客户与市场提供高质量服务。

五、关键要点

1. 关键点

本案例从概念和内涵要求入手，试图使学生完成以下几个方面内容的学习：

（1）战略演进的内涵与环境影响因素。

（2）价值网络构建过程与战略演进关系。

（3）价值网络如何促进战略演进，并获取价值。

2. 关键知识点

价值网络驱动的战略演进过程。

3. 能力点

检验分析、归纳、对比、总结与提炼能力，批判性思维能力以及解决实际问题的能力。

六、建议课堂计划

本案例可供独立的案例讨论课使用。以下是按照时间进度提供的课堂计划建议，仅供参考（见表 1.1）。

1. 课前计划

发放案例正文和相关补充资料，提供启发思考题给学生，请学生在课前完成阅读和初步思考，并了解战略形成的理论知识。

2. 课中计划（共计 78 ~ 100 分钟）

（1）课程理论介绍：10 ~ 15 分钟，教师对课程主要内容与知识点进行介绍，使学生明确课程主题。

（2）教师简要讲解：10 ~ 15 分钟。

（3）分组讨论：30 ~ 35 分钟，小组成员开始对案例思考题进行细致讨论，在限定时间内需要达成较为一致的认知性结论，并完成展示内容的制作。

（4）小组汇报：每组 8 ~ 10 分钟，每小组派代表上台展示，展示小组任一成员均可对问题给出本组的观点。

（5）深入讨论：20 ~ 25 分钟，在汇报结束之后，对各小组的汇报点评。在各小组了解到其他小组的观点后，教师可以引导学员对案例进行更为深入的讨论。

表 1.1　建议的课堂计划

序号	内容	用具	教学活动	时间	备注
1	课前准备		发放教学案例和相关资料		课前小组讨论准备
2	讨论前案例回顾		让学生课上仔细回顾案例及相关资料，独立思考讨论问题，并要求学生独立给出问题讨论所涉及的战略理论	10 分钟	
3	案例故事回顾		采用第 5 部分的“背景信息”对学生进行随机提问，将案例故事全貌做一回顾，使学生“热身”案例事件要点，为下一步讨论打好基础	5 分钟	
4	案例内容和进程展示	投影仪	教师通过提问或选取 1 组学生进行案例内容和进程的展示，目的是让所有学生能够熟悉案例的主题内容	10 分钟	
5	小组讨论和汇报	投影仪	学生 4 ~6 人为一组对案例问题进行讨论，并选取其中的一组对案例进行汇报	15 分钟	注意控制时间
6	案例汇报小结		就案例汇报过程中尚未关注到的知识点提出一些问题供学生思考	10 分钟	

续表

序号	内容	用具	教学活动	时间	备注
7	案例提问并讲解	白板	按照启发思考题的顺序逐个提出问题并进行理论的讲解和引导分析；提问采用学生举手及随机点名或二者结合的方式来调动全体学生参与	40 分钟	记录学生对启发问题的回答
8	案例总结		对整个案例的知识要点再次进行描述和总结，汇总案例分析与讨论时的板书要点，进行案例总结板书设计（见图 1.8）	10 分钟	
9	课后总结		请学员分组就有关问题的讨论进行分析和总结并写出书面报告，目的是巩固学员对案例知识要点的理解		

板书设计

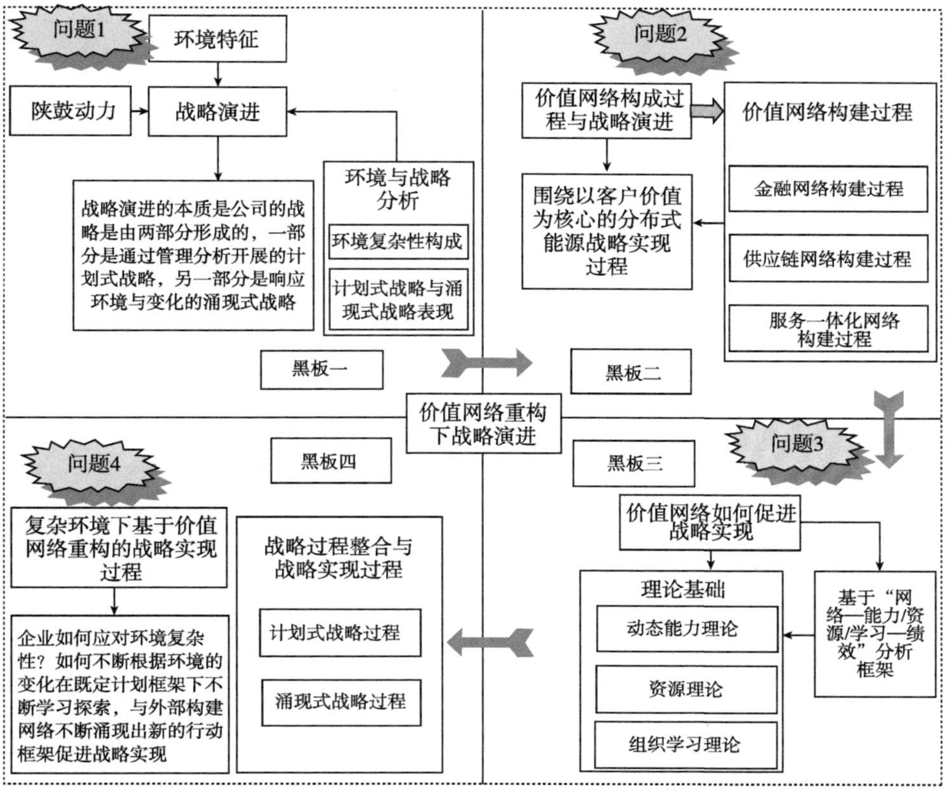

图 1.8　板书设计

3. 课后计划

请学生选择不同环境特征中的企业案例，按照小组撰写自选企业和战略演进及其网络构建过程，提出分析思路（6000 字左右）。

七、其他教学支持材料

（1）新闻报道（Wind 资讯、网易财经等新闻网站）。

（2）陕鼓动力公司网址：http：//www. shaangu. com/ ；陕鼓集团网址：http：//www. shaangu－group. com/。

（3）陕鼓动力微信公众号。

（4）陕鼓动力实地访谈调研资料，包括对陕鼓动力公司董事长、公司投资部部长、公司市场部部长等公司高层以及中层管理人员的访谈资料。

第2篇　陕鼓集团的全球价值链攀升之路：从获益外包到逆向外包①

张红芳　焦夏晨　张丹妍　褚志远　张　洁　郭亚军　马　娇

案例正文
AnLiZhengWen

摘　要　中国制造业在全球制造业中的份额不断提升，中国制造业企业参与国际分工的程度也在不断加深，但在产业与市场的双重挤压之下，仍靠近全球价值链低端，难以跃升。在此背景下，陕西鼓风机（集团）有限公司（以下简称“陕鼓”）通过服务化战略的转型，先后采取了“获益外包”和“逆向外包”两种方式，纵向上从制造向系统技术研发、高端制造以及系统服务攀升，横向上从单一产品技术和单一产品制造向系统技术研发、制造、服务攀升，实现了业务模式、产业层次、企业功能的全方位攀升，走出了一条独特的全球价值链攀升之路。本案例描述了陕鼓在全球价值链攀升过程中两种关键路径。前半部分描述了陕鼓通过承接用户的服务外包需求，采取“获益外包”方式，实现了用户和陕鼓自身的价值共创，驱动着陕鼓在价值链分工体系中从生产制造环节向系统技术研发和系统服务环节不断提升，从而实现了用户和陕鼓的价值共创，并夯实了其在国内价值链中的核心位置，为其后期向全球价值链上游的转移奠定了基础。后半部分描

①　由于企业保密的要求，笔者在本案例中对有关名称、数据等做了必要的掩饰性处理；本案例只供课堂讨论之用，并无意暗示或说明某种管理行为是否有效。

述了陕鼓通过“逆向外包”方式，推动核心技术与研发能力的提升，突破低端锁定，从价值链高端直接切入国际分工体系，进而实现全球市场布局与全球价值链攀升。本案例旨在通过描述和分析陕鼓集团“获益外包”和“逆向外包”两种战略路径，帮助学生系统思考中国制造业企业实现全球价值链攀升的路径过程、实施条件以及内在的管理逻辑。

关键词 全球价值链；制造服务化；获益外包；逆向外包

引言

2020 年，新冠肺炎疫情全面冲击世界经济运行，各行各业都面临巨大的市场冲击，但在中国陕西，却有一家企业逆势增长：根据集团内部经济数据分析，2020 年其全年销售收入比 2019 年几乎翻了 1 倍。陕鼓集团现任董事长李宏安说：“我们在不利的环境下能够实现逆势增长，我们的利润甚至占到了行业利润总额的 80% 以上。这是因为我们一直不断地转型和探索，从制造向制造服务转型，从制造服务向系统服务转型，从提供系统动力方案向提供分布式能源系统方案转型，通过我们的努力不断向世界一流企业迈进，向价值链的高端攀升……”

这是陕鼓集团与两任董事长共同奋斗的故事。2001 年，时任董事长印建安上任。

1 行业大变革背景下的陕鼓

1.1 陕鼓的基本情况

陕鼓最早于 1968 年组建，1975 年正式建成投产，1996 年改制为陕西鼓风机（集团）有限公司，主营业务为大型风机生产制造。陕鼓于 1979 年引进了世界先进的轴流压缩机技术，并于 1986 年为荆门石化制造了首台轴流压缩机。这一技术的引进、消化以及相关设备产品的开发，奠定了陕鼓在风机行业尤其是轴流风机生产中的龙头地位。在这一技术基础上，其又于 20 世纪 90 年代自主开发了有效回收废气并再利用的能量透平回收装置（TRT），这一技术进一步提高了陕鼓在冶金行业中的市场地位和品牌影响力，也使陕鼓初步进入了能源利用的领域。陕鼓经过 20 多年在技术能力、生产制造能力和市场能力各方面的不断积累，到 2001 年，资产规模已经达到 7.36 亿元，营收规模 3.7 亿元，利润总额 1600 万元，成为我国风机行业龙头企业。

1.2　机遇与挑战并存的黄金发展期

进入 21 世纪，中国经济迎来了迅猛发展与深入调整期。国家 GDP 以高于 8% 的速度稳定增长，与此同时，固定资产投资规模大幅度提高。2003 年，我国全年固定资产投资已达到 5.5 万亿元，中国进入重化工发展时期。2000 年，第二产业比重首次超过 50%，钢铁、冶金、化工等重化工行业所占比例接近 60%。[①] 面对经济的快速增长和冶金、化工等下游企业的迅猛发展，陕鼓也迎来了黄金发展时期，在面临巨大机遇的同时，也意味着进入更激烈的竞争中。

第一，2000 年，国内风机行业有 400 多家企业，担负着各类风机产品的研发和制造任务，服务于石油、化工、电力、矿山、环保、地铁、军工等重大技术装备等领域。这些企业几乎是在同样的经济与社会背景下筹备组建的，且均不同程度受到区域市场及经济管理体制束缚，单个风机企业在“以销定产”的生产环境下产能发挥受限，另外面临着长线产品的激烈竞争，整体行业收益率维持在一个极低的水平；与此同时，资金、技术也无法充分支持行业发展，产品同质化严重，尤其是一些适用于大空分、大电站、大烧结、大冷冻应用领域或地铁、小流量压缩机等特殊应用领域的风机研发十分缓慢，无法满足快速变化的市场需求。第二，随着中国加入世贸组织，一些国际化企业如 GE、法国空分、英格索兰、三菱等企业纷纷布局中国，国内风机企业受到巨大冲击。整个风机行业一方面拥抱着高速增长的市场需求，另一方面面临着严峻的市场挑战。

---

① 数据来源：国家统计局。

1.3 印建安上任

2002年，45岁的印建安成为陕鼓的新一任“掌门人”，他身兼陕鼓董事长、总经理和党委书记三个职务。印建安是1978级西安交通大学能动专业大学毕业生，1982年分配到陕鼓工作，他从车间干起，干过技术员，做过车间主任，跑过市场，在最艰难的时候常驻省外市场。他深谙风机行业的生产、技术，也敏感于市场的每一丝风吹草动。

上任不久的印建安重点走访了3家企业：风机制造的龙头国有企业——沈鼓集团、民营上市企业——上风高科以及德国曼透平公司—— 一家同行业的国外顶尖企业。为了拓宽思路，印建安还走访了西门子（德马克）、GE（新比隆）等世界一流企业，了解它们的做法和想法。通过对比，印建安发现，陕鼓的技术水平相比国内一流企业仍有差距，和国外顶尖企业差距更大。国外风机企业的盈利模式正在从以制造为中心向以服务为中心转变，如通用、MAN、西门子等公司纷纷通过业务转型和服务模式创新提升竞争力，相比较而言，当时国内企业的运营模式依然处于以制造为中心的产品阶段。印建安意识到，面对与发达国家企业在技术和商业模式上的差距，如果一味强调风机的生产制造，那么作为中间投资品的风机生产，很容易受到价值链研发和市场两端的制约和挤压。

制造服务化对当时的印建安和陕鼓来说，还是一个相当陌生的概念，但是印建安隐隐觉得这有可能是陕鼓未来的一个趋势。

2 从工程总包服务中获益

2.1 总包服务的尝试

2001年，陕鼓收到了一个机组采购需求。首钢集团副总工程师主动联系到陕鼓，想采购一套高炉能量回收机组，并询问对方能否以工程总承包的方式来提供机组。工程总承包，就意味着陕鼓不仅要给首钢提供能量回收机组，还要提供与该机组配套的其他相关设备，以及所有设备的安装、土建工程、物流等服务。印建安认为，这是一个大项目，随即应承下来。但令印建安意外的是，在内部讨论会上，很多人反对承接这个项目。主要有两个方面顾虑：一是陕鼓是设备制造商，并没有承包工程的经验，存在很大的风险；二是土建技术含量很低，陕鼓没有必要去做。对于这样的质疑，印建安提出："要以谁为界，是以自己为界，还是以客户为界？不是我们有什么，才向客户提供什么，而是客户需要什么，我们应该尽可能地去满足客户，按照客户的需求导向去组合资源。"尽管存在分歧，陕鼓还是决定尝试，于是开始紧锣密鼓地筹备首钢项目。但由于陕鼓第一次设计工程成套项目，对于整个工程规划和管理都需要熟悉和筹备，等到方案最终成熟时已经过了三四个月。首钢集团考虑到时间再耽误下去可能会影响项目实施，就放弃了让陕鼓集团以工程总包方式提供机组的想法，最后按照传统的采购方式，分头找各厂家供货。

虽然感到遗憾，但陕鼓前期大量的准备工作为日后该模式的实践打下了基础。印建安深刻地认识到，以客户需求为导向，为客户提供总包服务应该成为未来行业的主流和模式。既然是趋势，且陕鼓有了初步的尝试与经验积累，很快便迎来了第二次机会。

2002 年，宝武钢铁集团有限公司（以下简称"宝钢"）也找到陕鼓，要求陕鼓向宝钢上钢一厂提供能量透平回收装置（TRT）主机机组。但印建安在与宝钢董事长伏中哲的交谈中了解到，尽管单个设备的质量问题非常关键，但是更重要的是和相关设备厂商协调沟通中的系统问题：一方面，是整个系统需要找不同的商家来配套，成本很容易超出预算；另一方面，在设备安装过程中，各个厂家的配合沟通也是问题，往往会导致最终的系统与预期相去甚远。钢厂其实更需要的是整个系统的责任方。有了前期首钢项目的准备，陕鼓与宝钢很快签订了合同，向宝钢提供主机产品与整套设备、厂房以及相关基础设施的配套服务，以"交钥匙"方式完成这次工程成套项目。但由于宝钢对陕鼓并非完全信任，陕鼓承诺垫付一半的资金进行项目建设，项目完成后宝钢再支付全额费用。这意味着宝钢工程成套项目在项目本身以及资金回收方面都存在非常大的风险，成败在此一举。

陕鼓迅速成立项目组。可是风险这么大的项目，找谁来做项目的负责人呢？印建安一番深思熟虑，最后指派了时任陕鼓副总工程师的马德洁。马德洁主管成套设备处，曾经负责很多成套项目，实践经验丰富。项目组成立后，在分析宝钢项目需求的基础上，结合前期首钢项目的方案，很快制订了宝钢项目总包方案。按照方案，一方面，陕鼓内部抓紧生产，制造所需设备；另一方面，项目组成员按宝钢的技术要求采购总包所需的其他设备。一切准备就绪后，马德洁团队赶赴上海开始施工。其间，印建安每个星期都会询问一次项目进展情况。“我们当时虽然是第一次做，但毕竟在成套设备领域有经验了，再加上我们现场施工把得很紧，基本上没有耽误和浪费一天时间”。经过公司全员的努力，项目提前40天顺利完成。

这次项目给陕鼓带来的收益从原先的600多万元增长至3000多万元，其中，对于收益贡献最大的并不是传统的主机，而是提供服务带来的附加值，收益的对比更是令所有人大吃一惊：一个成套项目、一个项目团队的“交钥匙”工程所贡献的利润是全厂2000多人生产制造所贡献利润的2.7倍!

有了这次尝试，陕鼓更积极地与客户沟通设备在安装和使用中的痛点，推行“宝钢”服务模式，完成酒泉钢铁、济南钢铁多个工程成套项目，业务也逐渐拓展到冶金、石化、空分、硝酸、余热发电市政处理等多个领域。与秦冶重工、通化钢铁、梅山钢铁、中冶赛迪、德龙控股、济南钢铁等企业及设计院企业建立了战略合作伙伴关系，为企业后续发展搭建起了相应市场平台。

到2004年，陕鼓已经基本走上了发展的快车道，2001—2004年主要的经济指标年均增长率均超过70%，利润、利税总额的年均增长率更是超过100%，其中，56%的产值源于为厂家提供配套服务，如表2.1所示。在工程成套项目的实施和服务中，陕鼓不仅积累了大量的经验，更是感受到了从单一执照向成套服务转型的甜头。

表2.1　陕鼓集团2001—2004年经营情况

指标	2001年	2002年	2003年	2004年
产品国内市场占有率/%	94.7	99.4	97.1	95.0
销售收入/亿元	3.79	5.92	12.15	17.86
利润总额/亿元	0.16	0.51	2.05	2.95
净利润/亿元	0.08	0.36	1.58	2.46

2.2　对工程总包服务性质的判断

面对工程成套项目带来的企业营收和利润的翻倍增长，陕鼓上下欢欣鼓舞，一片欣欣向荣。印建安带领班子成员开始反思一个问题：陕鼓的增长，不仅仅在于市场订单的增加而带来的营收和利润增长，更重要的在于以客户需求为导向，整合外部资源所带来的客户满意度增加。支持增长的关键，不是陕鼓的制造环节，而是为客户提供的系统组合方案以及围绕方案所开展的资源整合。既然我们工人抡大锤抡出来的价值，远远低于系统配套服务所能带来的价值，为什么陕鼓还要专注于抡大锤呢？在持续的学习和讨论中，陕鼓上下逐步明确了几个主题。

第一，工程成套的本质是为用户提供系统服务。用户对设备的需求不在于设备本身，而在于设备的功能。无论是轴流风机还是 TRT 机组，其功能的发挥都有赖于电机等其他设备的配套。因此，用户的痛点在于难以协调不同厂商及设备之间的系统配套与高效率协作。如果能紧紧抓住这个痛点，为客户提供系统配套服务，就一定能快速获取市场份额。这种系统服务需求是一种定制化的个性化的需求，只有在与客户以及供应商的紧密合作中才能准确定位，围绕着这种准确定位的需求，陕鼓的研发、设计、生产、配套与服务才相应展开。

第二，工程成套的成功实施在于系统方案的设计和规划。工程成套并非机组、配套、安装、物流、工程等子项目的简单相加，而在于系统方案的设计和规划。为用户提供设备的厂商都有可能成为系统方案的提供者，但是最终只有真正能为用户提供最有价值方案的企业才有可能胜出。

第三，陕鼓必须在上下游价值链中争做链主，才可能拥有系统服务的市场，而不被市场二次选择。未来的市场是用户找总包服务商，总包服务商再找设备配套商，工业企业不做链主，就一定会被二次选择。因此，争做链主，做好总包服务商，是陕鼓未来的战略选择。

第四，总包服务仅是陕鼓走向服务化的开端，未来中国制造服务化将会成为一种趋势。从发达国家的产业结构数据来看，服务业占到了 GDP 的 70%，而在此基础上，生产性服务业又占到服务业 GDP 的 70%。相比较而言，我国服务业占比还不足50%，差距明显。在中国，制造业服务化水平不到30%，不仅与发达国家存在显著差距，与巴西、印度和俄罗斯等国家相比都处于一个偏低的水平。中国制造服务化仅仅才处于开始阶段。

以客户为导向，以市场为驱动，将企业战略聚焦于系统方案和系统服务在陕鼓上下逐步达成共识。于是，陕鼓在2005年明确地提出了两个转变战略：从“单一产品出售”向“系统解决方案提供”转变、从“产品经营”向“品牌经营和资产运营”转变。陕鼓开始走上一条与国内制造业同行完全不同的道路：从一个单一的提供产品的制造业企业向从内外部动态组合资源的综合制造服务型企业转变。

3 围绕获益外包整合价值链

基于两个转变的战略，陕鼓对业务价值链的每一个环节进行投入分析，发现在模型制造、铸造成型等制造价值链环节投入非常大，而价值增值程度非常低；而在价值增值大的环节，如研发、服务等却相对缺乏。要培育核心竞争力，必须将有限的资源投入附加值高的环节，因此，陕鼓从2005年开始陆续整合和优化其内外部的价值链。

3.1 优化生产价值链

从2005年起，按照战略布局，按照保留和做强核心技术与核心产品的原则，陕鼓启动了生产制造环节的淡化工作，对其生产环节进行了两次大的调整和优化，对原有11个车间中附加值低、高耗能高污染的生产环节外包、合并或者转型，如图2.1所示。

设备车间主要负责公司设备的小型维修，缺乏大修能力，车间效能很低，员工无所事事。因此，陕鼓撤销设备车间，将设备维修业务外包到北京第一机床厂（简称“北一机”），由北一机在陕鼓设立服务点，负责设备的修理业务，从而降低维修成本。铸造车间技术简单，耗能高污染大，果断被取缔，业务外委。煤气站、电工班和变电所等低端动力车间合并为动能厂；铆焊车间与下料车间工艺流程连接紧密，合并为结构车间；热处理车间、锻压车间以及工具车间合并为叶片加工车间；机加二车间又被称为小精工车间，负责非专用性小部件的生产，被撤销，业务外采。将机加一车间改为机加车间，主要负责生产核心部件，保留核心技术。到 2009 年，公司将 11 个车间通过撤销、合并，最后只保留总装车间、机加车间、叶片加工车间、动能厂、结构车间 5 个车间。

2009 年后，公司决定进一步精简车间，撤销由铆焊和下料车间合并的结构车间，将该部分业务委托给外部公司；机加车间、叶片加工车间合并为加工车间；由于进行技术改造，公司将动力厂职能如烧锅炉、提供电能、使用煤气等外包给市政。到 2013 年，通过生产部门进一步简化和优化，陕鼓只留有总装和加工 2 个生产车间。

这一转型过程是艰辛、充满挑战的。自 2005 年起，前后转岗 800 多人，经过转岗培训、岗位选择和竞聘等最终顺利转型。

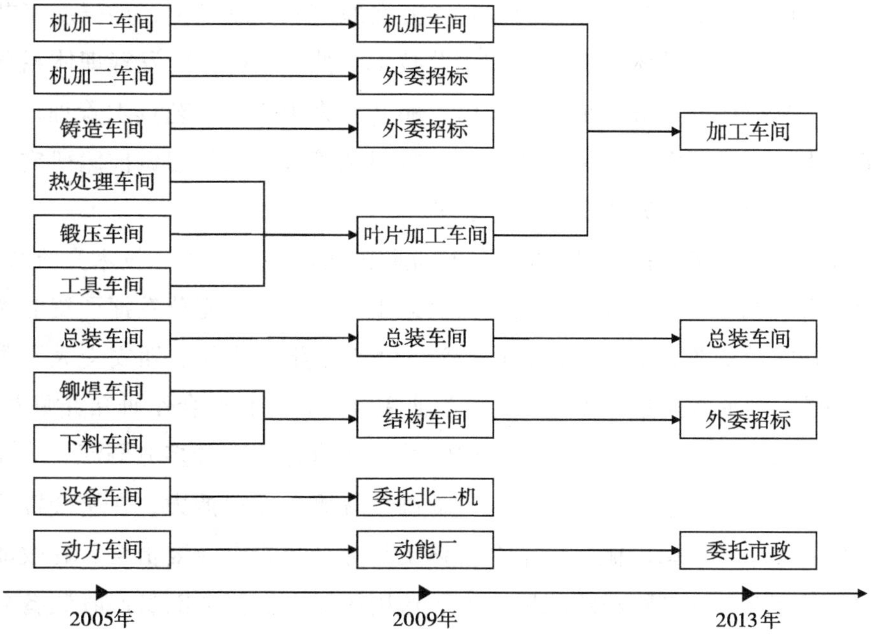

图 2.1　陕鼓车间变动图

3.2 强化研发体系构建

决定系统服务能力的关键在于在投入环节上知识和技术要素的投入。淡化价值增值低的生产环节，才能保障资源更好地投入以核心风机技术、工程成套能力、系统服务能力为核心的研发和布局。印建安表示，陕鼓必须着力供给侧结构性改革，聚焦资金与人力资源投入研发战线。

首先是技术和研发组织的调整和大研发体系的构建。2008 年，陕鼓组建陕鼓能源动力与自动化工程研究院（以下简称“陕鼓工研院”），同时陕鼓工研院在产业团队设置五大研发分中心，包括动力透平技术及装备、工业智能服务、工程技术、运营技术和产业金融，从战略前瞻、系统整合的角度开展研发工作。2014 年陕鼓实施技术线流程再造，整合原总师办国际合作、技术情报工作划入陕鼓工研院，将技术发展规划、技术标准职责归入研发管理部；整合原研发部和设计部，组建设计研发部，将原研发部的实验室调整到陕鼓工研院；将工艺部调整为工艺研发部，并在原有职责基础上，加强新工艺技术开发、核心工艺技术提升、协作工艺技术支持。至此，研发管理体系分为三大块，支持陕鼓业务发展：一是以产品开发为中心的工艺技术管理；二是以新技术与产品研发及成果转化为目的的研发管理；三是强调前瞻研究、系统方案、系统整合研究的系统研发管理。

其次是整合多方技术研发资源。成立陕鼓工研院后，国际技术交流合作、国内技术资源与专业协会工作统一由陕鼓工研院管理，充分发挥了资源整合能力。在院校资源方面，陕鼓先后与清华大学、浙江大学、西安交大及中科院等高校、科研院所进行了广泛的产学研用合作；在企业合作研究资源方面，加强与晋煤集团、西能公司、美国 CPY 公司的合作，整合多方资源，对能量转换设备关联的工艺流程进行研究，提高系统服务专业能力；在协会资源方面，陕鼓加入了中国机械工程学会流体工程分会风机专业委员会、高效能源动力装备产业技术创新战略联盟、中国通用机械工业协会能量回收装备分会等 83 家专业协会社团，提高陕鼓在专业领域的话语权。

最后是大研发体系，积极推进陕鼓系统方案和系统服务能力提升。2007—2009 年，酒泉钢铁集团先后将 2 套 TRT、7 套轴流压缩机的工程成套项目、1800 立方米级高炉汽拖轴流压缩机组工程总包项目交给了陕鼓，逐步提升的工程设计与系统技术能力使得陕鼓在传统冶金化工行业有了较高的话语权。与此同时，2007 年，陕鼓中标了上海金煤化工新技术有限公司的 20 万吨/年乙二醇项目原料气、成品气压缩机项目，开发出了拥有自主知识产权的大型离心压缩机，这些都促进了系统方案在新行业中的应用。

3.3　整合供应链

强化对外部供应商资源的整合。2003 年，为了满足工程总包的要求，陕鼓牵头成立由 56 家企业组成的陕鼓成套技术协作网，在加强日常管理、协调的同时，通过定期召开协作网例会，借助项目评价淘汰机制，持续健全和规范配套厂商管理。经过 10 年的发展，至 2013 年，陕鼓供应链成员企业已近 200 家。在这个供应链联盟中，陕鼓掌控了主机和核心零部件的生产、总装、试车等环节，保证其始终处于集成商和“链主”的核心地位。通过对产业链和配套资源进行优化整合，建立了在供应商中的信誉。

强化对生产外协资源的整合。2011 年，公司将铸锻焊供应商资源、生产制造协作加工供应商资源进行了整合，形成了完整的外配套、外协、外扩、原辅材料等涵盖所有与生产经营相关的环节的供应商管理体系。构建协作资源方面，成立了天津天重、兰州兰石等主轴锻件公司，扭转了生产环节关键资源供用集中的现象，组织模式由单件、单工序协作向整体协作转变，缩短了制造周期，提高了生产效率。

4　获益外包的继续推进

4.1　从工程总承包到全生命周期服务

总包服务的成功实施，使陕鼓深刻认识到制造服务化的价值，进一步强调服务整合和服务链条延长，以更好地满足用户需求。于是，2006 年陕鼓撤销了产品维修中心、安装经理部，同时整合了研发中心旋转设备状态管理和测绘业务、技术处调试室业务，新组建成立了产品服务中心，搭建起了陕鼓面向市场和客户的统一服务体系，主要负责设备安装服务。陕鼓从总装车间调走一批拥有装配技能的员工成为项目经理，并从安装经理部、结构车间中选拔优秀人才成为服务人员，缺乏技能的员工则需要到总装车间学习技术。2007年陕鼓将服务中心调整为服务产业部，作为陕鼓除总包之外的相对独立的服务业务板块。

2008年，席卷全球的金融危机对陕鼓市场的影响非常大，2007年底的订货量达到近86亿元，但是到2008年取消的业务订单就接近30亿元。在这个经济的“冬天”，印建安考虑了两个相关联的问题：一个是产品市场饱和对总包市场的潜在威胁。工程总包是一种以系统规划和设计为关键投入，以设备制造为基础，将制造与工程物流等相关服务项目相关联的系统组合。产品市场的饱和意味着总包市场的饱和。以设备为核心的市场总有饱和的一天，届时陕鼓将难以持续发展。另一个是如果产品市场饱和，陕鼓能做什么？能否在行业的选择上有所创新？尽管总包市场可能会饱和，但是从“生产型”制造迈向“服务型”制造这个方向是对的，产品市场会饱和，但立足于产品全生命周期的服务需求却是永久存在的，关键在于服务提供者能否抓住这样的服务需求和机会。如果立足于“产品全生命周期”的服务，以服务为主导，制造为辅助，陕鼓才能够有更广阔的市场和持续的发展。据此，印建安明确提出了“源于制造、超越制造”战略，强化全生命周期维护保养等服务。

为了更好地服务市场需求，陕鼓从2009年开始加强远程诊断能力建设：开发旋转机械远程故障诊断系统，组建远程故障诊断中心，搭建远程服务平台，对产品进行生命周期管理，强化为客户进行设备检测服务，并为检修、备件等市场提供技术支撑。陕鼓服务范围由最初的设备安装和总包逐渐拓展到备品备件、远程在线监测、备件零库存、专业化维保等。

4.2 从总包服务到系统功能服务

但是在产品市场萎缩的情形下，仅仅依靠制造服务是不足以支撑企业生存和发展的。此时，正逢国家号召节能减排，严查企业的废气、废水等排放，与陕西龙钢集团（以下简称“龙钢”）在能量回收装置项目的合作给陕鼓带来了一个新的机遇。

2008年，龙钢想购买陕鼓的能量回收装置，一方面希望回收余压余热，降低能耗和污染；另一方面利用回收所排放的废气进行发电，以节约企业用电成本。在项目洽谈初期，陕鼓按照工程大成套的方式为龙钢提供设备及其相关配套服务方案，但遭到龙钢的拒绝，认为项目周期过长，费用太高，当时龙钢经营也存在一定的困难，没有能力支付。市场人员向印建安汇报后，印建安发现，如果能做项目后期的运营，即按照为能量回收透平装置所提供的电量来收费，既能满足龙钢集团减少废气排放的环保要求，也能减少龙钢集团的财务支出压力，当然，陕鼓也能拓展新的业务，是一个很不错的尝试。于是，陕鼓调整服务方案，项目的核心不在于提供能量回收装置的工程承包服务，而在于提供能量回收装置的运营服务，并给龙钢算了一笔账，龙钢不需要为设备和相关工程付费，与陕鼓签约期间，按季度用电量收取固定费用。龙钢觉得非常划算，便愉快地接受了。两年过去了，龙钢发现能量回收设备运营的利润很大，便向陕鼓提出将项目转交给自己。

龙钢项目是陕鼓集团第一次涉足系统功能服务，也取得了较大的成功。尽管陕鼓没有实现对龙钢项目的持续运营，但是和龙钢的合作，使印建安重新理解了用户需求，而这正是陕鼓的新机会。印建安说，陕鼓原来是卖设备的，这就犹如只卖牛，用户把牛牵走后，买卖交易就结束了。但现在是原来“喝牛奶的人不再养牛”了，用户的需求发生了变化，那么我们要带领企业牵着“奶牛”卖“牛奶”。于是，陕鼓开始了功能运营的尝试。

陕鼓在 2007 年已经开发了拥有自主知识产权的大型离心压缩机，这是化工企业气体供应的核心装置。立足于这项技术和设备，2009 年陕鼓正式组建气体事业部，进军气体运营市场。在陕鼓转型进军气体业务的初始阶段，陕鼓运营气体的第一个项目是为陕化渭南化肥厂供气，印建安选出了一个领军人物李文龙，34 岁的李文龙是陕鼓的一名优秀工程师，参与了多项大型项目的筹建工作，经验丰富，印建安决定以李文龙为首打造一支“特种部队”。在陕鼓的全力支持，以及李文龙团队的努力下，2012 年 8 月，一个投资近 6 亿元的现代化工业气体厂拔地而起，为陕化供气的同时，产生的气体余量让陕鼓拓展了液体销售业务。这也标志着陕鼓在气体运营市场的良好开端，到 2014 年，陕鼓气体订货量已达到 8.52 亿元，占总订货量的 13.19%。

也是在2009年，陕鼓基于自己在污水处理领域的技术和示范项目，开始组建水处理事业部。2011年，陕鼓签订了中水回用总承包项目，这是陕鼓首个中水处理工程，工程总承包项目进一步拓展到水处理新兴业务，进入水处理运营市场，通过授权经营取得临潼区污水处理厂29年的经营权；2013年，获得该厂一级A提标改造BOT特许经营权；通过BOT形式与临潼新区签订了污水处理项目。

至此，陕鼓基于为用户提供水、电、气的系统功能运营服务板块正式形成，为工业企业直接提供水、电、气，节约了用户的资金使用成本，降低了其固定资产投资风险，也为陕鼓获得了新的业务增长点。

4.3 为用户和供应商提供金融服务

在陕鼓开拓市场和搭建供应商网络过程中，一些经营遇到困难或者民营中小型的用户和供应商由于资金不足，而影响了陕鼓市场的拓展或者供应配套。于是陕鼓基于自身多年的良好发展、资金优势和良好银行信誉，积极探索“金融机构+陕鼓+优质客户（供应商）”三位一体的融资服务模式，实现金融机构、陕鼓、客户和供应商的多赢。

在用户一方，陕鼓基于良好的资金能力和银行信誉，与多家银行、租赁公司等金融机构结成了伙伴关系，召开金融工作会，探讨产融互动模式，积极探索设备融资租赁等金融服务模式，根据客户的需求，提供“系统方案+金融服务”的一揽子模式。陕鼓为用户提供的系统解决方案包括金融服务方案，以满足用户资金不足的需求，同时拓展了陕鼓市场。2009年，陕鼓与河南晋开化工公司及中信银行签订了《河南晋开集团百万吨总氨项目硝酸及空分装置工程总承包融资销售业务合作框架协议》，打破了国外大型硝酸装置的垄断地位。

在上游供应链企业一方，其固定资产比例高、资金周转速度慢，经营活动和资金使用涉及面广，因此资金需求旺盛。但是由于这些企业资产规模小、盈利性不高、财务制度相对不规范、信息透明度低，金融机构不易审核其经营状况、追踪资金的去向，因而很难获得商业银行信贷支持。基于此，陕鼓根据设备配套合同，向供应链体系内的企业发放委托贷款，如华立液压润滑设备公司、上海德佐电气公司等，通过买方信贷的方式，保证上游企业的正常生产运营，以确保配套网络的稳定性，有效实现对供应链的管理。

基于对上下游供应链的资金支持，为客户企业提供金融支持的一揽子服务方案，有助于陕鼓下一步加强上下游供应链的合作，打造产业链上下游联合平台，进一步拓展为用户创造价值的服务范围和链条。

5　系统服务同心圆布局的形成

5.1　获益外包的乘法效应

从风机产品销售、成套销售到总包、系统服务，最后到系统功能运营服务，陕鼓的业务范围发生了深刻的变化。这些不同业务是相对独立的业务板块吗？对陕鼓的营收贡献是简单的相加关系吗？运营项目的成功让印建安进一步探索系统服务提供商的内涵。“陕鼓最初只是做风机产品，后来我们看到了用户在这个领域系统解决方案的需求，开始提供融资及相应的产品服务，做工程总承包，并提供系统解决方案，自然而然形成了我们的运营能力”。因此，系统服务提供商不是简单地在产品、成套、服务、运营之间组合选择，而是基于核心能力的扩张，基于总包基础上的系统能力和运营能力所带来的业务范围扩张和升级，给能力积累、市场拓展和利润影响带来的是基于乘数效应的几何级扩大。印建安把这种业务拓展的路径总结为同心圆扩大路径（见图2.2）。

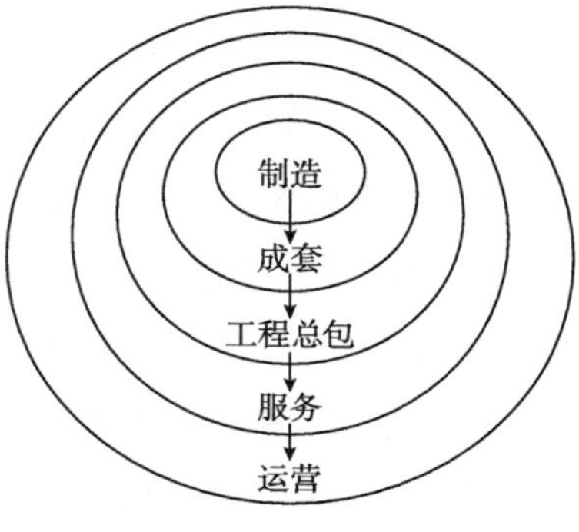

图2.2　以制造为圆心的业务同心圆实践

5.2 同心圆布局的效果显现

经过两个转变战略的推行和深入实施，陕鼓从一个能源风机设备生产企业逐步转型成为一个能源动力系统方案提供商和服务商，并形成了能量转换装备制造、工业服务、能源基础设施运营三大业务板块，构成如图 2.2 所示的以主机设备为圆心，以制造—成套—工程总包—服务—运营为同心圆的业务布局。

所谓圆心，是指立足主机设备的核心制造；所谓同心圆，是指圆心向外的辐射和放大，即设备核心制造能力和为用户创造价值的能力从制造向成套、工业服务、工程以及功能运营的辐射和转化。所谓源于制造、超越制造的核心即在于此。陕鼓的营业收入围绕同心圆布局，实现了同心圆放大，使经营规模快速扩大。2012 年主机以外的配套、服务、工程/自动化、气体营业收入结构占比达到了 65%，使人均营业收入放大了 1.9 倍。

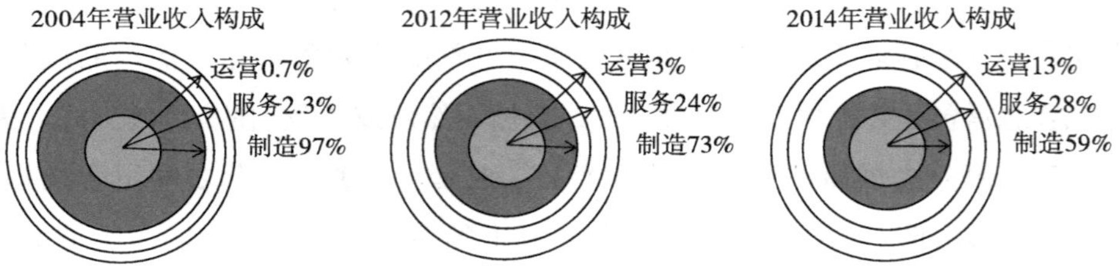

图 2.3 陕鼓营业收入同心圆放大效应

随着同心圆布局的进一步推进，到 2014 年，业务结构进一步优化。收入结构方面，制造板块（配套 + 主机）收入占比由 2012 年的 73% 下降到了 59%，服务板块收入由 2012 年的 24% 增长到了 28%，而运营板块收入则由 2012 年的 3% 增长至 13%（见图 2.3）。在利润方面，制造板块利润占比由 2012 年的 77% 下降到了 2014 年的 57%，服务板块的利润则由 2012 年的 22% 增长到了 2014 年的 35%，运营板块利润由 2012 年的 1% 增长到了 2014 年的 8%（见图 2.4）。这样的变化，进一步减小了经济周期波动给企业带来的更大影响。此外，陕鼓也逐步形成了一种轻资产的结构。制造板块固定资产占总资产的比重在持续下降，陕鼓的固定资产比重是同行中最低的，而人均利润却是最高的。

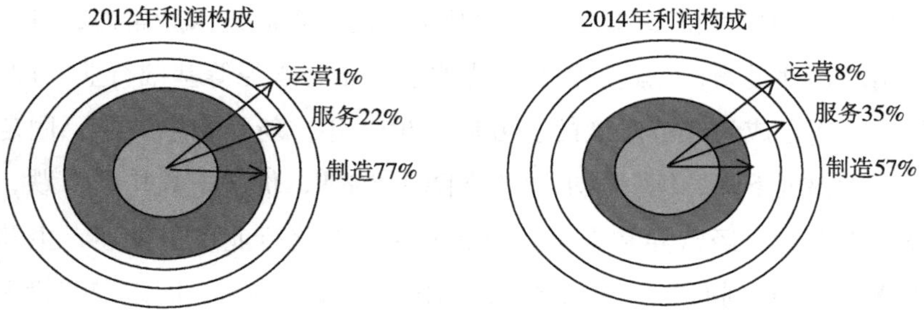

图 2.4　陕鼓利润同心圆放大效应

6　风雨飘摇中，如何坚守

6.1　愈渐狭小的风机市场

经历了 13 年的高速增长，到 2013 年，陕鼓集团的营业收入从 3.12 亿元增长到 62.89 亿元，净利润从 0.12 亿元增长到 9.16 亿元，无论是技术、商业模式还是公司的规模都持续走在行业前列。但是到了 2014 年，陕鼓的发展却慢了下来，多项经营指标出现了两位数的负增长（如图 2.5 所示），虽然总包服务与运营服务板块订货同比增长 6.73%，但整体订货同比下降 16.28%，制造板块订货量的连续快速下降是订货指标没有完成的主要原因。

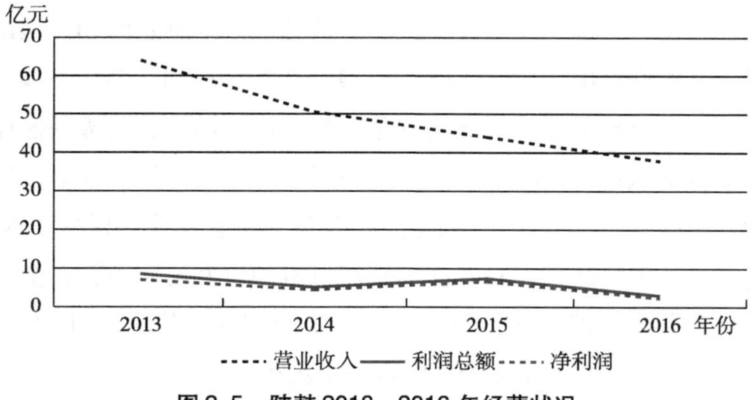

图 2.5　陕鼓 2013—2016 年经营状况

2015 年 3 月，职代会召开前夕，印建安坐在办公室里看着职代会报告里的经营数据陷入深思……

2014年，中国经济GDP增速开始减缓，经济发展进入新常态，各个行业都显示出结构性过剩，尤其是钢铁、煤炭、化工、水泥等基础行业，调结构、去产能、减库存成为经济发展的主方向。2015年，新常态第二年，固定资产投资增速大幅度下降，钢材需求同比下降4.8%[①]，价格指数持续下跌，全行业效益严重下滑，经营异常艰难。与此同时，石化行业也很低迷，主营业务同比下降5.5%；利润总额降幅更大，同比下降19.5%[②]，固定资产投资增幅两年来也呈持续下滑状态，行业发展不容乐观。

而风机企业作为钢铁行业和石化行业的供应商，受到很大的冲击。一方面，市场低迷，需求大幅度降低，行业产销量持续下跌。另一方面，风机行业内竞争愈加激烈。2014年，我国风机行业规模已达832.39亿元，规模以上企业430家，上市公司为6家[③]。行业空间愈加狭小，国内企业间恶性的价格战此起彼伏，这都给陕鼓的发展带来了很大的压力。

6.2 技术横向发展的困境

一直以来，印建安最为关注的就是陕鼓风机产品类型和品种与国际巨头的差异。尽管陕鼓自轴流风机技术后，经过多年的持续开发利用，其主导产品轴流压缩机、工业流程能量回收装置、空分压缩机等主要产品的技术已走在全球前列，相对较低的产品价格与处于全球前列的技术水平，让陕鼓风机产品在国内市场也占据主体地位，以此为基础，自主研发的3H－TRT系统、硝酸装置透平成套机组、工程成套技术、BPRT同轴机组、共用型能量回收装置等成套技术，也已处于国际领先水平，但是像西门子、曼透平这样的国际领先风机企业的风机产品种类齐全，不同系列产品之间的技术衍生性和延伸性强，仍然在整体技术上处于全球领先。中国风机企业受计划经济体制影响，专业化分工细，如陕鼓长期只专注于轴流风机的研发与制造，在全球分工体系中市场非常狭窄，即便在价值链纵向分工中实现了技术跃升和市场跃升，但是狭窄的市场分工仍然限制企业的进一步发展。

---

① 数据来源于冶金工业规划研究院。

② 数据来源于石化行业联合会。

③ 数据来源于《中国通用机械工业年鉴》。

于是陕鼓在 2009 年就选择了进入汽轮机市场，成立自己的汽轮机公司。汽轮机和风机同属旋转机械，都有叶片、转子，属同类技术。从工艺角度来看，陕鼓有叶片车间，也进行大轴协作，完全可以生产配套的汽轮机设备，成本也较低。汽轮机作为提供动力的设备，不仅可以配套风机使用，还可以作为发电设备，有着广阔的市场前景，陕鼓充分发展汽轮机业务便可以成功打进电力市场。

但事与愿违，这恰恰成了印建安最头疼的一件事。2009 年，陕鼓寄希望于引进国内顶尖核心技术人才来发展汽轮机技术和业务，但是通过一段时间的运营，陕鼓只能生产技术水平低的小型汽轮机，而总包服务中客户对汽轮机的需求非常多样，小型设备提供动力不足，技术在国际水平上处于下游，许多客户在签约时，都提出要配套国外的汽轮机。这让陕鼓十分受挫，"我们不就是为了配套核心设备才成立汽轮机公司的吗？现在的汽轮机公司反倒成了一个累赘，食之无味，弃之可惜"。这与当初陕鼓成立汽轮机公司的初衷相去甚远。

6.3　何去何从：转换阵地

在经济下行的背景下，风机市场日渐狭小；汽轮机业务的开发和拓展，出师不利。但是，印建安坚持认为，配套汽轮机业务，不断开拓新的市场，这个方向是正确的。关键问题在于资源组合的范围和层次。陕鼓不断向系统服务延伸的转型过程，是一个不断向全球风机行业价值链纵向跃升的过程，而汽轮机业务作为价值链横向拓展的尝试，却依然处于价值链的低端，这与陕鼓集团现有的客户定位以及商业模式定位是不匹配的。

因此，印建安在内部会议上提出，"我们能否通过国际化，在全球寻找可利用的技术资源为我所用？比如，在国外买一个技术和设备都先进的厂子？"但是，会上马上便有反对的声音："国际分工中，发达国家提供技术，发展中国家提供资源。发达国家技术好，谁愿意把厂子卖给发展中国家啊？卖给我们，我们管得好吗？"印建安进一步说，"大家想一下，我们之所以能够取得轴流技术的领先，一是源于我们从国外引进技术，二是基于我们巨大的市场，我们的持续开发和利用。这不是一个积极利用国外资源的例证吗？长期以来，国外的透平机厂家，既生产轴流风机也生产离心风机，同时也会提供汽轮机、燃气轮机，提供涵盖整个领域的多产品服务。优秀外企如美国 GE、德国西门子、曼透平、日本川崎重工、三井，这些行业的佼佼者在初始阶段便是全产业链布局，而这正是我们和这些企业最根本的差距。他们在满足客户需求方面要比我们更灵活、更柔性。所以长期以来我们总是跟在这些国际企业的后面走。他们总包，我们就去探索总包；他们做服务，我们就去做服务，总是在追赶，亦步亦趋，总比别人慢了一步。如果我们直接在国外买一个在技术和设备生产上都走在前列的工厂，无论是对我们的技术、配套、服务以及市场，都是一种大大的跃升啊！”

几次会议开下来，高管层基本达成了共识，大家都想着可以试一试。于是，陕鼓将目光放到了技术在行业内处于一流水平的欧洲企业，寻求合作或者并购等技术引进的机会。若能达成并购，陕鼓便在欧洲建立了一座桥头堡，将陕鼓其他的销售网络与欧洲市场对接，解决技术难题的同时又开辟了新的市场。

7　首次尝试逆向外包：海外并购 EKOL

7.1　逆向外包

为了能够有效地实施海外并购，陕鼓内部召开了多次研讨会，探讨发展中国家企业并购技术上领先于自己的海外企业这种策略的可行性。在探讨中，陕鼓发现，逆向外包，正是发展中国家企业在国际分工中实现“逆袭”的一种方式。逆向外包，是相对于传统外包而言的，传统外包是指发达国家依靠其技术和研发优势，将附加值低的生产与服务环节外包给发展中国家，以有效利用其低廉的劳动力资源优势；而逆向外包，是指发展中国家利用其广阔的市场优势，主动向发达国家发包，以利用其研发、技术、人才等高级生产要素，从而从价值链高端切入全球分工，是一种全新的全球化战略路径。逆向外包已经逐步成为一种趋势。例如，奇瑞、华为等公司都与欧美研发机构合作或者在发达国家设立研发机构，从而快速嵌入全球先进技术创新网络。

陕鼓高管团队发现印建安的观点似乎与目前一些行业龙头企业的做法不谋而合，于是更加增强了信心。

7.2　巧遇正在寻找买家的 EKOL

2014 年秋，恰在陕鼓寻求国际合作期间，捷克 EKOL 宣布对外出售。EKOL 公司是捷克乃至东欧地区中型汽轮机以及产品线锅炉设备重要生产制造服务公司之一，能够向客户提供包括 EPC 总包、汽轮机、燃气轮机维护、维修、大修在内的全方位服务。EKOL 拥有多项燃气轮机、汽轮机的技术专利，保证了设备的高效性和环保性，并且 EKOL 公司是世界上为数不多的能够设计、生产反动式叶片汽轮机的公司之一，反动式叶片汽轮机的运行效率更高且运行范围更广，特别适用于热电联产和机械驱动。在低排放、离心压缩机等领域，公司拥有一些独有设计和专利。公司的出口范围广，主要集中于中东欧地区、独联体、中东以及北非等地区。但是由于 EKOL 公司的市场较小，经营比较困难，股东就想卖掉公司或者出售部分股权。

陕鼓十分谨慎，聘请了专业顾问进行并购前的调研分析。在多次调研讨论后，陕鼓对 EKOL 有了全方位的认知。EKOL 有着几大优势：一是企业的技术水平在汽轮机行业处于中上游，能够满足市场的需求；二是 EKOL 的并购价格在陕鼓可以承受的范围内，在行业并购中价格相对合理，性价比较高；三是公司的管理团队、技术人才比较成熟，陕鼓不需要进行大规模的调整。考虑到陕鼓已经有了汽轮机生产的基础，印建安决定完成这次产业的并购。

7.3　并购的实施

面对首次逆向外包，陕鼓设计了一套方案来完成对 EKOL 的收购。作为一次国际并购，以陕鼓本部来实施并购手续繁杂，为处理并购 EKOL 相关事务，专门成立了陕鼓卢森堡公司，与 EKOL 公司直接对接，保证了信息的准确性与保密性。

2015 年，陕鼓与 EKOL 正式签署股权转让协议。按照协议，陕鼓动力将分阶段购买 EKOL 公司股东所持有的 100% 的股权。在第一阶段，公司将以支付现金的方式收购 EKOL 公司 75% 的股权，之后将分阶段通过行使期权的方式进一步收购EKOL公司剩余25%的股权。本次交易完成后，陕鼓动力将成为EKOL公司控股股东。双方将实现优势互补，围绕汽轮机、锅炉、EPC、系统服务四大业务进行联合研发、系统成套设计、销售、供应链、生产等价值链环节的业务整合，形成更具竞争力的市场能力。

通过并购，陕鼓发展汽轮机业务，拓展了产业链，提升成套设备供应能力，有效实现同心圆放大。而且随着中国人口红利的减少，地处捷克的EKOL公司无论是在生产成本、技术先进性以及质量可靠性上都比国内更加有利，确保陕鼓以更低的价格获得更高质量的汽轮机产品。依托EKOL在欧洲的技术和业务平台，可以获取和整合先进的管理理念，建立和完善基于技术、人才、金融、市场、采购和外协加工等全球资源的国际业务体系。EKOL在生物质发电系统的设计与建设方面积累了丰富的经验，为陕鼓在分布式清洁能源新兴市场拓展以及综合能源一体化设施建设方面提供了支持与保障，也为之后陕鼓深化转型发展分布式能源打下了良好的基础。

并购后，陕鼓集团每年都派管理和技术人员与EKOL公司进行交流，一方面，对技术进行标准化，另一方面，对专利进行保护。并且EKOL的整个业务重心有所转移，从单一的汽轮机产品设计和制造转移到围绕公司成套机组系统解决方案展开：横向的业务上，将以陕鼓压缩机配套EKOL汽轮机，组成成套系统，并在成套系统上做优化，提供系统解决方案；纵向的业务上，将在核心成套设备的基础上从产品销售到工程总包服务，到运营和产品生命周期服务做纵向延伸；在市场上，集合陕鼓和EKOL两个团队的销售渠道力量，着重于国际市场的拓展。

8　转换阵地：进军分布式能源领域

8.1　市场持续低迷，EKOL经营困难

由于下游行业产能过剩、需求放缓，2015年，陕鼓市场持续低迷，营业收入下滑至44亿元。但是，从国内市场占有率来看，陕鼓主要产品依然保持较高水平，其中，轴流压缩机、离心压缩机组以及能量回收装置在市场占主

导地位。印建安意识到，尽管陕鼓一直在转型，但作为系统服务外包商，其系统解决方案中的核心仍然以风机相关设备为主，但是风机市场的发展已经遇到了“天花板”，必须另寻出路，才有可能获得长足发展。

与此同时，EKOL 在并购后，尽管一定程度上解决了一些陕鼓的技术问题，但是公司并购后盈利能力并不强。在收购 EKOL 前，EKOL 已经处于连年亏损状态，无法维持其日常的生产经营活动，只能选择出售公司。陕鼓在取得 EKOL75% 的股权后，一方面，由于语言、文化、制度等方面存在差异，加之欧洲市场空间较小，EKOL 公司的经营并不理想，2016 年，EKOL 净利润亏损 1000 万元，到 2017 年，EKOL 全年实现营业收入 1. 8 亿元，但净利润亏损 5800 万元①。并购双方还需要很长时间来磨合。另一方面，陕鼓收购 EKOL，希望在汽轮机、燃气轮机领域取得核心技术，完善公司的产业链，增强全产业链的交付能力，并以此占领国内外市场份额。但对于核心技术的完全吸收掌握以及相关人才的培养，陕鼓未来还有很长的路要走。

8. 2　市场的重新定位：向分布式能源转型

在严峻的形势下，2016 年 7 月 14—15 日印建安召集各级管理层开展了主题为“新常态、新思维、新举措，进军分布式能源领域”的学习研讨大会。

在学习研讨大会的动员会上，印建安讲道：“在上一轮经济发展的过程中，陕鼓通过流程再造放弃远离市场、主要依靠体力劳动的低附加值环节，大量增加贴近市场、以脑力劳动为主的环节，逐渐形成‘能量转换设备制造、工业服务、能源基础设施运营’三大业务板块。在此过程中，二、三业务板块订货占比逐年上升。这样的变化增强了陕鼓抗风险能力，逐渐建立起全产业链的业务结构。但是，我们对‘两个转变’认识不够深刻，也错失了很多机会。一方面，是我们的思维受到限制，我们总体上还是在风机行业打转转。目前，我们在传统风机领域的发展已经遇到“天花板”。另一方面，我们的产业没有形成核心竞争力。以主机为圆心进行同心圆放大的路径很好，但其他产业过分依赖圆心，仅仅借助上一轮的‘台风’形成了一定规模，并没有真

---

① 数据来源于陕鼓动力年报。

正形成核心竞争力。遇到经济形势的变化后，业务下降非常快。”

什么是新常态？印建安认为传统制造业产能过剩，传统需求趋于饱和，同时面临环保政策、人工成本等压力，传统市场需求不断降低并发生巨大变化。一方面，市场需求“由硬到软”，主要体现为“硬件”制造越来越不值钱，单一功能的硬件趋于消失，“喝牛奶”的人不再“养牛”，专业化服务的趋势更加明显，而且从工业拓展到了市政等民用领域；另一方面，新的需求产生，方式也发生了变化，由大规模工业化生产转变为量体裁衣的方式，用户需求从传统的单一、同质化需求向更为先进和灵活的系统化、个性化需求转变。

而为什么选择分布式能源？首先分布式能源市场具有巨大的机会，是新常态下的新需求。分布式能源对接区域资源与区域需求，形成个性化的定制方案，符合国家能源安全战略以及节能减排的政策要求，也是未来国际能源发展的趋势。欧美国家在分布式能源的利用方面早已经走在前面，1978 年美国就提出了分布式能源的概念，欧美、日本等地已经针对太阳能、风能等分布式能源的应用进行了有针对性的研发。印建安认为中国分布式能源市场的机会主要体现在三个方面：一是新建流程工业以及传统市场提升改造；二是新型城镇化和智慧城市建设；三是“一带一路”市场。根据陕鼓团队的研究，分布式能源市场总量超过 10000 亿元。其次，陕鼓在分布式能源方面已经具有一定的基础能力和优势。陕鼓的同轴机组 BPRT 和 SHRT 入选 IPEEC（国际能效合作伙伴关系组织）国际最佳节能技术和最佳节能实践清单（双十佳清单），陕鼓组合技术和思维获得了国际的认可。同轴机组的思维就是能量的本地化利用和本地化消化。利用本地的能源，直接应用到本地机组上，把产生的能量用到用能端，实现本地能源本地消化，做到效率最高，这是同轴机组的研发思维，也是分布式能源的思维精髓。除了 BPRT 和 SHRT，陕鼓在流程工业中，还有几种典型的应用分布式能源思路的机组，如炼化行业的三合一机组，硝酸行业的四合一机组，PTA 领域中的一体机等。这几种典型的机组配置，把本地产生的能源在本地消耗掉，充分体现了分布式能源的四个集约——土地集约、功能集约、设备集约、运营集约。此外，陕鼓 EKOL 拥有分布式能源中的核心技术，其中，核心设备汽轮机最高能效可与国际一流企业媲美，达到 89% 的能量转化率；生物质锅炉技术、垃圾焚烧技术、垃圾分解技术、全厂能量平衡分析技术达到世界领先水平。

“新常态下，我们要不遗余力地寻求新机会，而分布式能源产业一定是未来发展的新风口。我们要跳出以主机为核心的思维模式，把脸盆里养鱼换成大海里养鱼。陕鼓要结合自身产业发展来判断公司未来的发展方向，要思考如何为客户提供定制化的、系统的解决方案，如何充分利用能量之间的转换，提高效率，达到安全、高效、节能、环保的目的”。动员会后，陕鼓各产业团队、各管理条线分组展开了讨论，就分布式能源提出了多种转型思路和措施。但也有人对新的发展方向充满担忧。有人认为国内神华、新奥等企业在分布式能源市场深耕多年，陕鼓如何提出更具特色的分布式能源差异化系统解决方案，充满未知。有人提出陕鼓一直在装备行业打转转，陕鼓人员的思维和能力能否快速转变和调整，困难重重。

大研讨后，陕鼓明确提出并正式确定了聚焦分布式能源市场的战略新方向，公司以分布式能源市场为圆心，进行市场策划，重新排兵布阵，希望实现设备、EPC、服务、运营、金融的新同心圆全面发展，形成“专业化 + 一体化”的系统解决方案，构建差异化核心竞争能力。通过资源整合，形成“陕鼓品牌 + 设备 + 服务 + 工程 + 金融 + 运营 + 智能管控 + 贸易”组合模式，强化陕鼓系统解决方案能力和竞争力。这一时期，陕鼓重新阐释了“两个转变”战略，提出了从“单一产品制造商”向“分布式能源领域系统解决方案提供商和系统服务商”转变、从“产品经营”向“客户经营、品牌经营和资本经营”转变。新的战略旨在将陕鼓打造成为世界一流智慧绿色能源强企。

新的市场定位，很快就有了成效。2016 年陕鼓获取和跟踪的项目信息量由 100 亿元左右扩大到超过 400 亿元，由分布式能源思维带来的复合型合同约占订货总量的 43.85%。陕鼓先是与隆鹏煤炭签订了焦化升级改造化学品项目三期的供热订单，到了第三季度，又与大连派司、山西嘉生等公司签订了分布式能源工程总包项目，这一系列的合同签订标志着陕鼓在天然气分布式能源领域取得了重要突破。而陕鼓曾经的“老师”曼透平公司在 3 年后同样确定了发展分布式能源的战略，甚至它将公司的名字也做了变更，改为曼能源解决方案公司（MAN Energy Solutions SE），可见决心之大。这次陕鼓走在了国际先进企业的前面，反映了陕鼓敏锐的战略眼光和居安思危的精神，是主动转型而不是在繁荣中自我麻痹。

8.3 在新市场上，陕鼓独特性何在

进入分布式能源市场后，陕鼓结合自己的专业和优势进行分析，认为在分布式能源技术方面，应关注地热、风能、太阳能等的组合应用；而对于工业余能、生物质能等，陕鼓应结合自身在能量转换方面的优势，不仅要关注组合性应用，还要关注单项的技术应用，并在这些分布式能源领域占领制高点。

但是不可忽视的是，在分布式能源市场上，陕鼓又迎来了新的竞争对手。比如，做工程总承包业务，陕鼓的系统设计和规划能力与一些大型的化工设计院相比并没有竞争优势；在气体运营服务领域，陕鼓虽然有核心技术和一定的运营经验，但是与法液空等跨国气体公司、盈德公司这样的本土领先气体企业相比，在市场、规模、技术服务上也相去甚远。那么新的市场上，陕鼓如何建立独特的竞争优势？以分布式能源作为新的圆心，陕鼓再次面临新市场下的技术难题。

9 再次推进逆向外包：成立欧洲研发中心

9.1 欧洲研发中心的设立

陕鼓面对分布式能源这一战略新布局所带来的技术和研发上的困境，大胆提出在欧洲设立研发中心的思路。

一方面，通过并购 EKOL，陕鼓意识到欧洲有大量的技术人才和技术资源，而陕鼓在中国有需求强大的市场，市场又带来大量需要解决的技术问题，双方恰恰是互补的。利用中国的市场优势，通过服务离岸外包的方式，来获取欧洲的人才、技术和创新要素，这将是陕鼓快速突破技术和研发“瓶颈”的路径。目前要做的就是全面挖掘欧洲的技术和创新资源以及人才资源。另

一方面，陕鼓在欧洲已经与一些技术人员有过友好合作，但是这只是一种临时性的合作，中间缺少一个正式的平台，这种临时性的合作无法满足陕鼓的技术积累需求。随着国际法律环境的变化，陕鼓必须谨慎考虑知识产权的保护和转移问题。

于是，在各方面因素的驱动之下，2017 年，陕鼓在德国杜塞尔多夫正式设立研发中心，作为一个对接欧洲高级要素和中国内地市场需求的正式平台，其全面利用欧洲的技术和创新资源以及人才资源。

9.2　欧洲研发中心的运行

中心设立后，陕鼓聘用国外大公司退休的高端人才，采用项目制的方式，通过合作研发与合作生产的方式，快速地进行产品研发，并以此为基础建立全球技术与研发交流平台。欧洲研发中心主要承担技术储备及研发任务，根据集团收集的各个业务部门以及研发中心的技术需求，广泛搜寻相关设备技术，并结合陕鼓业务，逐步建立欧洲技术资源库。欧洲研发中心通过寻求欧洲合作技术资源，以及与欧洲大学合作研发课题等方式，为陕鼓集团量身制订解决陕鼓市场问题的方案，并组织专业团队对海外合作团队进行考察和评估，确保技术资源有效利用。

陕鼓通过欧洲研发中心寻找新能源、智慧城市能源互联等领域的顶尖人才和机构合作，亚琛工业大学便是其中之一。亚琛工业大学第四学院的机械专业一直是德国第一，在世界名列前茅，福特、微软、飞利浦、联合技术等跨国公司都与该学校有深度合作，在学校设有分部，这对于一直要不停攻克技术难题的陕鼓来说是再合适不过的选择。陕鼓在欧洲成立研发中心后很快找到科研人员，经过商谈，双方建立了长期合作关系，主要解决在轴流压缩机、能量回收透平装置等核心技术装置研发及应用方面的技术问题。

除了与各个领域的顶尖人才合作之外，陕鼓还通过定向引进的方式，吸引海外技术投资人或战略投资人参股，从公司未来发展的角度引进先进技术及人才。此外，陕鼓立足海外研发平台，全球招纳人才补充国内人才需求，同时将国内骨干人员派驻海外，培养国际化经营管理能力。

10 新的起跑线：全球资源整合

目前，为加快全球资源的整合，陕鼓在境外已经成立了12个机构，包括捷克EKOL公司、陕鼓香港公司、陕鼓卢森堡公司、陕鼓印度公司、欧洲研发中心、陕鼓印度服务中心、欧洲服务中心、印尼服务中心等。

10.1 全球资源整合

海外市场拓展。陕鼓利用在EKOL建立的销售体系，拓展了大量海外代理渠道，并以此为基础初步建立了全球区域化营销网络。这个网络促进了公司与国际市场的交流合作，使陕鼓能及时获取国际上最新的市场信息，为公司境外投资及国际市场合作开发、技术引进与交流提供便利，加快公司的国际化进程；2016年，陕鼓动力（印度）有限公司成立，适应市场国际化趋势，调整营销体系兵力部署，巩固传统市场，开拓石化市场，以印度市场为主体，辐射南亚地区，建立国际市场营销模式及维修服务基地。2017年陕鼓与印尼OSS钢铁公司签订合同，为该公司配套建设两个空气分离项目，这也是陕鼓签订的首单海外工程总承包项目。

整合海外服务资源。建设公司海外服务中心，搭建海外销售、服务平台，提升海外服务水平和响应速度，维护客户资源。陕鼓想要打入欧洲分布式能源市场，必须要有一个平台提供符合欧洲思维文化的本土化方案。在哪儿建设平台？印建安马上想到，EKOL不就是现成的资源吗？2017年，陕鼓在捷克成立了陕鼓欧洲服务中心，注册为陕鼓EKOL公司，旨在通过建立本土化服务基地，从而做到快速且低成本地为全球客户提供全生命周期的系统服务方案支持。在服务中心成立的揭牌仪式上，印建安深情地讲道，在互联网时代，市场将会有更多变化，而陕鼓将通过互联网实时在线对用户机组进行远程监测和诊断，运用陕鼓能源互联岛方案持续对用户的能源系统进行改造和优化，以提高客户能源综合利用效率，以专业化的服务在提升运营质量的同时减少用户运营成本。欧洲服务中心的成功，给陕鼓打了一针强心剂。陕鼓继而启动了全球服务体系建立计划，在欧洲、东南亚、印度以及中东、非洲、俄罗斯等国家逐步构建服务中心，打造全球服务网络，为分布式能源领域用户提供工业流程领域专业化、系统化的全生命周期服务系统解决方案。

整合全球金融资源。陕鼓在中国香港、卢森堡、印度等地成立公司，承担陕鼓在海外投融资平台及对外贸易业务，同时与中国银行布拉格分行、捷克斯洛伐克贸易银行等进行了广泛合作。通过这些渠道初步建立起可以满足国际市场需求的融资能力。陕鼓充分利用卢森堡公司搭建全球供应链体系。以陕鼓采购欧洲材料为例：第一步是贷款，陕鼓过去会换成欧元，一次性采购，如今陕鼓通过卢森堡公司在欧洲贷款采购材料，欧盟银行利率加上手续费为 0.5% 的利息，而国内用于采购的资金理财可收益 5.5% 的利息，资不出海，陕鼓便可以从中获 5% 的利息；第二步是直采，所有企业海外采购都要通过海外代理，中间代理费巨大，陕鼓 2020 年砍断代理，直接通过自己的海外公司采购，海外采购费用大幅降低；第三步为汇率，由于人民币汇率的波动性，陕鼓并未急于偿还海外贷款，通过平衡欧元与人民币换算比例，在人民币升值后偿还贷款可进一步为陕鼓节省成本。

整合全球供应链资源。依托 EKOL 公司，欧洲采购中心开始在全球进行直采，为陕鼓的全球市场服务，进一步拓展了陕鼓的海外供应商配套资源。2019 年 7 月 3 日，陕鼓成立西安长青易得供应链股份有限公司，打造 B2B 模式下的产业链上中下游垂直整合平台，形成吸引资源、资源共享变现进而吸引力持续提升的循环，为陕鼓建立一个自给自足、持续扩大的技术、商务、金融资源池，成为陕鼓在全球市场竞争力塑造过程中的强力支撑。

10.2　设立能源互联岛全球运营中心

2017 年 6 月，陕鼓在自己的园区建成了首个能源互联岛全球运营中心。能源互联岛项目是针对区域能源资源和用户需求特征，利用陕鼓在能量转化领域丰富的技术储备和商务经验，系统思考，将区域内冷、热、电、风、水、废、安防、消防、环境监测等统一规划和管理，通过能源互联岛平台实现污水处理、供热、制冷、供电、压缩空气、固废处理、新风供送及安防、消防监控等智能九联动系统的优化集成，形成了相对独立的能源供给和环保处理综合系统，可显著减少对外部能源的需求量和废弃物的排放量，实现了区域节能环保以及运营管理效能的提升。通过项目实施，可节约土地51%、减少人员58.6%，实现土地集约、功能集约、设备集约和运营集约。

陕鼓互联岛的这种系统规划、集约化管理的方案，利用各系统资源循环利用的协同效应降低成本、提高效率、保护环境、提升用户体验，能够广泛应用于分布式能源工业流程、综合园区、智慧城市等领域建设项目的集约化运营，为陕鼓开拓了新的系统功能服务市场。

陕鼓的能源互联岛已运用到多个领域（见图2.6），2019年，陕鼓与西安高新区就中央创新区能源建设项目签订合作框架协议，提供西安高新区城市客厅智慧供能系统规划方案；为陕西新能源汽车创新产业园能源基地规划建设能源供应一体化系统，打造了国内第一个汽车行业能源互联岛项目，使单车制造能耗降低5%。

图2.6 陕鼓能源互联岛的应用示意图

11　结语

2017 年 8 月，印建安退休，新一任董事长李宏安上任。李宏安从 2005 年起任陕鼓集团总经理，跟印建安搭了十几年的班子，是陕鼓历次战略转型的设计团队核心，能够深刻理解陕鼓的发展战略。李宏安对陕鼓未来的发展充满信心："陕鼓按照 1 +7 的业务布局，即以分布式能源解决方案为核心，以设备、工程总包、服务、运营、金融、供应链、智能化七大核心业务为支撑，以战略文化为引领，市场开拓为纲，能力建设为基，以智能制造和资本金融为手段，智能制造就是要通过产品智能化、过程管理智能化和服务智能化来推进陕鼓整体智能制造水平，资本金融是紧紧围绕分布式能源市场需求进行方案创新、资源布局和体系规划的产业金融，打造千亿规模的智慧绿色能源强企!"

案例教学说明

AnLiJiaoXueShuoMing

一、教学目的和用途

1. 适用课程

本案例适用于"战略管理"以及"管理学"中关于"公司战略和国际化"内容的如下环节：

（1）战略变革；战略定位；服务外包与获益外包。

（2）国际化战略；逆向外包；公司并购；全球价值链。

2. 适用对象

适用于有一定实践经验的 MBA 和 EMBA 学生。本案例教学对象为具有一定战略管理知识的同学。对于实践经验较少的学生应加强课前对相关基础资料和管理理论知识的准备。

3. 教学目的

（1）教学目标之一是使学生理解战略变革与价值链的概念；理解获益外

包是服务供应商和服务外包者之间的一种新型关系。

（2）教学目标之二是使学生理解获益外包对服务供应商和用户的价值共创机制，以及对价值链提升的作用。

（3）教学目标之三是使学生理解获益外包成功的能力基础和实施保障。

（4）教学目标之四是使学生理解逆向外包的动因、方式，理解逆向外包是发展中国家国际化的一种新方式。

（5）教学目标之五是使学生掌握、理解逆向外包战略的内涵、实施路径及对价值链提升的作用。

（6）教学目标之六是使学生理解逆向外包的实施条件及保障。

二、启发思考题

启发思考题的设置目的在于帮助学生提前做好案例学习的准备工作。通过完成课前作业中的启发思考题，学生可以有较为充足的时间预习案例的内容及了解相关素材，在问题的引导下熟悉案例的故事情节，初步了解案例的背景及要点，引导学生主动思考并获取相关的理论与实践知识，以提高课堂学习案例的效率。本案例可以用于启发思考的内容如下：

（1）陕鼓为什么从提供产品向提供系统方案和系统服务转型？陕鼓与客户的服务外包关系呈现出什么特点？

（2）陕鼓如何通过获益外包实现与用户的价值共创？对陕鼓的价值链攀升有什么作用？

（3）陕鼓如何保障获益外包的成功实施？

（4）陕鼓实施逆向外包战略的目的是什么？采取了什么方式？

（5）陕鼓是如何实施逆向外包战略的？陕鼓如何保障逆向外包的成功实施？

（6）陕鼓逆向外包战略对其在全球价值链的攀升有什么价值？

（7）陕鼓开展获益服务外包以及逆向并购实现价值链攀升的理论基础与过程作用机制是什么？

三、分析思路

本案例可通过分组讨论和课堂集体讨论，对陕鼓集团先后通过获益外包和逆向外包两种路径实现全球价值链地位的攀升过程进行分析。具体来看，本案例的分析主要包括七个核心问题，可依次按照如下逻辑进行分析：

问题一：陕鼓为什么从提供产品向提供系统方案和系统服务转型？陕鼓与客户的服务外包关系呈现出什么特点？使学生理解战略变革与价值链的概念；理解获益外包是服务供应商和服务外包者之间的一种新型关系，其基本概念与特点。

问题二：陕鼓如何通过获益外包实现与用户的价值共创？陕鼓是如何保障获益外包的成功实施的？使学生理解获益外包对于服务供应商和用户的价值共创机制，其成功实施的能力基础和资源保障。

问题三：陕鼓的获益外包策略对其价值链攀升有什么作用？引入全球价值链的概念，使学生理解获益外包作为服务外包的一种治理方式，对竞争优势转化的驱动机制，以及对企业价值链分工位置提升的作用机制。

问题四：陕鼓实施逆向外包战略的目的是什么？采取了什么方式？通过分析这一问题，使学生理解逆向外包的概念、动机与方式，理解逆向外包是发展中国家实施国际化战略的一种新方式，是从价值链高端切入国际分工的一种方式。

问题五：陕鼓是如何实施逆向外包战略的？逆向外包战略对全球价值链攀升的价值是什么？使学生理解逆向外包战略的内涵，以及逆向外包战略实施路径的具体操作方式，同时能够熟悉和掌握逆向外包对于整合全球高端要素达到驱动全球价值链攀升的作用机制。

问题六：陕鼓如何保障逆向外包的成功实施？使学生在掌握逆向外包的实施条件基础上，理解各类资源的有效整合是逆向外包战略成功实施的保障。

问题七：陕鼓开展获益服务外包以及逆向并购实现价值链攀升的理论基础与过程作用机制是什么？使学生理解中国企业价值链攀升的必要性、路径以及内在机制。

这一分析思路如图 2.7 所示。

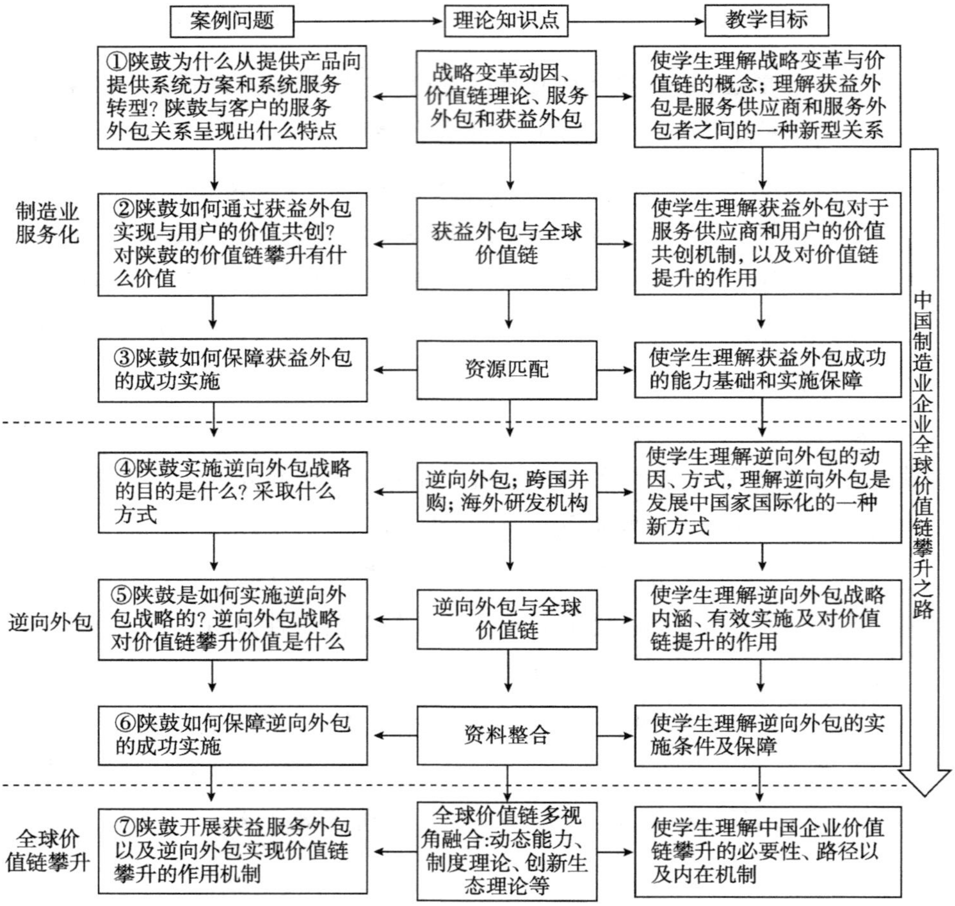

图 2.7　分析思路框架

四、理论依据与分析

（一）问题一：陕鼓为什么从提供产品向提供系统方案和系统服务转型？陕鼓与客户的服务外包关系呈现出什么特点？

1. 理论依据：战略变革动因、价值链理论、服务外包和获益外包理论

（1）战略变革（Strategy Change）。是指组织为了动态地实现或保持战略

与不断变化的外部环境和/或组织内部条件的匹配，维持或提升组织绩效而完全或部分地否定先前的组织战略，进而重新确立组织当前和/或未来战略的一种组织行为。

战略变革动因理论试图探索推动企业在不同市场之间进行战略转移的动力机理，从根本上为企业战略转型提供系统性指导。战略变革动因是引起企业战略转型的一些关键因素，这些因素对成功的战略选择与实施也起着决定性作用。一般有以下几种动因：一是宏观环境或者产业环境发生了变化，相关业务受到外部比较大的影响，企业不得已被迫转型；二是企业的资源和能力发生了变化（下降或者转移），导致原有的业务绩效下降，或者说其资源和能力可能在新的行业、新的市场或新的业务上更具优势；三是企业在竞争中逐渐落后，外部环境和自身实力并没有发生大的变动，但是竞争者实力在不断增强，为遏制竞争者企业必须进行战略转型；四是企业的发展到达一定的阶段以后，资源和能力的积累或升级（有一定的冗余）使得企业顺其自然地转型；五是管理者出于某些个人原因，如实现抱负等，主动进行战略转型。

（2）价值链理论。企业的价值链分为价值链活动和辅助功能。价值链活动，是指企业在生产产品并以为消费者创造价值的方式开展销售、配送和售后服务的过程中，执行的各项活动和任务。辅助功能，是指企业为了给产品的生产、销售、配送和售后服务等工作提供必要的支持，而采取的各种活动和任务。企业在任何一项价值链活动和辅助功能中，都可以培育自己的能力或核心竞争力。

（3）服务外包和获益外包。服务外包，是指在互动和产业价值链综合优化的基础上，客户企业将特定资源活动，或者具有较高增值性的资源活动外包给特定的服务供应商，尤其是完成部分或整体活动，从而共同创造知识和价值，并为各方实现竞争力的行为过程。在服务供应商和外包方高度的协调和互动过程中，更关注知识的传递，以及持续改善与服务供应商之间的整合机制，并鼓励分享和创造知识。

获益外包，是 2009 年 Vitasek 和 Ledyard 所提出的中心的外包形式，是指“先进企业正在建立的一种新的商业模式——双方密切合作，达到商定的预期成果，使双方都能取得更好的经济效益”，这种创造性的方法称为“获益外包”。采取外包的企业和服务供应商都充分发挥各自的核心竞争优势，来实现靠自身力量无法实现的成就。获益外包的基本原理是服务外包供应商着眼于如何能够最有效地应用各种使客户受益的处理方法、技术和能力。供应商对外包客户承诺创造更多价值的同时将风险转移给自己，作为交换，外包客户允许供应商赚取更多的利润来实现正不断增长的价值。

获益外包，作为服务供应商和服务外包商之间的一种合作关系，以服务商不断改善和创新的服务为基础，降低了外包商的成本，提升了服务商的利润空间，如图 2. 8 所示。获益外包与传统外包相比，其差异如表 2. 2 所示。

表 2. 2　获益外包与传统外包的差异

	获益外包	传统外包
合作理念	双赢导向	利己导向
合作基础	以结果和关系为基础	以契约为基础
关注焦点	聚焦于做了什么	聚焦于怎么做
成果衡量	清晰界定并衡量外包成果	缺乏衡量或关注于细节
定价机制	基于成本和服务的权衡	成本最小化
治理结构	关注洞察	关注监督

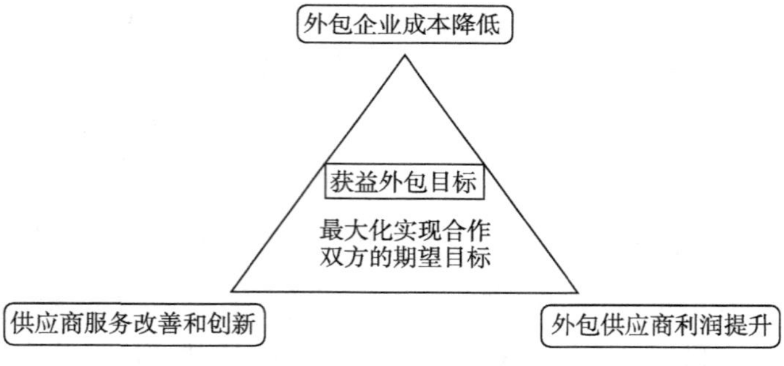

图 2. 8　服务商和外包商之间的获益外包合作关系

2. 案例分析

（1）陕鼓为什么从提供产品向提供系统方案和系统服务转型？

陕鼓从提供产品向提供系统方案和系统服务的转型是一个渐进的过程，历经从提供产品到提供总包服务、全生命周期的制造服务、金融服务以及功能运营服务的服务深化过程。这一渐进的转型过程，是随着市场环境的变化、客户需求的变化以及企业内部的不断调整而逐步实现的。因此，这一问题需结合陕鼓的发展历程和外部环境变化，引导学生从内外部因素具体分析陕鼓为什么要淡化制造环节，选择进入系统服务领域，从而明晰陕鼓战略变革的动因以及方向选择。

第一，从外部大的市场环境来看，陕鼓经历了两次大的环境变化。第一次，是中国从2000年启动的固定资产投资规模大扩张时期，这一时期陕鼓用户所处的行业处于一个快速迅猛发展的时期，但同时国际上的竞争者也陆续进入中国。机遇与挑战同时存在，作为龙头企业的陕鼓只有转变发展模式，才有可能与国外竞争者展开竞争。第二次，2008年的金融危机给陕鼓市场带来的负面影响。一方面，装备制造业市场产能逐步饱和，生产制造环节的利润率进一步下降；另一方面，设备的全生命周期服务还处于一个市场觉醒的前端。这促使陕鼓进一步思考商业模式的优化以及企业功能的转型。

第二，陕鼓的用户需求结构逐步发生变化。陕鼓的用户逐渐出现了三类新需求：第一类，用户固定资产投资带来的需求痛点，即从设备需求向系统服务需求转化。用户规模扩张对大型设备的投资需求，需要多种中间生产品的配套。多个厂商间的配套与协作，给用户带来了大量的成本。因此，系统解决用户最终需求的系统方案和系统服务，成为用户的新需求。第二类，在固定资产投资扩张期结束之后，对老客户已使用设备长期维护保养的需求，即基于产品全生命周期的服务需求。第三类，对于投资扩张期存在投资压力的用户，产生金融服务和设备运营功能需求。对用户需求变化的预测和反应，是促使陕鼓持续转型的内在动因。

第三，从陕鼓的竞争者来看，陕鼓与沈鼓集团是计划经济时代的两大风机厂，各有分工。沈鼓主要生产离心式风机，而陕鼓主要生产轴流式风机。随着市场经济的深入，两大风机企业的界限逐步模糊。那么陕鼓集团在市场上主要面对的竞争对手就有两类，一类是大型风机企业，另一类则是国际大的跨国公司。与竞争对手的优劣势比较如表2.3所示。

表 2.3 陕鼓与竞争对手的优劣势比较

	陕鼓	国内（沈鼓、上鼓）	国外（GE、西门子、MAN）
策略	非核心制造业务的外包，聚焦用户需求进行资源整合	聚焦制造	聚焦制造和服务
优势	相对技术优势；品牌优势；融资能力优势；一定的用户黏度；成本优势	技术优势；制造能力优势；成本优势	先进的研发能力；设备制造；卓越的服务能力
劣势	与国外企业相比，技术、研发和服务能力都较弱	与陕鼓比，没有用户服务规划； 与国外企业比，技术和研发能力都比较滞后	成本上的劣势

第四，从陕鼓的内部价值链来看，一方面，生产制造环节虽然有多年的制造能力积累，但是由于市场的变化，制造环节的成本不断提升，所创造的附加值不断降低；同时与陕鼓长期合作的一些加工厂，因为体制、规模等多种原因，其制造成本比陕鼓要低，因此制造环节的外包对陕鼓来讲可能更为有利可图。另一方面，陕鼓国内轴流风机以及能量转换设备技术具有非常强的技术积累和垄断性优势，以技术积累为基础进入服务领域，不仅具有竞争优势，而且能够产生较高的附加值。从陕鼓价值链的分析来看，也是符合微笑曲线的。

因此，在上述内外部因素交织的驱动之下，陕鼓逐步放弃和淡化附加值低的生产环节，而依赖自身的技术和品牌优势，逐步进入附加值高的制造服务领域，成为为用户提供系统方案和系统服务的服务商。

（2）陕鼓与客户的服务外包关系呈现出什么特点？

案例中，陕鼓对宝钢和陕化的服务，是陕鼓提供服务外包的标准蓝本。通过分析陕鼓与这两个用户的合作关系，可以有助于总结其服务外包关系的本质和特点。

对于宝钢来说，在购买能量回收装置机组的需求中，衍生了对其他配套设备及配套工程与服务的需求。这些需求的加总和组合又衍生了一种系统需求：总系统的规划、设计和协调。如果宝钢要求采取传统的设备购买和安装方式，那么总系统的规划、设计和协调就需要宝钢自己来做。但是一方面，宝钢自身是缺乏这种能力的；另一方面，在各配套厂商只对自己设备和服务负责的情形下，必然带来大量的协调成本。那么在这种背景下，就应该由陕鼓作为总承包商来负责。第一，陕鼓的机组是系统的核心机组，同时陕鼓有提供成套设备的基础和能力，因此，做总包商相对效率高一些；第二，由陕鼓作为工程承包总负责，又预付了大量资金，宝钢风险也转嫁给了陕鼓，因此，在预付资金的激励与被转嫁风险的约束下，结合其自身盈利需求，陕鼓需以低成本方式实现该项目；第三，陕鼓所提供的总承包，不仅仅是设备+配套+工程+物流，更重要的在于通过系统设计，规划和协调这一服务的提供，这种服务是定制的、个性化的，需要双方的合作与投入才能实现；第四，陕鼓和宝钢都获得巨大收益，宝钢的收益在于降低了总项目的成本，而陕鼓的收益则在于达到宝钢预期后获得的抵销其设备+配套+工程+物流成本之后的超额收益，从而大大提升了利润空间。因此，从二者的服务外包关系来看，是一种典型的获益外包，即服务提供商投入知识要素；服务外包商和服务提供商之间是合作关系，且双方都从中获利。

对于陕化来说，其对气体的需求，产生了空分机组及其配套设备、工程和服务的需求，也衍生了对整个系统规划、设计和协调的需求。但是这种总需求也给陕化带来了巨大的潜在投资成本和风险，从而可能使其处于两难困境，投资上项目有风险，不投资不上项目没有办法运行。陕鼓就把陕化的这种系统需求转化为一种系统功能服务：首先，将陕化潜在的工程总承包项目转化为自己的气体厂，由陕鼓自己来运行气体厂给陕化提供气体，按照陕化使用气体的量收费；其次，陕鼓的提供气体这一系统功能服务完全嵌入陕化的生产流程中，双方建立紧密的长期合作关系，而非简单的契约关系；再次，陕化大大减少了前期投资成本和风险，也减少了后期的运维成本，从而节约了总成本；最后，对于陕鼓来说，通过承担前期成本、运行成本以及投资风险，获得了源源不断的气体经营收入，也增强了用户的黏度，减少了客户开发成本。因此，二者的服务外包关系是陕化生产过程中的流程服务外包，陕鼓与陕化合作紧密，陕化成本和风险降低，陕鼓产生了源源不断的收入流，也是一种获益外包。

因此，陕鼓作为系统服务提供商，与服务外包商之间是一种基于系统技术投入的获益外包，通过双方的合作，给双方都带来了巨大的收益。

（二）问题二：陕鼓如何通过获益外包实现与用户的价值共创？陕鼓如何保障获益外包的成功实施？

1. 理论依据：服务外包治理模式

从服务外包的本质来看，外包方希望通过与承包方之间长期、稳定的合作关系，获取相应的资源、能力或知识。

外包方通过外包所获取的资源和能力往往涉及两个方面：一是所获取资源和能力的性质；二是所获取资源和能力的层级。

按资源能力性质分类，涉及被操作性资源和操作性资源。基于物质和有形要素所体现出来的资源和能力，其实现的是满足客户既定的需求和期望，属于一种被操作性资源，对这种资源和能力，往往需要采取一定的行动使其变得有价值。相反，某些外在内化以及战略匹配的资源和能力是一种前摄性的、基于知识和智慧的资源能力，它具有能动性和隐形的特点，同时也需要较长期的集体行为才能反映出来，是操作性资源能力。

按资源能力层级分类，涉及组合型资源和互连型资源。组合型资源能力指的是“将两个或以上的基础资源组合在一起，资源之间有较低层次的互动，凭借这些资源使企业产生有效率的市场供应”。例如，有资源 A、资源 B 以及资源 C，组合型资源能力是将其简单地组合在一起，即 $S = A + B + C$，如在提供物流服务时，将仓储、运输、配送等活动组合在一起服务于客户，属于组合型资源。这一服务包含了多项服务内容，但是尽管各项服务内容有一定关联，汇集在一起却很难产生协同效应。而互连型资源能力是将各类资源和能力交织在一起，形成一个整体，产生了较高层面的互动，使企业能为客户提供更高层面的增值性服务。如果有资源 A、资源 B 和资源 C，互连型资源能力是使其互相关联，从而产生乘数效应，即 $S = A \times B \times C$，如在提供物流服务时，将通关结算、信息服务、成本管理与仓储运输结合起来服务于客户，就形成了互连型资源和能力，这些服务要素不是简单相加，而是互相促进、相互交织，在综合服务的过程中，产生了巨大增值。

基于上述服务外包中客户所需的资源类型的差异性，服务外包的组织方式主要有四种类型：分散式服务外包、集群式服务外包、内包服务以及获益式服务外包（见图2.9）。

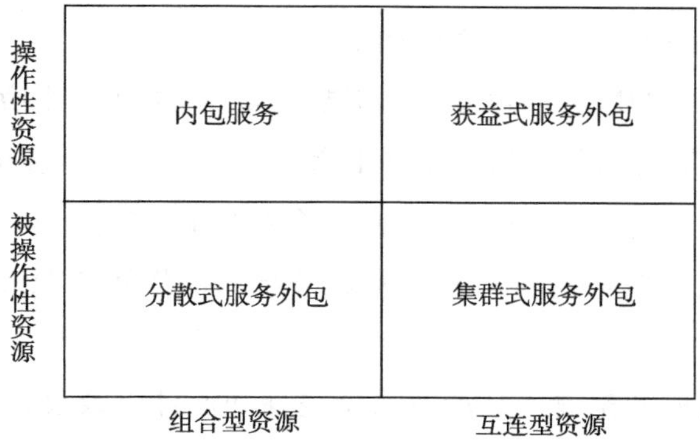

图2.9　服务供应链中的外包形态

分散式服务外包是常规意义上的服务外包形式，之所以称为“分散”是因为服务的供需之间不存在非常紧密的关系以及互动。从需方的角度看，它可以随时更换服务供应商。分散式外包存在的条件是需方主要获取的是组合被操作性资源（Composite Operand Resources），如将物流运输、配送、仓储等活动外包给物流第三方进行运作，从客户的角度看，这类服务活动虽然重要，但是并不具备较高的增值性，活动之间也没有很好的互补关系，客户关注的是服务供应商能否利用自身的资源高效率、低成本地完成相应的服务活动。

获益外包的基本原理为服务外包供应商着眼于如何能够最有效地应用各种使客户受益的处理方法、技术和能力。供应商在对外包客户承诺创造更多价值的同时将风险转移给了自己。作为交换，外包客户允许供应商赚取更多的利润来实现不断增长的价值。这是一个双赢的获益型外包合作关系。显然，这种外包服务不同于其他类型的外包，是一种互连操作性资源的运用，亦即其基础是尽可能多地创新与提高服务，通过提供高度互补性的知识、智慧，减少客户采购的成本，提高供应商的利润空间。这种基于绩效进行合作的发展趋势促使外包客户与供应商共同致力于找到基于绩效实现、紧密结合双方利益的解决方案。

2. 案例分析

（1）陕鼓如何通过获益外包实现与用户的价值共创？

①陕鼓作为系统服务商的发展阶段。

陕鼓按照用户的服务外包需求，不断调整业务结构，持续提供和改善服务，经历了从工程总包服务到产品全生命周期服务再到系统功能运营服务等层次上不断提升、服务内容不断创新的三个系统服务阶段。

②各个阶段的服务内容与投入资源分析：操作性资源和互连型资源的投入。

从工程总包服务来看，其涉及系统规划和设计以及设备、配套、工程、物流等服务内容。其中，从为客户提供的设备、配套、工程与物流单个服务内容来看，属于基于物质和有形要素所体现出来的资源和能力，其实现的是满足客户既定的需求和期望，属于一种被操作性资源（Operand Resources or Capabilities）；从这些服务内容的加总来看，则为用户提供了“将两个或以上的基础资源组合在一起，资源之间有较低层次的互动，凭借这些资源使企业产生有效率的市场供应”的组合型资源。最重要的是，隐含在工程总包服务中的还有两种重要的资源能力，系统设计和规划能力以及供应链配套能力，是一种前摄性的、基于知识和智慧的资源能力，具有能动性和隐形的特点，同时也需要较长期的集体行为才能反映出来，是一种操作性资源能力。正是这两种资源能力的投入，使得其他各种服务的组合加总过程中出现了乘数效应，为陕鼓和用户共同创造了价值。即：

工程总包获益 =（系统规划 + 供应链能力）×（设备 + 配套 + 物流 + 工程）

从基于产品全生命周期的服务来看，其涉及基于智能化的产品诊断、监控、维护、修理。简单从维护和修理服务本身来讲，其并不是一种高技术、高知识的服务要素投入，仅是一种基于产品正常运行的产品服务的延伸，是一种被操作性资源能力，将二者以及相关服务结合起来就属于一种组合型资源能力。但是陕鼓所提供的基于智能化系统的产品诊断和监控服务，就是一种前摄性的知识和技术要素投入，通过实时监控并提供设备运行数据，一方面减少了用户企业的设备潜在损耗从而降低成本提升设备效率，另一方面提升了服务提供方陕鼓对设备维护、修理的效率。因此，通过智能维护诊断和监控服务，可有效地对维护和修理产生互联的乘数效应。即：

产品全生命周期服务获益＝智能化诊断×智能化监控×（维护＋修理）

从系统功能运营服务来看，其不仅涉及工程总包和设备服务，而且涉及资本能力和运营能力。没有资本能力，就无法撬动前期的巨大固定资产投资成本；没有运营能力，就无法让气体厂、水处理厂等有效运转提供功能服务。因此，是资本能力和运营能力的积累，撬动了工程总包以及设备服务等组合内容的互联，从而为用户节约前期投资成本和后期运行成本，也为陕鼓自身创造了价值。这一价值共创过程中的乘数效应体现为：

系统功能运营服务获益＝（资本能力＋运营能力）×（工程总包＋制造服务）

此外，在整个系统服务的发展和延伸过程中，随着资本能力的积累，金融服务也逐步成为一种重要的服务内容。金融服务能力作为一种重要的知识型要素投入，既是一种重要的操作性资源，又是对于撬动用户市场、为用户提升其资源能力的关键性互联资源，因此无论是对用户价值创造还是陕鼓自身价值创造，都发挥了极其重要的乘数效应。即：

系统服务获益＝金融服务×各类服务及其延伸服务

因此，从以上分析可以发现，陕鼓通过获益服务外包实现价值共创的关键在于三个方面：一是对围绕客户需求基于被操作性资源的服务项目的组合；二是围绕客户痛点对被操作性资源的开发、投入、培育和积累，使其成为互连型资源并发挥乘数效应；三是与客户基于长期合作的战略关系的构建，大大推动了双方的价值共创并使双方获益。

（2）陕鼓如何保障获益外包的成功实施？

陕鼓实施获益外包的过程，是一个对价值链上各种内外部资源进行优化匹配的过程。

第一，生产优质资源匹配。对生产价值链上低附加值环节淡化、放弃和外包，确保对核心制造环节的资源集中和优化。

第二，研发资源的集中投入和匹配。从单一技术应用系统研发转型，从根本上提升企业的技术层次，拓展技术宽度，为系统服务提供支持。

第三，市场资源的深度开发和利用。对新市场持续开发，对老市场适度开发，抓住客户痛点，以客户需求为导向，不断调整和优化业务方向，不断创新服务方式。

第四，供应链网络资源的持续开发和匹配。不断扩大和优化供应商生态网络，确保服务链的优化，支持服务能力提升。

其核心过程在于有所为和有所不为，通过有所不为的放弃和淡化，确保核心领域的资源投入、培养、开发和优势积累，从而支持获益外包的成功推行。

（三）问题三：陕鼓的获益外包对陕鼓实现价值链攀升有什么价值?

1. 理论依据：全球价值链及其攀升

全球价值链，是指在全球范围内为实现商品或服务价值而连接生产、回收处理等过程的全球性跨企业网络组织，涉及原料采集和运输，半成品和成品生产及分销，直至最终消费和回收处理的整个过程。它包括所有参与者和生产销售等活动的组织与价值和利润分配。当前，散布于全球的、处于全球价值链上的企业进行着从设计、产品开发、生产制造、营销、出售、消费、售后服务到最后循环利用等的各种增值活动，从而形成投入产出的价值链条，这是产品内分工的一种分析方法、理论和范式。

全球价值链各个环节的附加值是不相同的，嵌入其中的各国企业之间的收益分配也不平等。一般来说，在全球价值链中，领导企业掌握着战略环节的控制权，拥有对全球价值链的协调和管理力量，而供应商则处于被领导的地位；由于链中参与企业的力量是不对称的，整个价值链呈现出“金字塔”形的力量和治理结构。

自 20 世纪 90 年代以来，全球价值链呈现出发达国家通过向发展中国家输出研发设计以及营销服务等智力成果获取价值链高附加值，而发展中国家利用以劳动力红利为主要特征的后发优势融入发达国家主导的全球贸易体系特征，形成了以“中心—外围”为主要特征的国际分工格局。这一分工格局导致以发达国家为中心，发展中国家在分工体系中处于低端锁定的不利格局。那么发展中国家企业和产业通过提升自身技术能力、服务能力和整合能力，参与价值链竞争甚至成为价值链主导者的过程，就是全球价值链攀升。

2. 案例分析

陕鼓通过获益外包，在实现与用户价值共创的同时，也大大提升了其在全球价值链分工中的位置。

一方面，通过获益外包，实现了其在国内价值链分工体系中的链主和领导者位置。从短期来看，是一种盈利模式和商业模式的变革，给企业带来了新的市场和较高的盈利；但是更重要的是，从长期来看，陕鼓能够更为靠近市场和客户，拥有了客户黏性，增强了对市场的控制能力，使陕鼓进入了市场和创新相互驱动的良性发展路径。具体表现在：

一是通过获益外包实现商业模式转换，驱动陕鼓从价值链制造环节向系统服务商转型，附加值更高的盈利模式为企业提高技术能力、服务能力和整合能力提供了基础。

二是通过获益外包实现技术路径转换，驱动陕鼓从单一产品制造技术应用向系统技术研发转型，奠定了其系统服务能力和整合能力的基础，从根本上提升了其在价值链分工中的位置，即从制造向研发提升，从单一技术向系统技术拓展。

三是通过获益外包实现服务模式创新，驱动陕鼓的生产与服务更贴近客户，从而以更敏捷的供应速度和更强的定制能力响应客户需求，推动陕鼓从价值链的制造环节向服务环节转型和拓展。

四是通过获益外包实现供应链网络构建，驱动陕鼓积极与各类供应商构建良好的战略合作关系，支持了其链主地位的形成。

陕鼓价值链提升符合微笑曲线，即从制造向研发和服务转型，如图2.10所示。

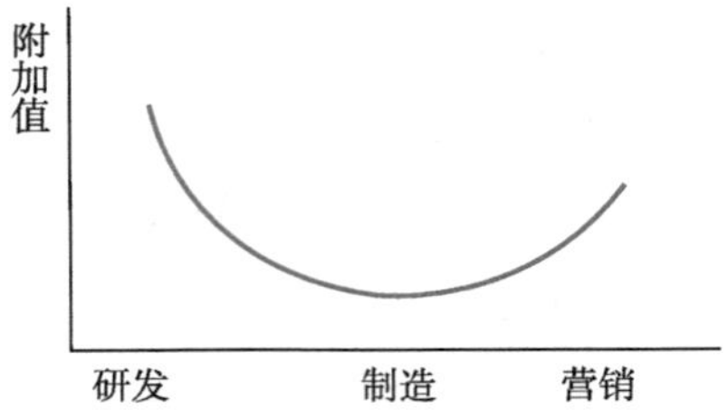

图 2.10　陕鼓价值链提升的路径曲线

另一方面，通过获益外包，实现了其在国内风机行业价值链中的提升，从一个生产驱动型企业成长为创新驱动型企业；在全球价值链分工体系中从生产制造环节向研发设计纵向提升，初步具备了与全球大型跨国公司竞争的能力，也为其跨国发展奠定了基础，为其下一步在全球价值链中的竞争奠定了基础。

（四）问题四：陕鼓实施逆向外包战略的目的是什么？采取了什么方式？

1. 理论依据：逆向外包

（1）国际化战略。

国际化战略，是指企业产品与服务在本土之外的发展战略。国际化战略的动因在于延长生命周期、获取潜在的稀缺资源和原材料的渠道、将业务拓展到全球的机会、更好地应用快速研发的技术、在新兴市场上获得更多的消费者。通过国际化，企业能够扩大市场规模、获得规模经济和学习效应，并且获得区位优势。企业进入国际市场依次采取出口、特许经营、战略联盟、收购和新建全资子公司五种模式。

（2）发展中国家企业国际化战略的独特性和逆向外包。

发达国家企业国际化战略的实施，是以创新技术和创新产品为前提，从而扩大市场规模、获得规模经济。但是对于发展中国家企业而言，其在全球价值链中处于低端，在全球市场上只能通过销售低附加值的原材料或初级加工品，或者通过接受发达国家企业的外包活动融入全球化。对于发展中国家的资本或技术密集型企业而言，由于技术和创新上的弱势，很难通过国际化拓展市场。

逆向外包作为发展中国家企业突破国际化过程价值链“瓶颈”的路径，首先起源于印度，而后逐步被其他国家企业采用。它是指由传统的低劳动力成本的国家（包括发展中国家、不发达国家）作为离岸服务外包发包方，为了某种目的（如完成来自客户国企业的离岸外包任务和交付业务、开拓国外市场、降低成本、满足国内市场需求、创新产品等），采取直接雇佣他国专业技术人员，在他国建立子公司、离岸中心和并购他国企业等的一种战略活动（张月友等，2013）。

逆向外包的三种主要方式为直接雇佣、内涵式和外延式。其中，直接雇佣是指发展中国家企业直接聘用发达国家人员到本国工作；内涵式是指发展中国家企业在发达国家设立基地并就地雇佣工人开展业务；外延式是指发展中国家企业并购发达国家企业并开展工作。

逆向外包的目的是国际化过程中通过在全球配置创新资源而突破价值链的弱势，实现技术进步和产业升级，培养核心竞争力。

2. 案例分析

（1）从压缩机行业市场环境来看，2014 年前后，国内市场已逐步趋于饱和，狭小的市场容量环境限制了行业的扩张，且陕鼓所获利润已占行业的 50% 以上。寻求海外市场或者探索新的利基市场成为陕鼓进一步发展的必然选择。

（2）从海外市场来看，一方面，国际离心压缩机制造行业经过一系列行业整合，GE、西门子等欧美厂商技术日益优化，占据行业顶端，全球压缩机市场份额达到 68%；另一方面，中国近年压缩机出口增长迅速，但出口产品仍集中于低单价、低技术含量的中低端产品，依然受困于价值链低端锁定。

（3）自陕鼓获益服务外包战略以来，资源投入的重点不断向行业价值链上端移动，但是在两个方面，依然受制于单一产品技术限制和系统研发技术的滞后：一是无法实现从轴流风机和离心风机技术研发和生产向其他系列涡轮机械技术的有效延伸，如汽轮机技术和生产，这成为限制陕鼓系统方案技术能力的核心问题，也限制了陕鼓与国际大型跨国公司的竞争；二是随着分布式能源战略的确定，陕鼓遇到了新的竞争对手（化工设计院这类总承包商），提供专业化和个性化的系统方案取决于自身系统研发能力的不断提升，而陕鼓在这一能力方面是相对不足的。

综上所述，市场要素、竞争要素以及内部要素都决定了陕鼓无论是走向海外市场还是在国内向分布式能源市场拓展，都遇到了更强大的竞争对手，只有克服价值链上的弱势，获得技术和研发能力的提升，才有可能取胜。

因此，陕鼓的国际化道路首先是获取技术和创新资源，然后是布局海外市场，从而走了一条逆向外包之路，其包括两种方式：一是通过海外并购获取汽轮机核心技术；二是通过欧洲研发中心的成立，获取海外创新资源和高端人才。

（五）问题五：陕鼓是如何实施逆向外包战略的？是否有效？对全球价值链攀升的价值是什么？

1. 理论依据：跨国收购、设立海外研发机构

（1）跨国收购。

跨国收购，是指某个国家的公司通过购买其他国家公司的部分股票或者购买该公司进入国际市场的模式。跨国收购为企业提供了快速进入新市场的渠道，是最快进入国际市场的一种模式。跨国收购与一般收购一样，包括三种类型：第一种是横向收购，是指企业收购与其处于同一行业的竞争者的行为；第二种是纵向收购，是指企业收购其某一种或多种产品和服务的供应商或分销商的行为，以控制价值链上的重要环节；第三种是相关收购，是收购一个与其行业属性高度相关的企业的行为。

跨国收购的动因有六种：一是增强国际市场影响力。通过横向收购，增加销售额或者降低成本产生协同效应，提升市场影响力；通过纵向收购，控制价值链上的重要环节，以提升市场影响力；通过相关收购，整合双方资源和产能产生协同效应以创造更多价值。二是打破市场进入壁垒。三是降低新产品开发成本、风险以及加快进入市场的速度。四是在国际化上实现多元化，以加强企业能力。五是重构企业的竞争力范围，降低企业对某种单一产品或单一市场的依赖程度。六是学习和发展新的能力，提升技术能力，拓展知识，

培养网络优秀人才。

发展中国家的跨国收购。从历史上看，欧美国家一直都很积极地实施跨国收购，但是发展中国家（中国、印度、巴西等）的跨国收购次数比以前增多，尤其是中国公司将会成为收购的主角。发展中国家跨国收购的有效性取决于：

第一，应该以清晰的战略依据作为决策基础，这是并购成功的前提。

第二，善意的收购行为，将会形成收购双方的通力合作，整合运行方式以产生正面的协同作用。如果是恶意收购，双方高管层内心必然充满敌意，影响新公司的工作关系和工作方式，很难产生积极的协同作用。

第三，目标公司的谨慎选择，对所在国的法律、制度、文化，公司财务、技术、文化和人力资源价值的评估，对收购成功也非常关键。

第四，对创新和研发活动持续投入，也在收购的成功中发挥着重要作用。

（2）设立海外研发机构。

设立海外研发机构是国际化的一种模式，是直接在其他国家或市场建立研发机构。早在 20 世纪 70 年代，发达国家的一些跨国企业就开始在海外设立研发机构，将母公司先进的技术和知识转移到海外研发机构，以支持海外分公司拓展生产和销售。目前，一些发展中国家的企业也开始设立海外研发机构。

跨国企业设立海外研发机构，从一般动机来说，是将企业的技术进行海外应用或者获得国外技术；从供需动机来说，是为了根据需求对产品进行适应性调整、了解东道国本地的限制因素，如东道国当地的需求、费用、出口配额和履行标准等，为了获得精密复杂的国外科学研究设备、高水平的当地研发人员，降低研发人员成本；从输入动机来说，是为了将高素质员工、非正式网络和信息资源、本地创新组合；从效果动机来说，是为了获得顾客和特定市场发展、成本优势以及较短的研发周期和适应本地生产过程。

中国企业设立海外研发机构的动因主要是需求驱动。一是市场驱动。企业为了降低国际化战略风险，通过在目标地区设立研发机构进一步获取当地市场信息。二是技术驱动。通过设立海外研发机构更快、更准确地获取、追踪发达国家的先进技术信息，捕捉技术发展趋势，有利于企业获取技术研发知识、提高自身技术研发能力，为国内企业提供技术支持。三是资源驱动。设立海外研发机构更易于在资源所在地获取人力、资金、生产原料等资源。

设立海外研发机构的关键在于引进技术和知识的可传授性。特别是出于技术保密的原因，可传授性差的技术、知识在转移过程中会面临很大的困难。核心技术和知识对于同行业竞争者来说，不仅在语义上难以理解，而且由于只能管中窥豹、碎片化地学习，学习效果极差。

（3）逆向外包对全球价值链攀升的价值。

逆向外包作为新国际分工背景下出现的一种国际化模式，有效突破了发达国家跨国公司主导的战略思维和技术封堵。首先，外包核心业务，直接利用了发达国家高端要素资源。其次，反向参与国际分工，即利用发展中国家国内市场规模优势，从全球价值链高端嵌入国际分工体系，改变发展中国家的价值链低端锁定状态。最后，发展中国家主动发包，根据自身产业升级的需要，依托广阔的国内市场，积极主导产业链整合，掌握产业链治理权，形成链主优势。总之，逆向外包，使我国企业从依赖国内低端生产要素被动参与全球化竞争，转向利用国外高级生产要素主动加入全球化竞争，实现价值链高端攀升，为产业转型升级提供了新的战略路径。

2. 案例分析

（1）陕鼓海外收购 EKOL 公司的动机和有效性。

第一，陕鼓是在明确的国际化战略指导之下实施跨国收购。根本动机就在于获取原动机的技术和先进生产，实现对压缩机价值链关键技术的控制，整体上提升陕鼓压缩机设备供应、运营和服务的技术能力。

第二，EKOL 公司是全球最先进的汽轮机生产厂家之一，虽然技术和生产在全球处于领先位置，但是由于市场的原因，经营不善，形成强烈的出售动机。

第三，陕鼓为收购 EKOL 专门成立了离岸投资公司，以便海外融资和投资，这是一种非常善意的举动。双方都是非常善意地收购与合作，为收购的成功进行奠定了基础。

第四，收购完成后，一方面，陕鼓将 EKOL 作为整个价值链的关键环节，纳入整个陕鼓全产业链的运营和服务；另一方面，进一步加大研发和技术投入，加强双方技术交流，对 EKOL 的技术进行标准化，实现了 EKOL 技术在企业内部的转化、吸收和有效利用。

（2）陕鼓设立欧洲研发中心的动机和运行有效性。

第一，陕鼓在明确的国际化战略指导之下设立欧洲研发中心。根本动机就在于获取能量转换领域先进的技术信息、高端人才和创新资源，实现企业研发和创新能力的持续提升。

第二，欧洲研发中心是以直接投资的模式建立的，为此专门在卢森堡设立了离岸投资公司，以确保投资的顺利进行，这有助于陕鼓对所获技术和创新资源的有效控制。

第三，欧洲研发中心的职责定位为技术信息和技术资源的搜集和获取，并通过聘用退休高端人才与陕鼓进行合作研发。技术信息和技术资源的搜集与获取，拓宽了陕鼓的技术知识储备，提升了陕鼓对新技术的敏感度；合作研发，则有助于核心技术和知识的有效转移，避免了知识转移的风险。

（3）逆向外包战略对陕鼓全球价值链攀升的价值。

从逆向外包战略整体来说，驱动陕鼓整合全球创新资源，从根本上提升了陕鼓在全球价值链竞争中的位置。国内系统服务提供者向全球市场系统服务者转型，从全球市场的设备提供者向系统总包商提升，逐步成为全球价值链中的领导者之一。

首先，依赖国内广阔的市场，利用前期积累的市场优势，有效地充分利用了国外相对闲置的技术、创新、人才等高端要素，直接从全球价值链高端嵌入行业分工体系。

其次，对国外高端技术、创新、人才等要素资源的获得和充分利用，从根本上突破了企业技术“瓶颈”和核心产品链条的限制，也突破了长期被欧美国家跨国公司技术垄断的现状，从而奠定了向全球分布式能源系统服务商成功转型的基础。

再次，利用逆向并购和海外研发的基地优势，进一步撬动了欧美国家的供应链网络构建，从而推动了全球供应链体系的完善和深化，提升了供应链的弹性，从根本上推动了陕鼓系统服务能力的提升。

最后，利用逆向并购和海外研发的基地优势，进一步撬动了海外的资本和资金，推动陕鼓资本和金融能力的整合优势。

（六）问题六：陕鼓是如何确保逆向外包策略的成功实施的？

1. 理论依据：逆向外包战略的实施

发展中国家实施逆向外包战略，需要具备一定的条件。目前学者们已经关注到外包高度发展、国内市场广阔、资源整合能力强等因素是发展中国家实施逆向外包战略的重要条件（张亚斌等，2016）。

外包高度发展。原来被动地处在全球价值链中低端位置的发展中国家企业，利用其长期参与国际分工所获得的经验、渠道资源以及学习吸收能力，主动向发达国家进行逆向发包，寻求发展与突破机会。

国内市场广阔。传统外包中发展中国家被动接包，战略逻辑是“以市场换技术”，逆向外包转变成了发达国家被动接包，是“以技术换市场”的新战略逻辑。而发展中国家拥有的广阔市场是迫使发达国家被动接包的重要筹码。发展中国家在获取发达国家的技术资源之后，也需要有较大的国内市场规模整合内部、外部资源，延伸产业链和提升价值链，从而实现逆向外包的战略意图。

强大的资源整合能力是逆向外包成功的关键。通过对产业链进行控制和产业链系统集成，整合内部优势资源和外部高级资源，与产业链上的客户共享产品研发知识，能有效学习与吸收跨产业价值链的知识溢出，提升产业价值链，增强全球性扩张能力。

2. 案例分析

（1）前期获益外包为陕鼓成功实施逆向外包战略的条件。

一方面，前期获益外包战略的实施为陕鼓积累较为丰富的经验和知识，提升了吸收能力。制造服务化战略实施期间，陕鼓将低附加值业务流程外包给合作单位；作为国内压缩机价值链链主，其与众多不同类型外包生产或服务企业合作；此外，陕鼓作为运营和服务总承包商，也是接包单位，服务客户涉及国内外。在这些接包发包的战略合作过程中，积累了大量的经验、知识，提升了吸收能力。

另一方面，前期获益外包战略的实施为陕鼓拓展了市场、积累了大量的客户，同时由于用户黏度的提升，具备了较强的市场风险控制能力。以中国广阔的市场为背景，加上陕鼓自身的市场拓展和市场控制，这是整合国际创新资源的基础。

（2）资源整合是陕鼓成功实施逆向外包战略的保障。

第一，技术资源整合，陕鼓在实施逆向外包战略过程中，强化了技术标准化以及技术合作交流，加快了逆向外包带来的技术知识吸收和研发能力提升。

第二，业务流程整合，陕鼓迅速将逆向外包所获得的技术资源、创新资源与现有总包服务、运营服务紧密结合，提升了逆向外包战略的有效性。

第三，供应链资源整合，依赖逆向外包，进一步整合海内外供应链资源。

第四，海外服务和市场资源整合，提高了逆向外包所获技术和创新资源的利用深度。

（七）问题七：陕鼓开展获益服务外包以及逆向并购实现价值链攀升的理论基础与过程作用机制

1. 理论依据：制度理论、动态能力理论、竞合理论、网络理论和创新生态系统理论等多理论视角的融合

表2.4　陕鼓价值链攀升理论基础及作用机制分析

理论基础	主要观点与作用机制	代表性论著
制度理论	制度决定着市场交易活动中交易成本的高低，影响企业战略选择。制度的规范、模仿同构机制也影响企业通过战略选择实现合法化，制造企业行业中竞争对手的战略选择影响企业开展制造服务化和国际化嵌入的选择。企业在选择国际化战略过程中，不同国家的制度差异影响并购，新建子公司、联盟等进入战略选择。通过制造服务化和逆向并购实现合法化策略，以及价值链的攀升。 与案例分析有关的关键理论知识点引入和延伸：制度多重性、合法化、规范同构机制、模仿同构机制、来源国劣势	North（1990）； Peng（2008）； Meyer K. E. 等（2009）； 魏江等（2020）

续表

理论基础	主要观点与作用机制	代表性论著
动态能力理论	动态能力是企业整合、建立以及重构企业内外部能力以便适应快速变化的环境的能力。动态能力核心包括三个关键要素——组织和管理过程、位置、发展路径。其中，组织和管理过程用以协调/整合，用以学习、重构和转变。企业在开展制造服务化过程和逆向外包战略的创新导向和实时反应中，构建网络型组织进行业务的重组和调适，拓展组织边界，根据组织位置进行发展路径的选择。 与案例分析有关的关键理论知识点引入和延伸：网络型组织、创新能力、环境感知与重塑	Teece 等（1997，2007）；Schilke（2014）
网络理论	把“网络”视为联结行动者的一系列社会联系。网络成员有差别占有各种稀缺性资源，关系的数量、方向、密度、力量和行动者在网络中的位置等因素，影响资源流动的方式和效率，这种关系使得他们能够控制自己的资源并共同决定资源的用途。企业通过网络嵌入获取关键资源、合法性和成长的动力。企业开展制造服务化和逆向外包的过程也是通过网络化的过程不断获取新的差异化资源和社会联结，并获取成长动力的过程。 与案例分析有关的关键理论知识点引入和延伸：关系嵌入、结构嵌入、网络位置迁移	Andresson 等（2002）；Dittrich 和 Duysters（2007）
竞合理论	最近学者们已经开始认识到，企业之间同时进行竞争与合作。竞合可以狭义地定义为两个竞争公司之间的二元关系，也可以广义地定义为组织网络中合作和竞争的关系集合。企业在新的环境变化中，通过制造服务化和逆向外包与国内外组织形成竞争与合作关系。 与案例分析有关的关键理论知识点引入和延伸：竞争与合作关系演化	Hoffmann 等（2018）；Bengtsson 等（2000） Brandenburger 和 Nalebuff（1996）
创新生态系统理论	创新生态系统是基于组织互动的经济联合体，创新生态系统是一种由客户、供应商、主要生产商、投资商、贸易合作伙伴、标准制定机构等其他利益相关者群体组成的动态结构化系统。创新生态系统将形成基于配套技术的模块化结构，系统成员往往以一个或多个企业为核心，众多外围企业围绕核心企业进行技术兼容配套，最终目标在于提供给顾客一整套技术解决方案。 与案例分析有关的关键理论知识点引入和延伸：多样性共生、开放协同	Ayrikyan 和 Zaman（2007）

2. 案例分析

陕鼓开展制造服务化战略和逆向并购战略，是通过何种机制实现价值链攀升的？背后的理论解释机制包括从不同的理论视角，以及组合不同理论视角开展分析，引导学生熟悉不同的理论组合揭示价值链攀升的微观机制。

（1）陕鼓开展制造服务化实现价值链攀升的理论基础与过程作用机制分析。

首先，陕鼓实现服务化升级使产业链中的价值创造方式变化，使产业和行业的价值链发生重构。根据制度理论，企业的服务化转型会通过制度的强制性同构机制、规范同构机制、模仿同构机制对外部产生影响和辐射，从而加强制造业服务化的正外部性。通过规范同构机制和强制性同构机制促进产业链和价值链上企业参与服务化的过程，加快其服务化升级的步伐。不同产业中的企业会通过模仿同构机制共同形成价值链攀升。

其次，根据动态能力理论，陕鼓根据技术、市场和行业环境对增强自身竞争力进行理性选择，识别环境变化，并不断适应环境对自身的核心能力进行重构，不断进行探索性的学习，构建网络化的组织，重塑企业的竞争优势，不断延伸企业价值链，通过不断联结网络中的参与者，整合资源，形成“陕鼓品牌 + 设备 + 服务 + 工程 + 金融 + 运营 + 智能管控 + 贸易”组合模式，形成适应和改变环境的创新能力。

（2）逆向外包战略对于实现价值链攀升的理论基础与过程作用机制分析。

首先，陕鼓在自身高端资源缺乏、能力不足的情形下，利用发达国家高端要素资源，采取并购、建立海外研发机构等方式实施国际化战略。根据制度理论，制度包括政治制度、法律法规、行业规范与标准、经济制度、市场制度、企业内部政策与规范等，不同国家和区域的制度强弱程度存在差异，从而影响企业选择国际化进入方式。对比欧洲、印度等不同区域的多重制度差异，分析多重制度对陕鼓从全球价值链高端嵌入行业分工体系的进入方式选择的影响。

其次，陕鼓在实施逆向外包战略过程中，通过技术并购和建立研发中心强化了技术标准化以及技术合作交流，对产业链业务流程整合、供应链资源整合以及海外市场重新布局整合，构建网络化的组织和创新生态系统。根据网络理论，分析陕鼓在不同阶段的网络规模、网络强度与网络多样性的变化，从结构嵌入和关系嵌入的对比，分析陕鼓通过海外网络结构化嵌入全球价值链，从价值链向价值网转变，构建全球化的创新生态系统。

五、案例背景信息

2020 年新冠肺炎疫情期间，陕鼓表现出巨大的组织韧性。

从业务增长来看，2020 年，陕鼓集团总订货量同比增长 149.24%；营业收入同比增长 54.32%；利润总额同比增长 23%；产值占风机行业重点企业的 33.87%，利润占风机行业重点企业的 83.41%。

从业务转型来看，2020 年，陕鼓服务及运营销售额占总销售额的 84.11%。管理金融类资产总额约占总资产的 66.13%。

总之，GDP 增速下行对陕鼓的不利影响减弱，企业获得稳定的、可预见的现金流和收益。

六、关键要点

（1）案例分析中，关键要分析陕鼓集团向服务外包提供商转型的内在逻辑，理解获益外包作为一种有效的服务外包治理方式对于外包商和服务商之间的价值共创机制，尤其是理解操作性资源和互连型资源的投资与能力在获益外包价值创造过程中的乘数效应，理解乘数效应是推动合作双方尤其是服务提供方价值链攀升的关键。

（2）案例分析中，要深入分析通过服务化转型给企业带来的各种技术能力积累的挑战，从而深入理解逆向外包战略的概念、动因和实施方式，理解逆向外包战略作为后发国家制造业企业从高端切入国际分工的一种方式，对全球价值链的作用机制。

（3）通过案例分析，需要理解制造业服务化转型过程中，从获益外包到逆向外包的必然性，尤其是以获益外包实施过程中所遇到的困境作为切入点，去探讨逆向外包的动因，理解从获益外包到逆向外包是制造业企业全球价值链攀升的一种必然路径。

七、建议课堂计划

1. 课堂设计的逻辑和思路

课堂设计逻辑见图 2. 11。

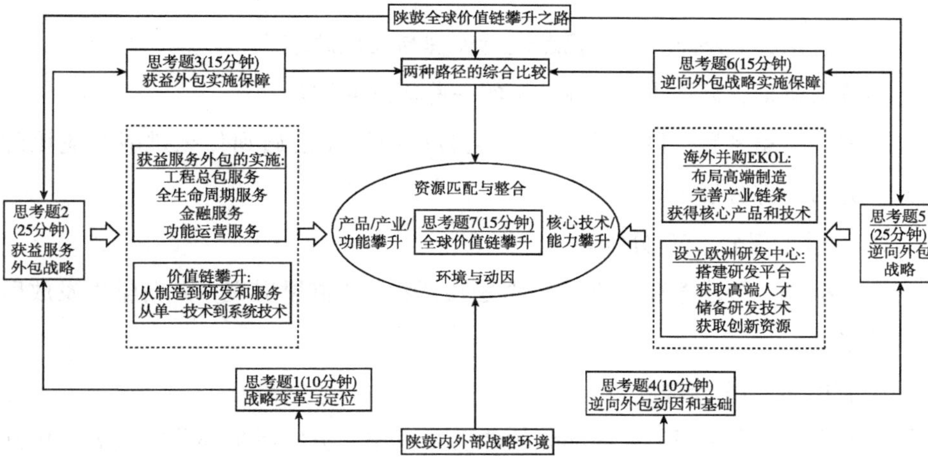

图 2. 11　课堂设计逻辑

2. 课堂安排计划

课堂时间拟安排为 147 ~ 150 分钟。前半部分 60 分钟，后半部分 60 分钟，前后部分综合分析 27 ~ 30 分钟。

首先，发放前半部分，请学生在阅读前半部分的基础上讨论案例问题 1 ~ 3，随后提出课后思考题，为后半部分的教学作铺垫；其次，发放后半部分，讨论案例问题4 ~ 6；最后，统合前后部分，从陕鼓集团的纵向发展历程来剖析中国制造业企业全球价值链攀升的底层逻辑，讨论案例问题 7。

（1）前半部分：60 分钟。

课前准备：提前一周发放前半部分案例和启发思考问题，学生据此熟悉案例内容并进行初步思考。

教师开场白：5 分钟。带领学生回顾案例，明确主题。

小组讨论：10 分钟。将学生分成两组，一组坚持服务化转型，另一组固守制造业主业，讨论企业是否要进行转型，引出企业战略变革的动因和价值链的理论内容。

集体互动与讨论：35 分钟。由教师按照案例分析思路，对问题 1～3 以提问的方式，在逐步引导学生回答问题的过程中，完成案例分析和相关知识点引入。

教师总结：5 分钟。对知识点进行梳理与案例总结。

问答与机动：5 分钟。回答学生的一些额外问题。

布置课后思考题：陕鼓在向服务化转型中可能会遇到什么挑战？应该怎么办？为后半部分做准备。

（2）后半部分：60 分钟。

课前准备：要求学生将课后思考题在课程 QQ 群里提交，并向学生发放后半部分案例。

课前预热：15 分钟。

①要求学生自由回答前半部分的课后思考题，引出后半部分中陕鼓的国际化实践。

②教师邀请两位学生对案例后半部分的内容进行回顾，通过问答的方式让全班同学厘清案例线索和内容。

集体互动与讨论：40 分钟。由教师按照案例分析思路，对问题 4～6 以提问的方式，在逐步引导学生回答问题的过程中，完成案例分析和相关知识点引入。

教师总结：5 分钟。对后半部分知识点进行梳理与案例总结。

（3）前后部分统合：27～30 分钟。

以提问的方式要求学生联系前后部分案例，探讨问题。7～10 分钟。

以提问的方式要求学生举出自己熟悉的企业在全球价值链攀升中的做法。10 分钟。

教师联系问题 7 与学生提出的其他企业的实践，进行总结与延伸。5 分钟。

问答与机动环节，回答学生的一些额外问题。5 分钟。

八、参考文献

[1] 刘斌．全球价值链演进与中国角色转变[N]．中国社会科学报，2020－03－18(3)．

[2] 张熠涵．全球价值链重构与跨国企业高质量发展[J]．中国国情国力，2020(2)：26－30．

[3] 杜新建．制造业服务化对全球价值链升级的影响[J]．中国科技论坛，2019(12)：75－82，90．

[4] 肖宇，夏杰长，倪红福．中国制造业全球价值链攀升路径[J]．数量经济技术经济研究，2019，36(11)：40－59．

[5] 余东华．新工业革命时代全球制造业发展新趋势及对中国的影响[J]．天津社会科学，2019(2)：88－100．

[6] 刘志彪．在全球价值链路径上建设制造强国[J]．学习与探索，2018(11)：94－101．

[7] 杨瑾．逆向外包驱动大型复杂产品制造业集群升级的作用机理："主—供"模式的调节作用[J]．技术经济，2017，36(6)：10－17．

[8] 佟家栋，谢丹阳，包群，等．"逆全球化"与实体经济转型升级笔谈[J]．中国工业经济，2017(6)：5－59．

[9] 张亚斌，刘天琦．逆向外包：理论源起、前沿进展与全球化战略路径创新[J]．经济与管理研究，2016，37(12)：123－130．

[10] 刘志彪．从全球价值链转向全球创新链：新常态下中国产业发展新动力[J]．学术月刊，2015，47(2)：5－14．

[11] 陈羽，黄晶磊，谭蓉娟．逆向外包、价值链租金与欠发达国家产业升级[J]．产业经济研究，2014(4)：1－12．

[12] 张月友，刘丹鹭．逆向外包：中国经济全球化的一种新战略[J]．中国工业经济，2013(5)：70－82．

[13] 宋华，刘林艳．服务外包的影响因素、组织方式与治理机制探究：一个理论框架[J]．预测，2012，31(4)：1－8．

[14] Vitasek K, Ledyard M. Vested outsourcing: a better way to outsource [J]. Supply Chain Management Review, 2009,13(6) : 20 -27.

[15] Vitasek K, Ledyard M. Changing the game: going the whole nine yards with your outsourcing relationship[J]. Globalization Today, 2010(8) : 31 -39.

第3篇　北元化工的混合所有制：从创始人到董事会的控制权演变①

褚志远　张红芳　张丹妍　白闫洁

案例正文
AnLiZhengWen

摘　要　本案例描述了陕西北元化工集团有限公司（以下简称“北元化工”“北元”）在混合所有制框架下走过的公司治理路径。北元化工以民营资本起步进入PVC行业，通过联合地方民营企业实现增资扩股并解决了企业生存问题。在项目扩建时与地方国企陕西煤业化工集团有限责任公司（以下简称“陕煤化”）合作，并成功引入陕西煤业化工集团实现更大规模增资扩股，成为亚洲单体最大的PVC制造商，最终成长为总资产超百亿元的大型现代产业集团企业。从小型民营企业到大型混合所有制集团，北元化工在发展壮大的同时，企业控制权经历了从创始人到董事会的多阶段演变，形成了公司治理的独特模式。在企业控制权演变过程中，创始人在企业中的位置和管理角色的转变成为混合所有制改革的一条主线。创始人在关键时间节点上的退出，不仅维护了混合所有制治理结构，而且推动了经理人职业化进程，既保障了定力，也激发了活力。

关键词　混合所有制；控制权；公司治理

① 由于企业保密的要求，笔者在本案例中对有关名称、数据等做了必要的掩饰性处理；本案例只供课堂讨论之用，并无意暗示或说明某种管理行为是否有效。

引言

2020年国庆节长假刚过，陕西省榆林市首家上市公司——陕西北元化工集团股份有限公司即将在上交所挂牌，董事长刘国强此刻坐在办公室中，认真聆听着坐在对面的王凤君说话，边听边认真思考。王凤君说罢，刘国强感叹道："凤君兄，北元终于要上市了，作为北元的创始人，老兄你可是为北元的发展做出了巨大贡献，最要感谢的人就是你啦！"王凤君爽朗地大笑，以其一贯的幽默说道："我最大的贡献在于我退出了北元！"此话一出，刘国强也被逗乐了！两个人说笑着，望着窗外陕北蓝盈盈的天，思绪万千……

陕西北元化工集团股份有限公司源于2003年5月18日成立的陕西北元化工有限公司，是由王凤君牵头，四家法人单位共同组建的陕北第一家PVC化工生产企业；2007年，北元化工增资扩股，联合大型国有企业陕西煤业化工集团有限责任公司、2家民营企业、10方自然人股东，发展成为100万吨PVC大型盐化工企业，成为陕西省混合所有制的典范，被省委省政府誉为"北元模式"。经过17年的风风雨雨，北元化工已经由总资产3亿多元的民营小型化工企业发展成为总资产超百亿元的大型现代化工产业集团，产业能力居全国前列，公司治理逐步规范化，治理能力逐步提升，IPO进程稳步推进。从创始人的北元到上市公司北元，北元化工走过了一条不寻常的混合所有制形成和发展之路，而最引人注目的是公司治理机制中控制权的演变。

1　混改初期的北元化工：创始人的"创"与"让"

1.1　王凤君的北元

1989年9月，27岁的王凤君放弃在神木县政府工作的优厚条件，主动提出到企业基层工作，从此走上了一条创业之路：起初任神木县水泥厂副厂长；1995年，担任神木店塔电厂厂长；1997年，接手一家几近破产的电石厂，并将其改制为民营的神木电化有限责任公司，任总经理；2003年，与榆林阳光投资有限公司、神木县海湾洗煤有限责任公司和神府能源开发公司合作出资组建北元化工有限公司，进入 PVC（聚氯乙烯）行业。作为发起人，王凤君所控制的神木电化有限责任公司所占股权比例为 42%，略高于第二大股东的 40%，其他两个股东各占 9%（见表 3.1），注册资金 7000 万元。

表 3.1　北元化工建立时的初始股权结构

股东	出资额/万元	股份/%
神木电化有限责任公司	2940	42
榆林阳光投资有限公司	2800	40
神木县海湾洗煤有限责任公司	630	9
神府能源开发公司	630	9
合计	7000	100

对于干 PVC 这件事，任何一方股东都没有经验，资金问题初步解决了，缺人缺技术就成为企业发展新业务的“瓶颈”。作为创业之初的企业，技术选型、项目建设方案把关、关键工艺技术攻坚、团队组建、组织体系建立都需要有人快速决策和指挥执行。各方股东基于对王凤君个人的充分信任，全权授权其管理企业，王凤君任董事长兼总经理，成为公司的灵魂人物，其他股东基本不参与具体的经营管理。创业之初，王凤君每天一早就到项目部现场转上一圈，有什么问题当场就解决。这样一个几乎从零开始的项目和团队，凭着坚定的信念，在资金、技术、人才几乎“三无”的情况下建成了陕北地区首个聚氯乙烯厂。作为陕北地区第一个煤盐化工项目，其对于陕北煤炭的纵深转化、陕北化工产业的发展具有重要的奠基和示范意义。北元化工的成功创立无疑代表着王凤君的成功，为他在当地和行业中赢得了极高的声誉和威望。王凤君的个人能力让人信任，北元发展的良好势头让人信服。因此，其他股东只是在形式上参与股东大会和董事会，北元化工大小事项决策都授权给王凤君。在陕北，说起北元化工，大家都认为那就是王凤君的企业。

1.2　混合所有制的提出

2007 年，在年产 10 万吨聚氯乙烯生产线运作成熟的情况下，北元化工面对氯碱行业激烈竞争态势，主动提出要转型升级。王凤君认为：“随着氯碱行业投资新建释放产能，未来行业结构调整必然会淘汰小规模产能和落后产能，北元想要长远发展，必须进一步扩大规模，占据行业头部位置。如何扩大规模呢？小合作有小成就，大合作有大成就，不合作就很难有成就。”按此思路，北元计划筹建年产 100 万吨聚氯乙烯循环综合利用项目。王凤君把目光投向了陕西最大的煤炭集团——陕煤化集团。

王凤君深知，陕煤化集团作为战略投资者，对股权及经营权肯定是有所诉求的。于是，一方面，王凤君积极就氯碱行业发展趋势和北元发展危机与北元原有股东沟通，提出“引入投资，扩大产能”是唯一出路，化工行业的安全环保要求企业必须规范经营，引入大型国企有利于北元更加规范、健康发展；另一方面，王凤君代表北元主动与陕煤化集团沟通，用北元发展的愿景和北元产业发展对陕西煤业化工产业布局的价值来吸引陕煤化集团的青睐。最终，北元化工和陕煤化集团有了坐下来谈判的机会。自此，北元化工与陕煤化集团合作，通过增资扩股，使北元建设年产 100 万吨聚氯乙烯循环综合利用项目具备了资金基础，为企业实现跨越发展提供了强大动力，也开创了当地民企联合大型国企合作建设煤、盐化工项目的先河。

1.3 混合所有制下的北元

1.3.1 股东对董事会席位的争夺和控制

一个更大规模的北元化工建立起来了：股东由最初的 4 家增加到 11 家（见表 3.2），不仅股东变多了，股权相对多元化了，而且股东性质既有国有法人，也有民营法人，还有自然人。更重要的是，大股东不再是财务投资者，而是战略投资者，需要参与公司的经营。混改前北元化工的控制权主要掌握在创始人手里，而混改后北元化工则面临着控制权的重新配置：作为战略投资者的国有大股东需要掌握控制权；而创始人随着股份被稀释，控制权逐步减弱；其他民营股东在面对国有大股东的合作和博弈中，也需要掌握一定的控制权去制衡。在股东会层面，经过多方股东的博弈，形成了陕西煤化工集团相对控股，但其他相关利益股东联合起来股权超过 50% 的局面，既保证了第一大股东的控制权，也保证了其他股东的权益。于是，各方股东都把对话语权的争夺体现在公司章程中对董事会席位的控制。

表3.2　混合所有制下北元化工的股权结构

股东	出资额/万元	股份/%
陕煤化工集团	68000	40.48
神木电化有限责任公司	14000	8.34
榆林阳光投资有限公司	12000	7.14
自然人1	11000	6.55
自然人2	10000	5.95
自然人3	10000	5.95
自然人4	10000	5.95
自然人5	10000	5.95
自然人6	10000	5.95
自然人7	10000	5.95
神府能源开发公司	3000	1.79
合计	168000	100.00

公司章程规定，北元化工的董事会由7名董事组成，按股东出资额推荐，并由股东会选举产生。其中，陕煤化集团推荐3名董事候选人，其余股东推荐4名董事候选人。公司设董事长1人，董事长人选由陕煤化集团推荐，董事会选举产生；公司设立监事会，监事会由7名监事组成，其中，陕煤化集团推荐1名，其余10方股东协商推荐4名，公司职工代表2名。公司设监事会主席1名，由除陕煤化集团以外的10方股东协商推荐，并由监事会选举产生。公司设立经营管理机构，负责公司的日常经营管理工作。经营管理机构设总经理1名、副总经理若干名、财务总监1名，总经理由除陕煤化集团外的10方股东协商推荐，副总经理由总经理提名，财务总监由陕煤化集团推荐、总经理提名。总经理、副总经理、财务总监由董事会聘任或解聘。

从公司章程来看，董事会和监事会成员形式上由股东推荐，股东会选举产生，实际上是一种“委派制”的方式，由陕煤化集团（国企控股股东）和其余股东（民企股东）分别推荐固定席位人选，再进行选举；公司的核心职位也由两大类股东分别委任，即董事长和财务总监由陕煤化集团（国企控股股东）派出（而非选举产生），监事会主席和总经理由其余的民营股东协商推荐。经理层也是采取同样的模式，以“委派制”进行人选的确定，副总经理中 3 人由陕煤化集团任命委派；其余人选由原北元化工内部选拔并聘任。这种委派制，充分体现了各方股东的意志和利益，形成了股东集体控制企业的管理格局。

1.3.2 王凤君与其搭档的合作

股东集体控制企业难免出现僵局，而破局的关键在于核心管理人员的管理艺术，集中体现在董事长与总经理的友好合作。按照公司章程，2008 年初，李厚志被陕煤化集团任命为北元化工集团新一任的董事长，而王凤君作为国有民营双方合作的发起人和核心人物被民营股东推荐为新一任的总经理。

作为总经理的王凤君，觉得自己应该快速适应从董事长总经理一肩挑向总经理角色的转变。在他看来，总经理是企业的第一执行者，执行股东会和董事会的决议，要把工作重点放在企业内部经营和管理提升上；同时，董事长既是大股东的代表，也是经营班子的班长，无论从哪个层面讲，尊重班长并与董事长建立良好的合作关系，不仅有利于企业内部团结，也有利于股东的团结与合作，从而为北元化工的项目建设创造良好的内外部环境。

作为董事长的李厚志，是陕煤化集团从下属子公司中千挑万选出来善于团结、容易合作的一位领导，专门委派到刚刚组建的北元化工。他上任之前，陕煤化集团的领导专门叮嘱他说：“北元化工是混合所有制，这是省和集团打造的一个典范企业，你一定要注意尊重民营股东，尊重王凤君，他是陕西优秀的民营企业家。你们俩的团结，就意味着所有股东的团结。切记、切记啊！”

从项目建设期到项目运营期，李厚志和王凤君二人都不忘初衷，凡事有商有量，维系了极其友好的合作和友情。李厚志总是调侃王凤君：“你是有双重身份的人，既是股东，又是总经理，你千万不要弄混啊！”王凤君总是哈哈大笑，说：“我有时候简直觉得股东身份对我是个负担。我做事情总是从北元大局的发展思考，股东身份反而给我很多束缚。”

1.3.3　北元的快速发展

引入陕煤化集团是北元发展的一个重要转折，将北元化工从10万吨规模提升到了100万吨规模，摆脱了落后产能淘汰危机，同时将北元化工的人事管理、安全生产、环保管理推向了规范化和制度化的新高度。但是不可忽视的一点是，王凤君对于北元的价值不仅仅是总经理和股东，其最重要的价值在于他是北元化工的创始人，是混合所有制的发起人，是备受各方股东信任的联络人，这使得王凤君在混合所有制企业的运行中拥有了更多的实际话语权。当各方股东出现意见分歧时，当企业需要与政府协调时，从中斡旋、长袖善舞的角色自然由王凤君扮演。这个时候说起北元，大家还是会说“那就是王凤君和陕煤化集团合作的混合所有制企业”。

2　混改深化的北元化工：创始人的“退”与“推”

2.1　创始人的“退出”

随着100万吨PVC项目的建成投产、混合所有制平稳运行，王凤君决定辞去北元化工总经理职务。2014年5月15日上午，北元化工召开干部大会，宣布集团班子调整决定。王凤君在辞职发言中讲道：“北元是我们共同的平台，从2003年创建以来，北元始终坚持了一条以企业生存发展为前提的创新合作之路。先后与陕西地电榆林阳光集团合作，与民营股东大范围合作，最后又与陕煤化集团全方位深度合作，使北元由总资产3亿多元的小型企业，发展成为总资产超百亿元的大型现代产业集团企业。企业的产业能力居全国之首，公司治理能力逐步走向了现代化。……我是这样想的，像北元这样一个大型现代化企业，如果把企业的前途和命运寄予一个人身上，那才是真正的危险。我之所以现在辞去总经理这个职务，正是北元走向成熟的重要标志，也是北元人从容、自信和勇气的具体体现。”

“有人说北元不能离开我，其实这是一种不必要的担心。我甚至把这种说法理解成是对我的一种褒奖和抬爱。……我们必须把有利于企业发展、有利于团队进步，继续作为我们工作的出发点和落脚点。坚持实事求是，坚持规范运作。实事求是就是要根据社会环境的变化和企业的实际，作出有利于企业发展的最佳选择。规范运作就是按照法律、法规、章程、规定等办好我们的事情，不能违反制度……让企业在有序和规范的氛围里健康发展……”

与王凤君搭班子的时任董事长也被陕煤化集团调任至其他单位。至此，随着北元化工进入平稳经营期，随着王凤君的辞职，北元化工轰轰烈烈的创业阶段宣告结束。

2.2 举步维艰的董事长和总经理

在创始人王凤君退出的同时，北元的股权结构也发生了一些调整，陕煤化集团依旧是最大股东，但股权降为39.24%，民营股东的股权逐渐向恒源投资集中，恒源的股权为31.66%，在民营股东中占最大份额。于是股东的话语权发生了微妙的变化。以前由于民营股东对王凤君个人的信任，股东权利的行使主要体现在股东会和董事会，几乎不对经营过程做任何干预；但是离开了多方都信任的王凤君，民营股东对董事会的控制权争夺以及对经营过程直接干预逐步变得更为积极。

形式上，按照公司章程，董事会成员依然由民营和国有双方分别委派；经营层负责公司的日常经营管理工作，设总经理1名、副总经理若干名、财务总监1名，总经理由除陕煤化集团外的10方股东协商推荐，副总经理由总经理提名，财务总监由陕煤化集团推荐、总经理提名。总经理、副总经理、财务总监由董事会聘任或解聘。总经理、副总经理、财务总监每届任期3年，经连聘可以连任。公司实行董事会领导下的总经理负责制，副总经理、财务总监协助总经理工作。

但是，上一任董事长调任后，作为最大股东的陕煤化集团按照惯例直接委派了新的董事长，而忽视了形式上的董事会选举环节，这一做法激起了民营股东的反感，他们拒绝承认新任董事长的合法性，这也直接为以后经营管理矛盾埋下隐患。尽管民营股东拒绝承认，但新任董事长还是走马上任了，内部矛盾重重。

接任总经理位置的史彦勇，是由王凤君直接推荐、民营股东认可的。史彦勇是2003年北元化工招聘的第一位员工，也是当时为数不多的名牌大学化工专业毕业生，在北元化工备受重用，成长迅速，先后担任过生产部部长、分公司经理、集团公司生产副总。因其突出的业务能力，尤其是在安全生产管理中的关键作用，被民营股东推举为接替王凤君的新任总经理，也被董事会各位董事认可。按照史彦勇的规划，公司的框架和王凤君在任的时候没有任何区别，他的任务就是代表民营股东把生产经营管好，尤其是生产，千万不能出任何问题。在公司稳定发展的前提下，如果有可能，能带着公司上市，就是他作为第二任总经理为公司、为股东所做出的贡献。但是事实与愿望总是相悖的。

被推向前台的新任董事长和总经理史彦勇，作为双方股东的代表，发生了很大的冲突。一方面，是工作方式的差异。董事长是在传统国有企业成长起来的干部，经常忽略企业的混合所有制性质，直接以陕煤化集团的行政指令安排具体工作。另一方面，总经理会从民营股东的诉求和公司内部的管理标准出发，置新派董事长提出不符合北元现行标准的车辆配置和接待等要求于不顾。各种不愉快，使国有一方委派的董事长最终以主动离开而告终。

但是，代表民营股东利益的史彦勇，工作过程也不轻松。民营大股东会因为种种缘由经常光临公司现场监督工作，甚至要求各部门及总经理直接向其汇报工作。这导致经营层的工作很难开展，尤其是总经理处于股东和董事会之间，位置比较尴尬。

解铃还须系铃人！在此情形下，虽然王凤君已经退出了管理层，但北元化工依然需要“王总”！已经成为董事的王凤君依然发挥着“不可替代”的作用——协调各方股东的关系。最终，陕煤化集团按照合规程序重新推荐董事长，经过董事会选举认可。新一任董事长刘国强，最早是由陕煤化集团委派到北元化工的财务总监，其突出的业务能力，深受管理班子、董事会和各位股东的认可。尽管新任董事长实质上依然是由国有大股东委派，但是在其聘任过程中，股东和董事会的认可也是不容忽视的因素。这是北元化工董事会首次对股东所推荐的董事长人选作出评估和判断，也是首次董事会可以从聘用职业经理人的角度来考虑管理层人选。经过王凤君的反复沟通，大多数民营股东不再干预北元化工的日常管理，为史彦勇领衔的新班子创造了较为自由的工作空间。

3 上市后的北元化工：董事会的“破”与“立”

3.1 借上市东风，顺治理体系

经历了“王总”卸任后不大不小的风波，北元逐渐体会和意识到“像北元这样一个大型现代化企业，如果把企业的前途和命运寄予一个人身上，那才是真正的危险”，公司需要常态化的治理体系和管理机制，其中的关键在于董事会的权责界定和成员结构。当时的北元化工混合所有制形成了董事即股东的体制，从而造成股东可以直接介入甚至干预公司管理的局面，对此，时任总经理的史彦勇感触颇深。

2017 年 6 月，陕西北元化工集团有限公司整体变更为股份有限公司，选举产生了第一届董事会董事长，聘任了总经理、副总经理、财务总监、董事会秘书，任期 3 年。第一届监事会第一次会议审议通过了关于选举股份公司第一届监事会主席的议案，选举产生了第一届监事会主席，任期 3 年。同年 12 月，根据国资委国有控股混合所有制企业开展员工持股试点精神，公司对 41 名技术、管理骨干人员实施持股试点，持股总额 2160 万股，并完成了员工持股增资的所有工商变更手续。员工持股改革后，技术和管理骨干人员真正成为企业利益共同体，积极性、创造性大幅增强，进一步推动了股权的多元化。

北元化工上市进程进入关键阶段后，根据证监会要求，公司需对董事会成员进行严格的资格审定，并设立独立董事席位。在上市的共同目标引领下，陕煤化集团与民营股东逐渐达成一致，破除混改初期的“委派制”，建立既符合政策要求又立足于北元化工的“选聘制”。除董事长以外的董事会成员，全部由股东会选聘，最大限度上实现了股东与董事的分离，新当选的董事不再只是股东的利益代言人，而是北元化工的价值共同体。与股东沟通与协调的重任由董事长承担，再也不是由创始人以经理人身份进行多方的沟通，实现了股东会、董事会、监事会和管理层之间明确的权责划分，北元化工的治理模式趋于规范。

2018 年，按照股份公司设立要求，北元化工建立独立董事制度，引入 4 名独立董事，在 11 名董事会成员的 1/3 以上，并在董事会下设战略委员会、审计委员会、薪酬与考核委员会、提名委员会 4 个专门委员会，进一步完善了董事会职能，保障了董事会的独立性，确保了董事会决策的科学性（见图 3.1）。

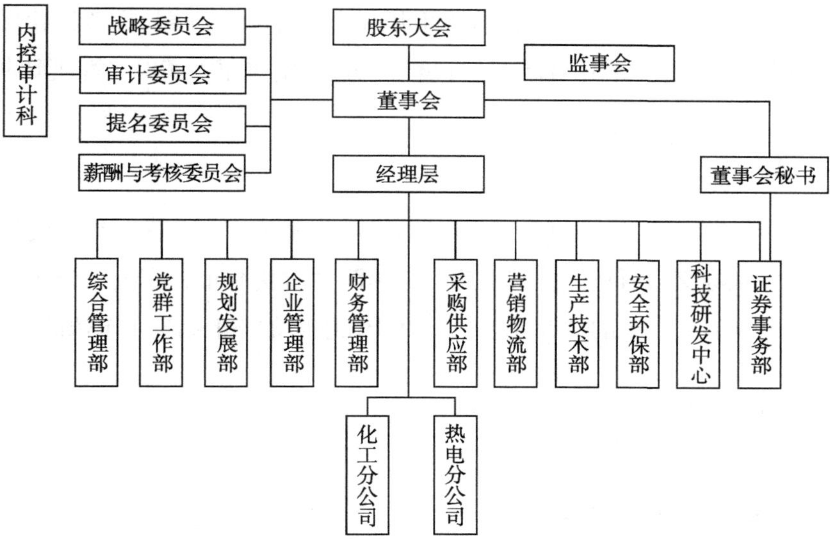

图 3.1　北元化工公司治理与组织结构①

3.2　董事会行使经理选聘权

正如董事长刘国强所说，北元化工自成立之日起，一直在“改革中发展，发展中改革”。北元化工在探索混合所有制法人治理模式过程中，积极推动经理人职业化进程，经理层的职业化使北元化工的管理层和股东真正实现了分离，从而使股东、董事会和管理层之间的职责权限变得清晰，股东、董事会和管理层按照各自的职责权限和议事程序开展沟通和决策。

在任职 5 年后，2019 年史彦勇因个人原因调离北元化工。董事会首次启动市场化的选聘程序。董事会先通过内部沟通谈话推荐了候选人，再通过讨

① 资料来源：北元集团首次公开发行股票招股说明书（申报稿）。

论评价，最终时任副总经理的刘延财脱颖而出被董事会选聘为新的总经理。在这次选聘总经理过程中，陕煤化集团、民营大股东都没有直接参与、干预选聘工作，真正落实了董事会的选人用人权，保证了经营层的顺利交接。

北元化工入选“国企改革双百行动”后，加快改革步伐。下属公司负责人通过内部转聘方式，全面完成身份转换，从原来的国企领导干部转变为市场化的职业经理人，实现“身份市场化”，选聘和退出的市场化；严格目标考核和任期管理，签订劳动合同书、聘用合同书、年度/任期业绩合同书，实现“管理契约化”。

4 尾声

2020 年 10 月 20 日，在历时 5 年的努力与准备下，北元化工集团股份有限公司在上海证券交易所正式挂牌上市，成为陕西省榆林市首家上市公司，被誉为陕西混合所有制典范的“北元模式”终于在前进的路上结出了丰硕的果实。

案例教学说明
AnLiJiaoXueShuoMing

一、教学目的和用途

1. 适用课程

公司治理。

2. 适用对象

本案例主要为 EMBA、MBA 开发，适合具有一定工作经验的学员和管理者学习。本案例教学对象为具有一定公司治理和创业管理知识的同学。实践经验较少的学生应加强课前对相关基础资料和管理理论知识的准备。

3. 教学目的

本案例以北元化工从创业到混合所有制形成及其发展为线索，公司控制权的变化为主线，引导学生准确理解混合所有制企业形成的动因，并熟悉混合所有制背景下创始人控制、股东集体控制以及董事会控制三种模式的形成、特点及其作用，能够把握公司控制权演进的一般路径和规律，深刻理解混合所有制企业实现公司治理规范化的关键。具体而言，教学目标包括以下理论知识点：

（1）核心知识点：混合所有制；公司控制权及其演变理论。

（2）辅助知识点：创始人控制、股东集体控制与董事会控制。

二、启发思考题

启发思考题的设置目的在于帮助学生提前做好案例学习的准备工作。通过完成课前作业中的启发思考题，学生可以有较充足的时间预习案例的内容及了解相关素材，在问题的引导下熟悉案例的故事情节，初步了解案例的背景及要点，引导学生主动思考并获取相关的理论与实践知识，以提高课堂学习案例的效率。本案例可以用于启发思考题的内容如下：

（1）北元混改之前，创始人是如何获得控制权的？创始人控制模式有什么特点？

（2）北元化工混合所有制形成过程中，民营和国有双方各自持有什么动机？在混合所有制形成的初期以及创始人离开后，公司控制权模式的特征分别是什么？

（3）2020 年，北元上市对公司控制权有什么影响？这一时期，公司控制权模式呈现出什么特点？

（4）北元化工混合所有制的形成和发展中，公司控制权演变呈现出什么路径和规律？如何驱动混合所有制公司治理结构的规范化？

三、分析思路

本案例可通过分组讨论和课堂集体讨论，对北元化工混合所有制形成和发展过程中公司控制权的演变进行分析。具体来看，本案例的分析主要包括四个核心问题，可依次按照如下逻辑进行分析：

北元混改之前，创始人是如何获得控制权的？创始人控制模式有什么特点？引导学生通过分析创始人的背景和创业过程，理解创始人控制的形成、特点及其对创业期企业的影响。

北元化工混合所有制形成过程中，民营和国有双方各自持有什么动机？在混合所有制形成的初期以及创始人离开后，公司控制权模式的特征分别是什么？引导学生通过分析混合所有制形成的背景和运行过程，理解混合所有制形成的动因以及合作各方对公司控制的积极愿望，即理解股东集体控制模式的形成缘由、表现及其特征，以及对混合所有制的影响。

2020 年，北元上市对公司控制权有什么影响？这一时期，公司控制权模式呈现出什么特点？通过分析这一问题，引导学生理解北元化工的混合所有制发展过程由于创始人的退出，控制权呈现出董事会弱控制的特征，把握董事会控制是现代规范的公司治理体系的趋势，而筹划上市则为董事会控制权的形成进一步创造积极条件。

在北元化工混合所有制的形成和发展过程中，公司控制权演变呈现出什么路径和规律？如何驱动混合所有制公司治理结构的规范化？通过分析这一问题，引导学生理解公司控制权的演进路径和规律，理解混合所有制企业建立规范的公司治理的难度和复杂性及其关键点。

这一分析思路如图 3. 2 所示。

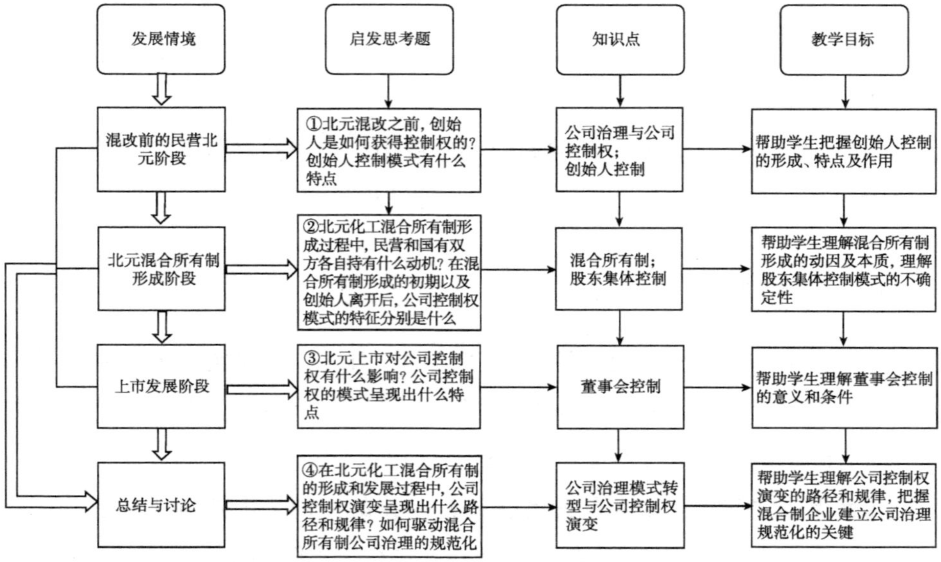

图 3. 2　分析思路框架

四、理论依据与分析

（一）问题一：北元混改之前，创始人是如何获得控制权的？创始人控制模式有什么特点？

1. 理论依据：公司控制权；创始人控制

（1）公司控制权，是指拥有公司一定比例以上的股份，或通过协议方式能够对其实行实际控制的权力，即对公司的一切重大事项拥有实际上的决定权。理论上，如果拥有了公司 50% 以上的股份，就必然能对该公司实行控制权。但实际上由于股份的分散，只要拥有一定比例以上的股份就能获得股东会表决权的多数，即可取得控制权的地位。除基于股权的占有取得控制权外，还可通过订立某种特殊契约或协议而获得控制权。1932 年伯利和米恩斯指出，随着现代股份公司股权分散、公司所有权和控制权相分离的现状的出现，公司的控制权事实上落到公司经营者手中，出现了所谓的“经理革命”。由此公司控制权问题开始引起理论界的重视。控制权分为形式控制权和实际控制权。形式控制权指理论上是由谁作出决策，一般源于所有权，如股份公司的股东大会具有对公司重大事项的决策权。但具有形式控制权的人未必是实际控制权的主体；实际控制权是实际作出决策的权力，实际控制权来源于对信息的掌握。

（2）创始人控制权，是由于创始人天然地拥有占有优势的公司股权从而获得公司的实际控制权。但是随着公司规模的扩大，创始人的股权逐步被稀释。创始人取得控制权，有两种途径：一种是源于法律层面的股权控制，体现为股权比例、同股不同权的设计、表决权委托、一致行动人、持股平台、一票否决、股权代持、控制公司董事会等形式；另一种是源于对经营层面的实际控制权，如控制公章、营业执照、财务账册、人事任免、商标、商业秘密、团队等。

创始人控制，是公司发展的起点。保护创始人控制权，有助于保护企业家精神，最大限度地调动和激发创业者的创业热情，对于创业阶段减少股东间的摩擦、保障公司的稳定发展，发挥着重要的作用。但是随着公司规模的扩张，维持创始人控制，容易使企业受到资金扩张的局限，陷入创始人与股东或董事会的矛盾，使企业发展受制于创始人个人思维、知识和视野的局限性。

2. 案例分析

王凤君作为北元化工的创始人，也是北元化工早期的实际控制人，他对公司的实际控制，是北元化工发展的起点。

（1）创始人王凤君在北元创业发展阶段控制权的来源。其控制权的来源主要为：首先，来源于股权结构的设计。股权结构中创始人微弱的股权优势是创始人获得控制权的基础；股权结构中财务投资人的引入，在尊重财务投资人利益的基础上，更容易获得财务投资者对其控制权的支持；四个创始股东的设计，且股权结构中没有任何绝对控制者，确保了任何一家股东的意志需要其与其他股东合作才能有效体现，也相对稳定了创始人的控制地位。其次，来源于创始人创业精神为自己赢得的声誉。创始人从项目的发起，到公司形成、项目建设和项目投产，都体现了创业者极大的创业热情和极其宝贵的创业精神，身先士卒，力克艰难，从而赢得了社会声誉、股东信任、团队跟随，强化了其控制权地位。

（2）北元创始人控制模式的特征主要表现为三个方面：第一，股权结构上的微弱优势、财务投资者的引入，以及股东对创始人的信任，股东结构表现出凝聚力和合作性；第二，董事长和总经理由创始人一肩挑，决策和执行一体化，使创始人在公司决策和经营过程都处于实际控制中心的地位；第三，创始人在创业经营过程中表现出极高的创业激情。

（3）创始人控制对于北元的价值：首先，在于激发创始人个人的创业热情和企业家精神，最大限度发挥了创始人的智慧和才能；其次，减少股东之间在创业期的摩擦，尤其是公司遇到困难时，稳定了股东和公司团队上下的信心，对于北元克服各种创业艰难发挥了极大的作用；最后，决策和执行的一体化，使公司决策速度快，执行力强，对各种变化反应速度快，提高了经营效率，体现在项目建设和项目运行过程中，速度快、成本低、见效快。

（二）问题二：北元化工混合所有制形成过程中，民营和国有双方各自持有什么动机？在混合所有制形成的初期以及创始人离开后，公司控制权模式的特征分别是什么？

1. 理论依据：混合所有制；股东集体控制模式

（1）混合所有制，是指由公有资本（国有资本和集体资本）与非公有制资本（民营资本和外国资本）共同参股组建而成的新型企业形式。混合所有制是随着改革开放的深入，现代企业制度的确立以及股份制企业的涌现而出现的新兴的企业组建模式。

目前，混合所有制多是从国有企业改革角度出发的。由于单一国有资本构成的国有企业产权主体虚置，经营责任不落实，不少企业运营机制呆滞，缺乏活力和效率低下。而混合所有制企业中，国有资本通过控股、参股等形式，与其他性质的资本融合，引进多元化投资主体，从微观层面来说，有利于改善国有企业的产权结构，推动其在产权多元化基础上，逐步建立规范的现代企业制度和市场化的运作机制；有利于国有产权的流动、重组，优化资源配置，提高运营效率。从宏观层面来说，有利于凝聚更多的资本，有效放大公有资本对其他资本的辐射功能，提高国有经济的控制力、影响力和带动力，体现公有制的主体地位。

混合所有制的形成，首先需要保障投资者的合法权益，使出资人依法享有与其出资相对应的权益；其次，建立产权流转顺畅的运行机制，使投资者根据资本运营的效益和对未来投资收益的预期判断，让资本能够及时地进入或及时顺畅地退出，以减少混合所有制企业出资人的投资风险；再次，混合所有制企业的所有权与经营权是分离的，因此必须按照现代企业制度的要求，建立规范的委托代理制，构造由股东大会（或股东代表会议）、董事会、经营管理层以及监事会组成的治理结构，并形成对经营管理者既有激励又有约束的机制和办法；最后，混合经济是资本集中的一种形式，要求不同的所有者遵循法律规范、公司的契约和章程，防止和减少内耗，形成凝聚力，共同谋取企业的发展，避免由于人际关系的紧张而导致资本的撤出和企业的解体。

（2）股东集体控制模式，是在公司具有为数不多的股东且股权相对集中的情况下，所有股东都有控制公司的动机和愿望，并对公司决策和经营实现实际控制的治理模式。股东集体控制模式是股东直接管理公司的一种表现。在这种模式下，董事会是一种形式董事会，或者股东会、董事会和经营层是合一的。这种控制模式的优势就是公司直接处于股东控制之下，代理成本低，潜在效率较高；缺陷在于股东之间的利益纠纷与公司经营分歧容易混为一谈，从而导致合作的破裂，是一种不稳定的治理和控制模式。

2. 案例分析

（1）北元化工混合所有制形成过程中国有、民营双方合作的动机。

陕煤化集团的合作动机：有在陕北区域布局大型化工产业的战略意图。在陕北化工基础薄弱的情形下，寻找本地一家在项目建设、团队建设、生产经营以及当地关系协调方面都有一定基础的企业合作共建，成本低、效率高；政府关于构建混合所有制企业的倡导，也给了陕煤化集团合作的动机，与民营体制的合作是改革优化、探索新的发展模式的一种尝试。

北元与各民营股东的合作动机：在原项目基础上建大型化工项目的强烈战略意图和行动。大型化工项目需要资金多，风险高，需要政府、金融机构的大力支持，与国有企业合作，有利于降低风险、获得信贷，提升社会信任度和政府支持；民营企业的管理规范化程度相对较弱，可以借助大型国有企业的规范化管理，提升管理现代化水平。

双方战略意图一致、优势互补时期合作的前提是：北元化工良好的团队氛围、规范的管理、高管的创业精神与陕煤化集团强大的资金和规模实力。

（2）混合所有制形成初期的公司控制权模式及其特征。

混合所有制形成后，北元化工采取以委派制为特征的股东集体控制模式。

①股东集体控制模式的形成：北元化工的混合所有制体制形成后，民营股东和陕煤化大股东都有控制和管理公司的强烈动机。陕煤化集团作为战略投资者，从战略意图的贯彻、国有资产的监管、对民营合作的不熟悉不了解等各个层面都有强烈的控制动机；民营股东虽然持有股份较少，但是股份加

总比例超过了大股东，也有强烈的参与控制、维护自己权益的意愿；原北元创始人王凤君既是股东，又是合作发起人和斡旋者，维护自己已有的控制权，也属情理之中。在各方都没有绝对控制却都有控制意愿的前提下，就形成了相互妥协、相互合作的以委派为特点的股东集体控制模式。

②股东集体控制模式的表现：第一，表现为委派制。董事会、监事会以及经理层席位的分配由各方股东商议决定。在委派制下，股东会、董事会、经理层大部分人员重叠。第二，董事长由陕煤化集团任命，总经理由民营股东担任。第三，董事会成为一种形式董事会。形式董事会的形式性，首先体现为其董事会部分功能的丧失。董事长的推举和总经理的聘任，由股东直接代替董事会行使。其次体现为董事会监督经营层悖论。在股东直接担任总经理的情形下，董事会也丧失了对其监督的动力。最后体现在部分重大事项的决策取决于经理层，而非来源于董事会。第四，董事长和总经理越过董事会直接成为股东代表。二者的合作与冲突直接代表了股东的合作与冲突。

③股东集体控制模式的特征：这种模式的特征主要体现为合作以及合作的脆弱性。一方面，以合作为前提的相互妥协和相互认同是股东集体控制的前提；股东集体控制模式是一种合作控制模式。另一方面，这种合作缺乏制度维系，非常脆弱。北元化工股东集体控制模式的运行是以董事会虚化、董事长和总经理的合作作为支持整个控制模式乃至混合所有制稳定的核心，一旦二者有分歧，出现矛盾，就会导致整个控制模式失败和无效，乃至混合所有制合作解体。

将一个大型公司的发展完全建立在董事长与总经理的关系之上，显然是一种极不稳定的控制结构，必须进一步规范。

④股东集体控制模式下创始人的地位：首先，创始人担任总经理，成为股东集体控制模式的重要载体；其次，创始人作为总经理处理与董事长的关系，决定了公司治理的稳定性；最后，创始人作为民营股东代表，在协调各种关系中发挥了重要作用。因此，股东集体控制模式进一步彰显了创始人的地位，强化了创始人控制，同时将混合所有制的稳定发展寄予个人，显然具有极大的风险。随着从创业到成长，个人的因素、天才的因素必然会越来越

少，规则的作用越来越大。只有彰显规则的作用才可以维持混合所有制的稳定。

(3) 创始人的退出对北元化工公司控制权的影响。

创始人的退出对于北元化工来说，是一个大事件，标志着一个以企业家个人魅力和智慧带领企业创业和进步的时代的结束，从而公司控制权也发生了巨大的变化。

第一，职业经理人走上公司管理的舞台，标志着股东作为所有者与经营者真正实现了分离。职业经理人开始在公司治理中作为一个要素发挥作用，削弱了股东集体控制的程度。

第二，股权不够分散，民营股东具有通过彼此合作和国有股东相制衡的强烈动机，不会放弃插手对经理层的选聘。

第三，由于没有实现股权的多元化，股东直接控制企业的动机更强烈。因此，才会发生国有股东在没有与民营股东沟通的情况下直接宣布董事长、民营股东直接监督经理层等负面现象。

第四，在缺乏良好的沟通和协作机制下，控制权的争斗体现为双方委派的董事长和总经理之间的矛盾。

因此，这是北元化工治理过程中一个比较混乱的阶段。

（三）问题三：2020 年，北元化工上市对公司控制权有什么影响？这一时期公司控制权模式呈现出什么特点？

1. 理论依据：董事会控制

董事会控制，是指由董事会或是在董事会指导之下进行管理，即以董事会为中心的公司治理模式。其三个核心原则分别涉及董事与股东的关系，董事之间的关系，董事和公司经理层的关系。

从董事与股东关系来看，董事由股东选举产生。股东不能凭借其所有者身份来管理公司，通过共同决定选举董事团队担负最高管理职责。从董事间关系来看，团队地位平等，通过共同行动作出决策。从董事与经理层的关系来看，董事会拥有选聘和监督公司高管的最终权力和责任。

董事会控制模式的价值在于董事会满足了公司集中管理的需要；董事会通过团队决策提高了公司重大事项的决策质量；董事会通过对公司管理的监督降低了代理成本。

2. 案例分析

上市对公司控制权的影响在于规范以董事会制度为核心的公司治理。

首先，筹划上市，引进新的投资者、建立员工持股平台，推动了股权相对分散化和多元化，从根本上解决了所有权与经营权的完全分离问题。

其次，上市要求公司建立规范的公司治理体系，其中，董事会的功能必须合规完善。尤其是独立董事制度的建立，对于以股东委派为特征的董事制度而言是一个巨大的变革，对限制股东权利和完善董事会治理意义非凡。

再次，董事会第一次实现对经理层的选聘，这是董事会发挥职能作用的一次革命性飞跃。

最后，经理人职业化以及契约化管理，进一步推动了董事会控制权的落实。

（四）问题四：在北元化工混合所有制的形成和发展过程中，公司控制权演变呈现出什么路径和规律？如何驱动混合所有制公司治理结构的规范化？

1. 理论依据：公司治理模式转型与公司控制模式演进

公司治理转型与公司控制模式演进，是公司制企业按照公司治理基本规则，应对自身及外部各种条件变化而进行的一种适应性的调整过程。最重要和普遍的两条主线是，公司在从创立、成形到成熟的过程中，公司股权从集中走向分散，公司控制权从创始人转移到经理人。从逻辑和历史两个角度上看，股权集中还是股权分散，股东管理还是职业管理，两两结合有 ABCD 四种组合，如图 3.3 所示。股权集中还是股权分散，我们大致可以按第一大股东持股比例 20% 左右为分界。股东管理就是主要股东直接出任主要经理人职位，职业管理则是职业经理人出任主要经理人。

A 类是股权集中、股东管理的公司，即古典型企业，是绝大多数公司的起点，也是绝大多数中小企业的现实状态，创始人拥有、控制并直接管理企业。B类是股权集中、职业管理的企业，是董事会弱控制的一种模式，是主要发达国家之外的世界大多数国家的公司治理状态。中国的绝大多数公司，无论是国有还是民营，都可以归入这一类。C类是股权分散、股东管理的企业，典型代表是欧洲的一些传统家族企业和美国的一些新兴高科技企业，前者如意大利的菲亚特和法国的米其林，后者如谷歌、脸书、亚马逊，以及比尔·盖茨退出公司管理之前的微软和下市之前的戴尔。腾讯和阿里巴巴也可以归入此类。D类是股权分散、职业管理的企业，属于董事会控制模式，是目前世界顶尖大公司的主流管理模式，最为典型的是美国的通用电气、IBM、苹果，瑞士的雀巢等公司。中国企业中，新浪、万科都比较接近。

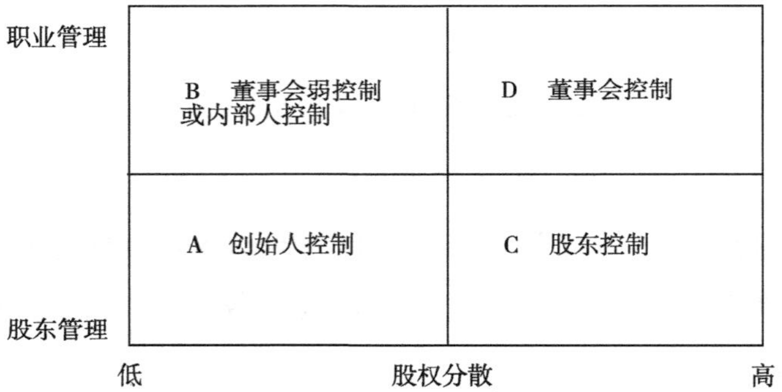

图3.3 公司控制的四种形态

在上述公司股权和控制的四种形态中，我们大致可以把股权集中、股东管理作为起点，而把股权分散、职业管理作为目标来界定公司治理转型的过程。这样的公司治理转型过程，理论上有三种路径：①从股权集中、股东管理直接转变为股权分散、职业管理；②从股权集中、股东管理转变为股权集中、职业管理，再转变为股权分散、职业管理；③从股权集中、股东管理转变为股权分散、股东管理，再转变为股权分散、职业管理。但是第一种路径是一种理论上的假设，往往难以实现，因此实践中往往采取后两种路径。

2. 案例分析

（1）北元化工的公司治理转型与控制权演变路径。

从北元化工的创业到混合所有制形成后的二次创业及其发展，可以发现北元化工治理转型和控制权变化经过了三个阶段：第一阶段，北元时期股权集中、股东管理的创始人控制模式；第二阶段，混合所有制形成阶段的股权相对集中、股东与职业经理人共同管理的股东集体控制模式，这是介于股东控制和董事会弱控制的一种模式；第三阶段，混合所有制发展阶段的股权相对集中、职业经理人管理的董事会弱控制模式。

这三个阶段的演变路径体现出三个特点：一是股权从集中向相对集中转变，股权向多元化、分散化发展是股权结构变化的趋势；二是在公司管理层面，股东逐步退出，职业经理人逐步走上公司管理舞台并发挥重要作用；三是董事会逐步由股东替代的形式董事会转变为发挥一定决策和控制作用的实际董事会。

随着上市工作的筹备，基金的积极进入和员工持股的推行，北元化工未来必然走向股权分散、职业经理人控制的董事会控制模式，公司治理将进一步规范，真正实现股东所有权与经营权的分离，董事会将在公司决策和监督中发挥核心作用，从而真正实现混合所有制改制的根本意义。

（2）混合所有制企业公司治理规范化。

其一，混合所有制企业形成和发展的前提，在于尊重不同产权性质的投资主体，给予其平等的投资者和股东地位，保障其股东权利和投资者主体地位。

其二，对于股权相对集中的混合所有制企业来说，不同产权性质的股东对其权利的诉求，必然表现为对公司控制权的争夺，具体表现为对董事会、监事会席位以及公司经营班子成员位置的争夺，争夺的结果则是以股东委派为特征的股东集体控制模式的形成。这种模式运行有效的关键在于公司经营层国有股东和民营代表的合作与和睦相处，一旦双方不友好，经营层的矛盾就会上升为股东矛盾，引致股东集体控制的均衡被打破，是一种不稳定的控制模式，从而导致混合所有制合作的破裂和解体。

其三，只有规范的公司治理和相对稳定的控制模式，才能保证混合所有制企业的稳定发展，混合所有制改革的目标和优势才会体现出来。关键在于：一是股权一定要向分散化发展，才可能打破来自股东对公司的直接控制；二是股东，尤其是民营股东需要逐步从公司管理中退出来，这才可能实现经理人的职业化，意味着混合所有制企业真正实现所有权和经营权的分离；三是混合所有制企业需要把重点放在董事会功能的健全和完善上，让董事会从形式董事会走向实际董事会，发挥公司仲裁、决策、监督的功能，一个强大的董事会是维系股东各方关系、协调经理层的核心，是保障混合所有制合作稳定的关键。

其四，当混合所有制企业还处于初步形成阶段时，合作是维护混合所有制稳定的关键。

五、关键要点

（1）案例分析中，关键要分析北元化工从创始人控制向股东集体控制再向董事会弱控制的内在演变逻辑，理解建立现代化规范的公司治理模式的关键在于发挥董事会的主导作用，这取决于所有权与经营权的彻底分离以及经理人的职业化两个条件。

（2）案例分析中，要深入理解混合所有制企业形成的动因，理解、尊重与合作是混合所有制生存和发展的关键。而只有通过规范的制度化的治理才能从根本上保障合作方的彼此尊重与合作。但是，混合所有制企业要建立规范的公司治理，不是一朝一夕的事情，在实践中存在很多种复杂的过渡性公司治理模式，如股东集体控制模式和董事会弱控制模式，都会影响到混合所有制治理的稳定性。

（3）案例分析中，需要理解创始人控制模式在创业企业中的价值和作用，同时也要理解应以民营企业为载体来构建混合所有制；创始人虽然不再发挥绝对控制地位，但是对于混合所有制的维系和稳定而言也是至关重要的因素。随着公司的发展，要认识到混合所有制企业想要健康发展，必须克服创始人个人的局限性，用规范的治理规则来代替个体作用才是未来的发展趋势。

六、建议课堂计划

1. 时间计划

本案例可以用于专门的案例讨论课。如下是按照时间进度提供的课堂计划建议。整个案例课分为两个课时共80～100分钟，包括教师开场白、案例分组讨论、教师提问与学生回答以及教师点评几个环节。

（1）教师开场白：5～10分钟。带领学生回顾案例，明确主题。

（2）小组讨论：15～20分钟。组织学生分组讨论启发思考题，特别要引出公司控制权在公司治理中的核心位置以及不同的公司控制权模式，帮助学生理解案例内容和基本知识点。

（3）集体讨论：50～60分钟。由教师按照案例分析思路，结合半数设计，在逐步引导学生回答问题的过程中，完成案例分析和相关知识点引入。

（4）教师总结：5分钟。对知识点进行梳理与案例总结。

（5）问答与机动：5分钟。回答学生的一些额外问题。

2. 课堂提问逻辑

首先，按照北元混合所有制形成和发展的时间线索，分别对三个阶段的所有权特征及其变化、控制权特征来展开提问，让学生能够了解到不同所有权背景下特定控制权形成的原因及其特征。

其次，要求学生对三个阶段控制权的演变过程进行讨论和总结，讨论控制权演变的路径和规律。

3. 课堂板书设计

课堂板书设计见图 3.4。

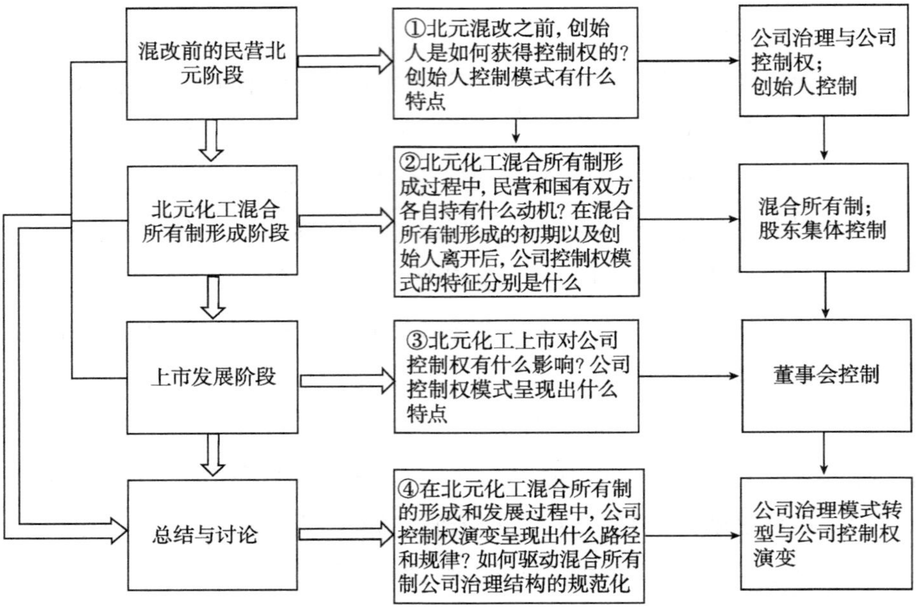

图 3.4　课堂板书设计

第 4 篇　长庆石化：高绩效工作系统的引入①

张红芳　张丹妍　白闫洁

案例正文
AnLiZhengWen

摘　要　本案例描述了中国石油长庆石化公司（以下简称“长庆石化”）为了应对内外部环境变化，引入高绩效工作系统的人力资源管理转型过程。案例从长庆石化新的战略定位对人力资源结构提出的需求出发，分析了长庆石化多年来积累的规范化人力资源管理体系在面对新的战略定位时的不适应，并尝试通过高绩效工作系统的引入来解决当前问题。对本案例的分析，有助于学生掌握战略性人力资源管理的概念和思维，理解与控制性人力资源管理系统相比，高绩效工作系统通过企业与员工之间建立心理联系，提高员工能力、激励和机会（AOM），而支持企业人才竞争优势的塑造，为企业战略实施提供基础。

关键词　战略人力资源管理；高绩效工作系统；控制型工作系统；AOM

引言

2016 年春的一天，李汝新总经理办公室，人力资源部孟部长递给了李汝新一封员工的辞职信。这是运行部一线装置操作工张晓峰写的。5 年前，小张

① 由于企业保密的要求，笔者在本案例中对有关名称、数据等做了必要的掩饰性处理；本案例只供课堂讨论之用，并无意暗示或说明某种管理行为是否有效。

化工专业研究生毕业加入长庆石化，但目前还是一名生产倒班工人。他在信中说："我看不到好的发展机会。不久前，一家南方的民营化工企业来挖我，承诺过去就是项目经理，薪酬待遇也比现在好很多……"

公司的员工离职率并不高，1000 名员工的企业每年离职 1 个，最多的时候有 10 个，基本上都是生产操作工。2015 年走了 1 名很有经验的高级工，也是去了南方，当时没有挽留住。这次，要离开的是一名研究生，李汝新非常舍不得，不由得陷入沉思，是长庆石化的人力资源管理出了什么问题吗？

1 基本背景

长庆石化公司位于古都咸阳渭水河畔，始建于 1990 年，是中国石油天然气集团有限公司（以下简称"中石油"）的直属地区炼化公司。经过多次技术改造升级，长庆石化目前已经形成 500 万吨/年的原油加工能力，在中石油炼化板块中属于中等规模，但利润水平一直排在集团前列，2014 年利润额在集团 20 余家炼化企业中排名第三。

长庆石化 2013—2015 年经营状况见表 4.1。

表 4.1 长庆石化 2013—2015 年经营指标一览表

年份	原油加工量/万吨	销售收入/亿元	利润/亿元	税费/亿元
2013	460.17	287.40	5.10	55.94
2014	501.10	308.73	8.82	64.27
2015	497.30	233.80	13.60	93.50

长庆石化以中等的原油加工规模实现高利润，主要得益于先进的技术和管理。首先，长庆石化工艺先进，装备优良，布局紧凑，自控集中度高。长庆石化一直致力于产品升级，2014 年顺利完成柴油国Ⅳ准质量升级；汽、柴油国Ⅴ成功投放市场，比国家标准实施提前了 3 年。优良的品质，稳定安全的生产，生产环节的高效能、低成本，是长庆石化发展的基础。其次，长庆石化重视科学管理、规范运行。先后通过了 ISO9001、ISO14001、HSE/OHS18001 管理体系认证、QHSE 管理体系整合认证。曾获全国石油企业管理

现代化优秀成果一等奖、全国企业管理现代化创新成果二等奖、制造业信息化应用示范企业。由于管理效率提升，长庆石化用人十分精简，现有员工约 1000 人，在国内同规模炼油企业中用工少，人工成本优势明显。

尽管成绩斐然，但是长庆石化仍然不得不面对愈加复杂的外部环境挑战。首先，“城市型炼厂”的特殊地理位置，使长庆石化的发展处于尴尬的处境。长庆石化位于咸阳和西安之间，南临渭河和机场高速，西接咸阳市中心，距西安咸阳国际机场 10 千米左右，距西安市中心不到 30 千米。20 世纪 90 年代选址时，专门选在离这两个城市都有一定距离的咸阳东郊。但是这些年，随着“西咸一体化”的推进，大西安城市化的推进，长庆石化的厂址逐渐靠近西安、咸阳两个城市的核心地区。目前，这一地区又被纳入陕西自贸试验区，属于西咸新区重点建设区域。企业发展与区域定位和居民关系的矛盾逐渐显现。

其次，长庆石化的规模竞争力也加剧了这一环境的挑战。长庆石化现有 500 万吨原油加工规模，在中石油系统中是个中小规模的炼厂。随着国内油品市场的进一步开放，新的民营资本也开始进入成品油加工和生产领域，动辄投资 2000 万吨的原油加工规模。即便长庆石化的利润率在中石油内部排在前列，但是逊于其他企业的加工能力决定了其在市场竞争中可能会处于劣势。如果西咸新区建设的整体区域规划需要炼化企业搬迁，巨额的搬迁成本加之规模的不经济，有可能使中石油对长庆石化的决策是关停而非搬迁。那么长庆石化上下 1000 名员工该何去何从？

城市型炼厂面临的困局是城市化进程中不可避免的，并不是长庆石化一家的问题。李汝新总经理是 2014 年来到长庆石化的，一上任就遇到了如此严峻的挑战。但他并不想依靠政策、依靠集团被动解决这一问题，作为一家企业的负责人，他必须思考企业的未来和员工的发展，迫于种种压力，他决定主动做一些事情。2015 年下半年，在李汝新的倡导和推动下，长庆石化明确提出“示范型城市炼厂”的发展定位，以求实现与城市“自然生态”和“经济生态”双融合。“困局并非我们独有。异地搬迁？不现实。原地发展，就要自练‘金钟罩’，打造示范型城市炼厂。”李汝新说。

为了推动“示范型城市炼厂”的落地实施，长庆石化明确提出安全环保稳定工程、现场标准化工程、全厂总图整治工程、净化周边工程、员工职业化工程、数字化工厂工程六大基础工程。通过六大工程的实施，向生产管理要效益，赢得集团的支持和认可；以安全环保管理水平的提升赢得地方政府的认同，消除周边群众和公众的误解。其中，最关键最基础的工作，就是员工职业化的实现。建立一支职业化的人才队伍，是提升安全环保技术水平和管理水平的基础和关键，是示范型城市炼厂实现的核心，是长庆石化突破困局的重中之重。

2 长庆石化的人才管理基础和困局

2.1 长庆石化的人才管理基础

事实上，长庆石化的人才队伍建设是有一定基础的。长庆石化向来重视人力资源基础管理的规范性，并且每年不断改进，其中岗位管理基础工作最为扎实突出。长庆石化在岗位管理工作中有如下举措，第一，定岗定编工作、岗位说明书每年都随着组织调整和装备与工艺的更新而随时更新和调整，每个岗位都有界定清晰的职责和权力。第二，长庆石化非常重视员工岗位技能培训，建立了公司、部门、班组三级培训体系，并且从培训内容和培训对象两个维度建立培训矩阵，明确了每一个岗位应该学习的内容、学习的方式以及应该掌握的程度。培训覆盖率达100%，外出培训每年上百次，特别是针对岗位的业务技能培训，基本上每月组织，全年岗位训练练兵600余次，参培人员达到2.1万人次。为提高工人实操能力，长庆石化还建设了仿真培训专用教室，设有30台机位，定制了7套主体装置仿真软件，集仿真、远程和多媒体培训于一体。通过培训的展开，提升员工的岗位操作技能。最后，在严格的定岗定编和岗位技能水平提升的基础上，长庆石化进行了非常严格的人工成本和工资总额控制。在500万吨加工能力的炼化企业中，长庆石化用工只有1000余人，在中石油体系内是用人最少的，同在中部地区规模不到500万吨的炼化企业，其用工规模为长庆石化的1.5倍，东北地区同等规模的炼化企业其用工规模都远超长庆石化。因此，长庆石化的劳动生产率一直保持在行业前列。

长庆石化非常重视优秀人才的吸引和培养。人才吸引方面，为了获取高潜力的优秀人才，不断地从“211”大学里招聘优秀的毕业生，只从中石油相关主体专业（如化工、电器、自动化、仪表）中选聘优秀大学生。长庆石化优于陕西平均工资水平的薪酬待遇以及位于核心城市这一地理位置的优越性，在毕业生中还是有很强的吸引力的，每年招聘大学生几十人，能吸引近千人来应聘。同时，还吸引了一些来自中国石油大学、西北工业大学等高校优秀的研究生，其中已经有部分人进入关键岗位，成为关键的技术力量。人才培养方面，为了突出人才的培养和发展中的生产导向，所有新进入的人才，无论是本科生还是研究生，是管理专业毕业还是工科专业毕业，进入企业后，必须先在生产运行线的操作岗位上工作 3 年，和普通工人一样倒班，3 年后，根据工作情况，择优进入管理和技术岗位。这确保了管理和技术岗位员工均了解生产运行一线的实际情况。

人才的发展也是长庆石化非常重视的一件事。长庆石化严格执行了中石油关于管理、技术、技能三支人才队伍建设的要求和框架，为三类人才分门别类地设置了以职称和技能等级为基础的职业发展通道，其中，技能人才设置从初级工到高级技师五个职业发展等级；技术人才设置了从员级到正高级工程师五个等级；管理人员则设置了助理主办到高级主管四个等级（见表 4. 2）。薪酬的定级也是以职业通道的类型和级别来确定的。

表 4. 2　长庆石化 2016 年前职业发展通道

技能操作人才通道	专业技术人才通道	管理人员通道
高级技师	正高级	
技师	副高级	高级主管
高级工	中级	主管
中级工	助理级	主办
初级工	员级	助理主办
未取证	未评定	

长庆石化每年都按照正式、规范的程序组织职称评定工作和技能等级考试

工作。经过多年的建设和发展，也已经培养了一批优秀的技能操作人才和专业技术人才。到2016年底，高技能人才占比达到55.44%。专业技术人才中，拥有中级以上职称的占比也达到56.7%（见图4.1、图4.2）。

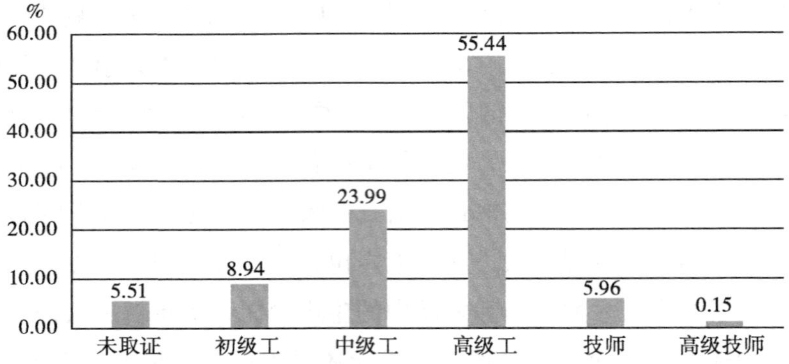

图4.1　长庆石化技能操作人员技能等级分布（2016年）

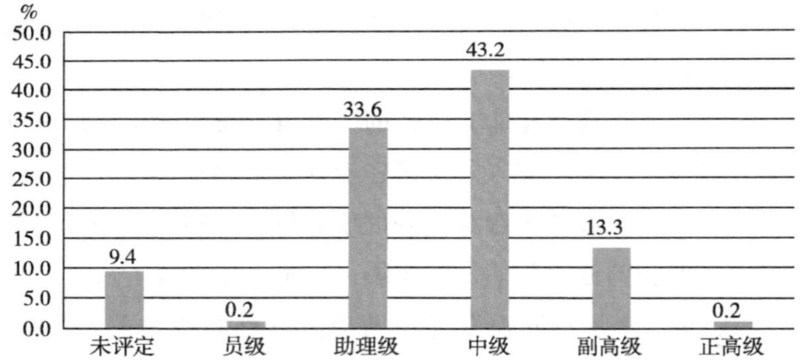

图4.2　长庆石化专业技术人员职称等级分布（2016年）

2.2　长庆石化的人才发展困境和局部调整

尽管长庆石化非常重视人才管理工作，人才队伍的整体水平较高，但是目前遇到的人才“瓶颈”问题也非常突出。

一是高层次技术人才分布与任职岗位不匹配。副高级及以上职称人员在专业技术人员中占比为26.19%（含专业组长），其中，专职在技术岗位工作的只有13人，占比为15.48%，也就是说大部分高级技术人才不在专业岗位上，而分布在管理岗位或行政岗位。更为严峻的是关键技术领域和技术岗位高级人才奇缺，部分专业技术岗位甚至接近断层。例如，电气和油品储运专业各只有 1 名副高级职称人员，其中，电气专业只有 4 人，油品储运专业技术人员中级、高级职称只有 4 人。这对关键装备技术工艺的改进和突破，安全和环保关键技术水平的提升，是有风险的。

二是高层次技术技能人才严重短缺。尽管技能人才的培训和技能等级评定工作每年持续进行，但是依然缺乏在同行业中技术过硬、水平卓越、拿得出、叫得响的领军人物。虽然与国家技能人才发展目标相比，长庆石化技工人才占比似乎还比较高，但是细究起来，技工人才主要分布在中级工和高级工这两个等级上，技师和高级技师人数很少，尤其是高级技师仅有 3 人，占比只有 0.15%。这对装备的安全运行、新装备系统的投入、安全隐患的排除，也是有负面影响的。

李汝新正为这两个问题烦心，人力资源部又拿来了基层骨干人员的离职申请。尽管从整体数据上看，企业离职率非常低，不到 1% 的比率，远远不到正常的员工流动率水平。但是，在李汝新看来，作为一家央企，地处西部，工作稳定，待遇还不错，离职率当然不可能高。而正逢用人之际，个别研究生和个别有经验的技能操作工的离职，就不能不引起注意了。在企业的人才池中，这几名离职的员工都是企业重点关注和重点发展的员工。他们的离职是个体的原因，还是有其他原因？是否会引起示范效应？一旦有示范效应，可能就对人才发展的未来布局产生影响。

这一系列问题交织在一起，李汝新认为，他们的离职应该不是一个孤立的事件。于是，李汝新给人力资源部孟部长拨去电话，让他组织相关人员座谈，设立专题讨论人才队伍建设问题，倾听员工想法。

3　人才管理讨论会：职业发展问题还是人力资源管理系统问题

3.1　激烈的讨论会

座谈会上，人力资源部全体员工都参加了，还邀请了各部门、各生产单位的一线员工。孟部长简单介绍了背景后，请大家畅所欲言。在座的员工互相看了看，谁也没有说话。

“我先说吧，”负责干部管理的张鹏清清嗓子，“公司一直推行扁平化管理，干部职数相对少，技术人才和管理人才走上干部岗位发展空间也较小。而从职业纵向发展看，副高级职称是技术人才发展的‘瓶颈’，而现有技术人才一半以上已经拥有中级以上职称，对这一部分技术人才来说，职称再上一级很难，走干部岗位，又没有相应的机会。这部分员工也就是到了职业发展的‘天花板’，工作积极性很受影响。”

“相比技术和管理人才，技能人才的‘天花板’现象更为突出。”没等张鹏说完，负责工人技能鉴定工作的王琴拿着手里的一叠材料接着说，“按照公司技能等级考试执行现状看，大学毕业工作 5 年左右基本上可以考到高级工，因此，有 59.65% 的技能操作工人已经发展到了高级工级别。但再要考技师就非常难了，不仅要评定是否具备相应的技能水平，主要还受中石油总部的名额限定。早些年，出色的技能操作工人经过一线锻炼，还能走上车间技术员、技术管理部门技术员这些技术序列岗位。但近年来，技术岗位逐渐饱和，技能通道向技术通道转换的渠道也基本关闭。在这样的管理现状下，大量的‘大学生工人’在一线操作岗位沉淀，他们的职业发展受限，认为个人价值无法得到体现，缺乏工作积极性。我手上拿的是 2016 年的一线工人的学历结构，硕士以上学历占到 2.58%，本科学历占到 35.79%。小张就是这些工人中的一员，他们当中要么看不到前途，消极怠工；要么像小张一样，跳槽到其他单位。”

看到人力资源部的员工直接指出问题，参与座谈会的员工慢慢也放开了。运行四部的技术员小王说道：“技能等级能不能上去，职称能不能评上，其实不是我们最在意的。作为个人成长来说，我们很看重另外一些发展的机会和平台。比如，2007 年公司打算新上一套加氢裂化装置，这对技术和技能人员来说，都是一次绝好的发展机会。因为在炼化企业日常工作就是维护装置平稳运行，但是没有机会深入了解装置内部结构。上新的项目，可以从项目建设、设备安装到装置开车，从头跟到尾，对技术和技能水平都是极大的提升，甚至影响职业发展，很多年轻、有抱负的员工都想参与新装置项目，但公司没有给我们自我选择的机会，通常是公司人力资源部直接选定人员，员工对选定人员的标准并不清楚。同样，出现更高等级的职位空缺时，大多数是由组织调动与提拔，给予员工自主选择和竞聘的机会太少。”

“是的，公司的技能等级考试太形式化了，我们都是公司让考才考，反正考过了好像跟我们也没啥关系。”运行一部的倒班工人李峰这样说。这几年公司组织技能等级考试时，员工的积极性确实大不如前了。一方面，是考上高级工后工资调整不及时。另一方面，大家普遍不认可以考试的方式评定能力水平。李峰继续说道：“技能鉴定考试的题几年都不更新，只要把那本书背会了，肯定能过，考个高级工能说明什么？我们班上有几个考上高级工的，能力还不如我呢，遇到紧急情况，手忙脚乱的。”

生产技术处的白工，终于也开口了：“技术人才的职称评定标准也有问题。专业技术职称评审量化标准有 10 项，包括学历、外语、论文、工作业绩、专业知识等。专业技术评审内容与本职工作相关性不强是大家普遍认同的问题。公司有不少日常工作表现好的老员工，因为职称外语考不过，一直没再晋升一级。”孟部长对技术人员的不满也是早有耳闻，公司技术人员中广为传播的一个“梗”就是有一位技术人员在职称评定中提交的论文竟然是小区物业管理。在公司组织的一项关于职业发展的调查中，员工认为学历和职称等级不能很好反映职业水平，但大部分员工认为公司目前评价人才时最看重的是学历。

座谈会还是比较成功的，参会的员工都畅所欲言，孟部长也逐渐了解了目前公司人才管理中存在的一些问题，他作了简单的总结，打算向李汝新汇报。

3.2　问题可能是：职业发展机会

孟部长结合座谈会和相关的人力资源数据，总结发现，企业人力资源管理体系的焦点是职业发展机会问题，这也正是导致那名研究生和技术工人离职的原因，也是员工在座谈会上提到最多的问题。这一问题主要表现在三个方面。一是职业发展通道遇到“天花板”。二是员工不认可职业发展的评价标准。学历和职称是评价标准的核心导向，而实际工作中学历和职称与员工的实际工作能力和行为表现有较大的偏差，导致一部分人不干工作，忙于考职称，升学历；干工作的人反而在职称晋升中失去了机会。三是员工个人对职业发展缺乏自主选择权。

孟部长简明扼要地汇报了座谈会的结果，并表达了自己的观点。李汝新点点头，问道："你们有什么应对措施?"孟部长早有准备，把一份方案交给李汝新，继续说道："我们内部讨论了一下，拿出了一个方案。首先，为解决职业发展'天花板'问题，我们打算设置技术专家和技能专家，包括公司级的专家和集团级的专家，选拔技术和技能领域极优秀的代表为专家，进行聘期管理，承担一定的技改攻关任务，聘期内给予较高的待遇。其次，我们会严格把控技能等级考试和职称评定工作，重新研究和制定各类用人标准。最后，我们计划在一些岗位搞公开竞聘，改变全是组织调配的局面。"

听完孟部长的汇报，李汝新沉思了很久，不置可否。他说："设置技术专家和技能专家，正是中石油系统目前倡导的做法。但是专家岗位的设置，只能满足极少数优秀人才的成长和发展需求，对于大部分员工来讲，他们的发展问题仍然很难解决啊。即便用人标准调整了，开始实施竞聘，也无法解决大部分人难以发展的问题。"

孟部长沉默了。因为在中石油系统下，高级职称和高技能等级的名额是按照比例严格控制的，大部分员工在 30 岁左右就达到了中等职称和等级评定，再发展就很难了。作为中石油下属企业，不可能跳出中石油的框框去做事，那怎么办呢?

李汝新对孟部长说："我们能否换个思路考虑这个问题? 长庆石化自建厂 20 多年来，人力资源基础制度建设的规范化水平逐年提高，每年都从大专院校引进一些人才，这些年也很重视人才的培训培养，但是为什么到用人之际，核心人才依然如此缺乏呢? 难道仅仅是职业发展的问题导致的吗?"

3.3 问题的关键：控制型人力资源管理系统

接着，李汝新谈了两个观点：第一，成本控制是以往人力资源工作的出发点和基本思路，人均产出高一直是长庆石化追求的目标，控制用工总量、控制岗位规模、控制工资总额，是人力资源管理最基本的工作手段；第二，成本控制的思路体现在各项人力资源工作的开展中。比如，用工模式的问题，员工培训重技能轻发展的问题，薪酬考核罚得多奖得少的问题，甚至职业通道发展的机会也有名额限制。

“这种以成本控制为导向的人力资源管理政策，确实规范了管理，提高了效益。但是，我们应该反思这种政策可能带来的负面影响。咱们化工企业，虽然不是高科技企业，但是也属于技术密集行业，对员工的知识和技术技能程度要求较高。现在时代变了，人人都在强调自我发展，自我价值实现，何况是知识型员工呢？我们用控制的手段怎么能管好这一群人呢？”李汝新说。两个人在办公室讨论了一下午，终于达成两点共识：一是要系统梳理人力资源管理的政策和理念，适应员工自我发展的内在需求，真正引入以支持和承诺为导向的“人人有发展、人人有平台”的人力资源管理氛围，逐步改变“支持少数人发展，控制多数人成本”的管理状态；二是制定和营造新的人力资源政策和氛围，必须真正支持每个员工的发展，真正支持企业绩效的提升。因此，员工职业化是所有员工职业化，不是少数员工的职业化。

4　人才管理工作的改进：高绩效工作系统的引入

4.1　何谓高绩效工作系统

基于李汝新和孟部长讨论的结果，人力资源部做了大量的调研工作，最终决定要引入和实施新的高绩效管理系统。所谓企业的人力资源高绩效工作系统，是指用于甄选、发展、保留与激励企业员工队伍的一系列不同但又彼此相关的人力资源管理实践，这些实践使企业的员工具备优秀的能力，并且使他们愿意把自己的能力用在与工作相关的能够实现企业优秀绩效与持续竞争优势的活动中。这一系统采用系统性的人力资源管理实践，提供给员工相应的技能、信息、激励与自由，从而可以使员工成为企业持续竞争优势的来源。

4.2 启动两项基础工作

4.2.1 基层技术工作平台的设置

从2016年初开始，长庆石化着手对组织架构进行一系列调整。合并部分管理部门，减少了管理层次，让组织进一步扁平化，提升了管理效率。对新组建的部门，采用竞聘上岗机制，重新聘用了部门负责人，让一些在工作中表现突出的年轻人员走上干部岗位。更重要的是，在新的管理架构中，规范了运行部专业组的设置，原来各运行部专业组设置复杂不统一，现在统一在运行部层级设立三个专业组：综合管理组、生产技术组、质量安全环保组，同时增加班组技术员岗位，确保了装备运行和生产操作过程中的技术指导和技术支持，大大减少了运行风险，提高运行效率。专业组的设立和班组技术员的设立，提供了更多的技术岗位和基层管理岗位，为留住优秀技术人才和管理人才提供了良好的工作平台。

4.2.2 构建能力素质模型，明细评价标准

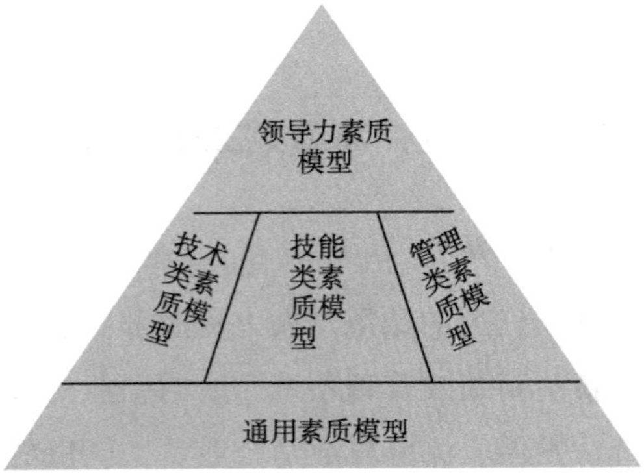

图4.3 长庆石化能力素质模型框架

长庆石化成立了一支团队研究“什么是长庆石化需要的人才”？通过一年的项目工作，选取绩优员工，采用了BEI访谈技术，通过“调研—分析—建模—验证”的过程，构建了清晰定义人才特征的能力素质模型。根据不同群体的素质特点和需求，分为通用素质模型、技术类素质模型、技能类素质模型、管理类素质模型、领导力素质模型五类（见图4.3）。每一类素质模型都

包含概括了这一类群体素质特征的支持性素质、动机性素质和认知性素质三个方面六个素质条目（见表 4.3）。素质条目按照对行为事件访谈资料进行编码、归类、命名和统计分析获得，真实概括各类群体中绩效优秀员工区别一般员工的素质特征。同时，人才能力素质模型除了展示了绩效优秀员工的素质特征以外，还体现了一定的企业战略导向，这是长庆石化反复研讨未来发展所需要的核心能力的结果。

表 4.3　长庆石化素质模型

模型	支持性素质	动机性素质	认知性素质
通用素质	团队精神 专业知识学习	关注标准 降低不确定性	组织承诺 承担责任
技术类素质	前沿追踪 开放合作	关注改善 探究真相	分析式思考 坚韧性
技能类素质	技能精深 传授他人	关注细节 快速持续追踪	程序操作 敬业
管理类素质	沟通能力 业务支持	效率导向 执行力	批判式思考 适应能力
领导力素质	团队领导 影响能力	成就导向 主动应变	战略思维 自信果敢

为使员工上下对能力素质达成共识，并能够在人力资源管理的各方面应用素质模型，公司对每一条素质条目都进行了阐释及行为等级描述。通过行为等级描述将不易评价的素质转化为外显的行为，通过行为判断员工能力素质水平。长庆石化的素质行为等级分为五个等级：一是不合格的特征行为，只要有一项出现就不能接受；二是合格的胜任特质行为，一般体现在绩效一般人员身上；三是良好的胜任特质行为；四是优秀的胜任特质行为；五是卓越的胜任特质行为。由各部门根据实际情况对每一名员工的能力进行 360 度评价或者由评价小组评价，但不管何种评价方式，对于单项素质行为条目打分超过 4 分，或低于 2 分的，必须给予关键事件说明，以作为证据。

以能力素质模型为基础，公司重新制定了人才评价标准，包括知识经验评价、行为评价和绩效评价。在新的评价标准下，知识经验等评价要素代表着员工“会什么”，只占到总分的30%，其中学历只占到5%，在技能型人才的评价中，完全摈弃了学历因素。代表员工“做什么”的评价标准占到50%，通过对能力素质模型的逐条分级打分实现。代表员工“做的结果”的绩效业绩评价占到20%左右。评价标准大部分能通过量化的标准实现。

通过引入行为评价，避免了以往人才评价中“高分低能”的现象，实现了人才评价标准与工作实际能力体现的匹配。在新的标准下，长庆石化开展了一次全面的人才评估工作，把职称级别和技能等级制作为门槛条件而不是充分条件。根据评价结果，有一批已经取得相关技能等级和职称级别的员工因为日常工作行为及业绩不胜任，被下调了级别。比如，有的员工已经考得了中级工，但行为评价显示其日常工作不胜任，只能定到初级工级别。这样的评价标准，明确了公司关注的重点，也激励了大部分员工努力提升个人技能、做好日常工作。

4.3　实施高绩效工作系统

4.3.1　实施以员工沟通和反馈为导向的职业发展管理

重新设计并细化了职业发展通道，增加了纵向职业发展的层级，每个通道由原来的4～5个层级扩展到了8个层级（见表4.4），拓宽了员工职业发展的空间。通过重新评定，各职业发展序列的员工层级分布集中于中低层级，有了更大的职业发展空间。

表4.4　长庆石化职业发展通道（2017年始适用）

管理序列（M）		技术序列（T）		技能序列（S）	
职级	职衔	职级	职衔	职级	职衔
M8	副总师	T8	技术专家 （装置级/公司级/集团级）	S8	技能专家 （装置级/公司级/集团级）
M7	处级	T7	高级工程师一级	S7	高级技师
M6	副处级	T6	高级工程师二级	S6	技师
M5	高级主管/ 处长助理	T5	工程师一级	S5	助理技师
M4	主管一级	T4	工程师二级	S4	高级工一级

续表

管理序列（M）		技术序列（T）		技能序列（S）	
职级	职衔	职级	职衔	职级	职衔
M3	主管二级	T3	工程师三级	S3	高级工二级
M2	主办	T2	助理工程师一级	S2	中级工
M1	助理主办	T1	助理工程师二级	S1	初级工
		初入职者/试用期/见习期			

拓展职业发展空间并不是简单增加几个层级，而是通过严格、细化的各层级任职资格标准，让真正有能力的员工得到晋升，激发员工积极性。同时，也是明确了职业发展的标准，形成职业压力。比如，同样是获得高级工技能等级的技能型员工中，2.51%的员工晋升为S5助理技师，25.63%的员工定级为S4高级工一级，当然，也有部分员工降级到了中级工（见图4.4）。明确职业发展标准，让职业发展评价更客观，实现可上可下。

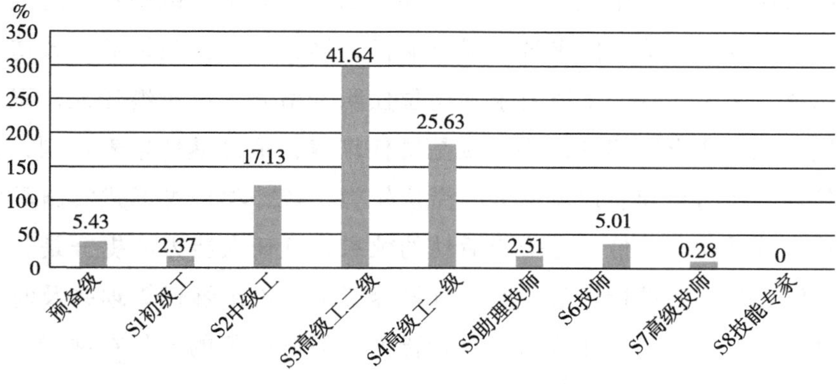

图 4.4　技能序列评聘后层级分布

在职业管理中，增加员工自评环节，并通过信息化等手段的运用，让员工能够了解自己与职业标准的差距，了解上级对自己的评价和期望，实时对照自己在能力发展中所存在的问题；同时也要求上级领导持续地与每一个下属及时反馈和沟通职业发展的方向，并确定达到这个方向还需要做的准备。

4.3.2　识别关键岗位，实施继任管理

为了确保人才培养和使用的有效性，长庆石化根据未来核心竞争力确定

了一系列关键岗位，并聚焦于这些关键岗位，有针对性地实施继任管理，即识别、培养这些岗位未来的核心人才。

对于一家炼油企业来说，实现财务目标利润的主要影响因素是产品质量、产量、生产装置运行的平稳性以及成本，另外，从“示范型城市炼厂”定位来说，环境友好至关重要。因此，质量、产量、平稳性、成本和环境友好是长庆石化的核心竞争力。安全管理、生产调度、环境工程、公共管理、设备智能化管理等领域是驱动战略核心竞争力的核心运营因素。这些领域的岗位可定义为关键岗位。通过细致的讨论和分析，长庆石化设立了各运行部的专业组长，运行保障部的机修、仪修、电修组组长，质量检验部的油品分析工程师等岗位。

实施继任管理，即识别甄选 A 类人才，放到 A 类岗位上。长庆石化的继任管理分 5 个环节：一是提出继任岗位，即在认定的关键岗位基础上，明确哪些岗位需要提出继任人计划，并明确继任人选择范围；二是人才盘点，通过一些基本信息的筛选，提出继任人推荐人选；三是继任人初步评价，以继任岗位的胜任素质要求和岗位任职资格要求评价继任人，识别与继任岗位能力要求时间的差距；四是继任培养，拟订继任培养计划，通过脱岗培训、在岗辅导、代理职务、岗位轮换、特殊项目等形式实施具体培养工作；五是动态评价，对培养活动的效果，继任人能力的提升是否与继任岗位匹配等方面进行评估，不符合培养要求的退出继任管理并及时补充新的继任人。以上 5 个环节的主导者皆为各关键岗位的现任在岗者，现任者需要描述继任岗位的工作职责和胜任力；选择、推荐继任者，正式提报继任者名单；评价继任者培养前的胜任力水平，发现培养与开发需求；制订并组织实施继任者培养开发计划；跟踪评估继任者绩效和培养后的胜任力水平；参与继任者继任决策。

4.3.3 扩大竞聘和轮岗机制

在机关主管、运行部专业组、班组技术员等岗位上全面推行竞聘机制，改变了过去统一组织调配的方式。只要有新的岗位、空缺的岗位，符合基本要求的员工都可以报名，通过公开竞聘的方式，同台 PK，择优录用。公开竞聘，让员工有了更多的自主权，哪怕最终没有竞聘成功，也得到了锻炼和展示的机会。通过公开竞聘的方式，员工对岗位择优的结果更加认可了，同时，公司也从公开竞聘中发现了大量的潜在培养对象。

在炼油化工企业工作，特别强调基层岗位工作经验和各部门、各岗位之间的协同合作。长庆石化尝试系统化地推进轮岗机制。一是在继任管理中将轮岗作为一种主要的培养方式，由继任人主动提出，公司相应给予支持。二是公司也系统地进行方向性的轮岗安排：一方面，周期性地抽调或借调基层员工到机关参与项目性工作；另一方面，中层管理干部实行常态化的工作轮换。人力资源部的孟部长就是从运行部主任轮换到人力资源部的。

4.3.4　改善薪酬考核激励机制

长庆石化原来严格执行中石油的工资体系，包括岗位工资和绩效工资两部分，岗位工资根据岗位级别，相对固定，绩效工资的发放除机关管理人员外基本采取考核制，如生产部，发放时先按照绩效工资总额下放至部门，由部门内部进行二次分配，一般普遍还是比照岗位进行分配。

在新的系统下，长庆石化相应对工资体系作出了调整：首先，在基础工资标准中按照职业发展级别设定相应的工资级别，让职业发展在基本工资待遇上落实，体现远期激励和发展激励；其次，加大了绩效考核的力度，引入了绩效考核信息化系统，明确各岗位的绩效考核目标，将绩效工资的兑现完全和当期业绩挂钩。同时，设置了专项奖励，用于短期、阶段性的员工个人绩效及能力提升奖励。薪酬激励的落实有效推进了个人绩效的提升。

5　尾声

一个工作日的早上，李汝新来到办公室，打开手机。他现在的习惯是上班后第一时间阅读长庆石化公众号，一篇篇内容有趣的微信文章展示了长庆石化员工积极努力的形象。但是，李汝新深知，人力资源管理的转型非常复杂，还有许多深层的机制问题没有解决，一切都还只是在路上……

案例教学说明
AnLiJiaoXueShuoMing

一、教学目的和用途

1. 适用课程

人力资源管理。

2. 适用对象

本案例主要为EMBA、MBA开发，适合具有一定工作经验的学员和管理者学习。本案例教学对象为具有一定人力资源管理知识的同学。实践经验较少的学生应加强课前对相关基础资料和管理理论知识的准备。

3. 教学目的

本案例以长庆石化公司面对内外部环境变化为背景，以最佳人力资源管理实践的引入和实施为主线，对最佳人力资源管理的实施过程和实施效果进行深入分析和探讨，使学生掌握最佳人力资源管理实践的相关概念和理论，同时掌握控制型人力资源管理系统和高绩效工作系统的根本区别，培养学生分析和解决人力资源管理实践问题的能力，促进学生对人力资源战略思维模式的深入思考。具体而言，教学目标包括以下三个层次：

（1）知识传授点。

核心知识点：战略人力资源管理；高绩效工作系统；控制型工作系统。

辅助知识点：最佳人力资源管理实践；能力素质模型；AMO模型。

（2）核心训练点。

高绩效工作系统作用于企业战略的条件和机制。

（3）观念改变点。

①人力资源管理系统必须与企业战略系统匹配，才是有效的。规范的人力资源管理的战略性而非规范性，才是衡量人力资源管理是否有效的标准。

②高绩效工作系统作用于战略是有条件的，一是要得到高层、中层以及基层员工的认可和支持；二是给予员工机会，激励员工，提升其能力，从而

提升员工绩效，发挥企业人力资源的竞争优势，支持企业战略；三是只有系统协同才能发挥作用。

二、启发思考题

启发思考题的设置目的在于帮助学生提前做好案例学习的准备工作。通过完成课前作业中的启发思考题，学生可以有较为充足的时间预习案例的内容及了解相关素材，在问题的引导下熟悉案例的故事情节，初步了解案例的背景及要点，引导学生主动思考并获取相关的理论与实践知识，以提高课堂学习案例的效率。本案例可以用于启发思考题的内容如下：

（1）转型前，长庆石化人力资源管理做了哪些工作？具有什么特点？

（2）长庆石化为什么要进行人力资源管理系统的改革和转型？

（3）长庆石化如何实施高绩效工作系统，做了哪些工作？

（4）长庆石化推行高绩效工作系统是否能够成功？

三、分析思路

本案例可以从长庆石化总经理李汝新的角度组织学生分析讨论，通过分组讨论和课堂集体讨论，对长庆石化人力资源管理实践进行分析。具体来看，本案例的分析主要包括四个核心问题，可依次按照如下逻辑进行分析：

首先根据学生课前阅读情况对学生进行提问：转型前，长庆石化人力资源管理做了哪些工作？具有什么特点？引导学生回顾人力资源管理体系的基本构成，分析长庆石化人力资源管理系统的特点，从而引出控制型人力资源管理系统的概念和内涵。

接着提问学生：长庆石化为什么要进行人力资源管理系统的改革和转型？要引导学生分析长庆石化的环境变化给企业带来的挑战，从而企业为应对挑战而重新定位战略；在新的战略定位下，企业出现人才结构性短缺。这是人力资源管理系统改革的基本动因。通过讨论让学生熟悉战略人力资源管理的概念以及“环境—战略—人才”这一战略人力资源管理的分析逻辑。

继续提问：长庆石化如何实施高绩效工作系统，做了哪些工作？引导学生通过分析长庆石化实施的新系统和新举措，了解这些举措的内容和特点，从而掌握高绩效工作系统的概念、特点，并能够与控制型人力资源管理系统相比较，熟悉二者的根本区别。

最后提问：长庆石化推行高绩效工作系统是否能够成功？通过分析这一问题，引导学生熟悉高绩效工作系统的实施条件以及作用机制，能够理解高绩效工作系统发挥作用的 AOM 模型。

这一分析思路如图 4.5 所示：

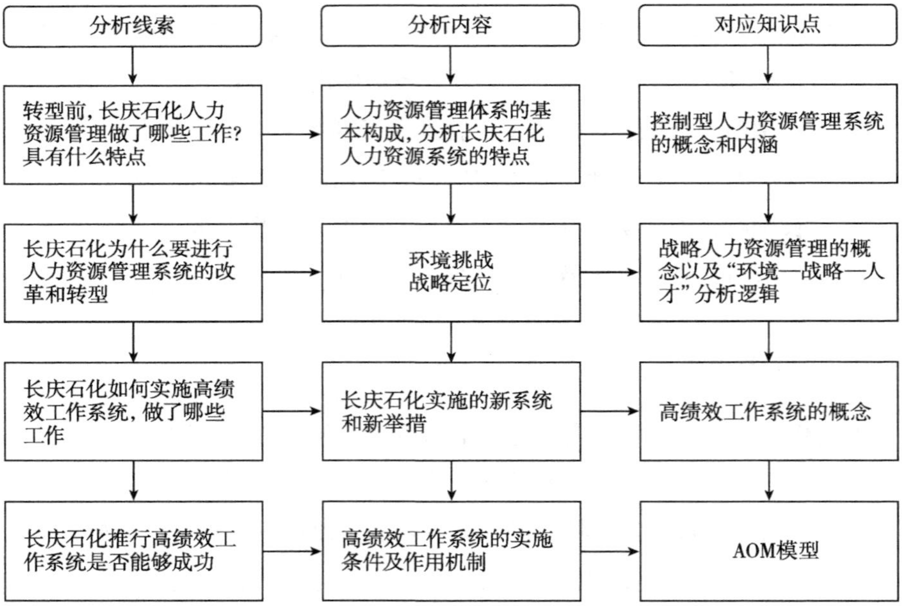

图 4.5 案例分析思路

四、理论依据与分析

（一）问题一：转型前，长庆石化人力资源管理做了哪些工作？具有什么特点？

1. 理论依据：控制型人力资源管理系统

控制型人力资源管理系统，是指通过可测量的产出标准奖励员工，以及强调员工对具体规则和过程的服从方式，来达到降低人力成本或提高效率的目的。尽管控制型人力资源模式对降低成本是有效的，但是对员工行为和态度的影响是弱的，甚至会让员工产生抵触情绪，所以对企业战略的影响和支持作用是模糊的。

2. 案例分析

长庆石化在转型前，从一般意义上来说，人力资源管理系统是规范的。第一，规范的岗位管理。表现在每年对岗位说明书的重新梳理和修订，使岗位说明书适应企业的变化；常规地、多层次地对员工进行岗位培训，以确保岗位技能的不断提升；严格的定岗定编控制，确保用工总量得到有效控制。第二，严格的薪酬管理和工资总额控制。薪酬管理的定级按照总部的标准，工资总额在明确要求下得到有效控制。第三，人才管理，每年吸引优秀的大学生进入企业，作为技术和管理人员的后备人才储备，在人才发展中，构建了以职称和职业等级评定为导向的职业发展管理。相比较人力资源管理体系传统构成的七大模块（人力资源规划、工作分析、招聘、培训、薪酬、考核和劳动关系），长庆石化已经具备了规范化的人力资源工作基础。

我们发现，长庆石化规范化的人力资源管理系统呈现出两个非常明显的特点：第一，对成本的控制导向，对员工数量、员工待遇和员工晋级的严格控制；第二，工作过程的控制导向。岗位说明书的修订、对岗位责任的反复培训，都确保了员工对工作规则的遵守和工作过程的服从，也提高了员工的工作熟练性，从而降低了成本。因此，长庆石化的人力资源管理系统属于控制性人力资源管理系统。

（二）问题二：长庆石化为什么要进行人力资源管理系统的改革和转型？

1. 理论依据：战略人力资源管理的分析逻辑

战略人力资源管理（Strategic Human Resources Management，SHRM），系统地将人与企业联系起来。它将人力资源视为获取竞争优势的首要资源，认为企业的发展与员工的职业能力的发展是相互依赖的，强调通过人力资源规划、政策及具体实践，获取能与企业战略垂直匹配，与企业内部活动水平匹配的具有竞争优势的人力资源配置，并强调所有的人力资源活动服务于企业目标的达成。组织如何通过人力资源管理活动培育竞争优势并获取较好的组织绩效，是战略人力资源管理研究的核心问题。

战略人力资源管理具有如下特征：

人力资源的战略性。企业拥有这些人力资源是企业获得竞争优势的源泉。战略人力资源，是指在企业的人力资源系统中，具有某些或某种特别知识（能力和技能），或者拥有某些核心知识或关键知识，处于企业经营管理系统的重要或关键岗位上的那些人力资源；相对于一般性人力资源而言，这些战略性人力资源具有某种程度上的专用性和不可替代性。

人力资源管理的系统性。企业为了获得可持续竞争优势而部署的人力资源管理政策、实践以及方法、手段等构成一种战略系统。

人力资源管理的契合性，包括“纵向契合”与“横向契合”。纵向契合指人力资源管理必须与企业的发展战略契合，横向契合指整个人力资源管理系统各组成部分或要素相互之间的契合。

2. 案例分析

（1）长庆石化的外部环境发生了改变。长庆石化周围的新城开发建设以及新城主导产业，使得长庆石化的地理位置由城市郊区变成了城市中心，且所处行业与新城主导产业定位完全不相符，因此，长庆石化面临着整体搬迁或者就地取缔的生死存亡问题。

（2）在外部环境变化的背景下，长庆石化新的战略定位——“示范型城市炼厂”是长庆石化在严峻的外部挑战下，通过自我改造得到上级单位和所处地域政府、居民认可的重新定位。这一战略定位的实施和实现，是全方位对原企业进行改造，包括环境、安全、技术、公共关系、管理等各个方面，尤其是通过技术系统和管理系统的根本提升来实现企业本质性安全，环境的零污染和系统生态美化，从而得到社区、政府、居民的认可。

（3）新的战略定位对人力资源管理系统提出了新的要求。在长庆石化面对巨大的外部挑战背景下，“示范型城市炼厂”的战略定位对人才水平和结构提出了新的要求；而当前的人才水平和结构是不适应这一战略要求的，高技术技能人才存在结构性短缺。

综上所述，正是由于环境挑战—战略变化—人才类型和结构需求发生变化，人力资源管理系统才必须适应这一变化，从而作出相应调整和转型。

（三）问题三：长庆石化如何实施高绩效工作系统，做了哪些工作？

1. 理论依据：高绩效工作系统（High Performance Work Systems，HPWS）

（1）高绩效工作系统的概念和构成。这一概念由 Hanna 等提出，也被称为高绩效工作实践、高参与工作系统、高承诺工作系统、高承诺工作实践，是一种能充分配置组织的各种资源，有效地满足市场和顾客需求，并实现高绩效的组织系统的整体工作设计。企业的人力资源高绩效工作系统是用于甄选、发展、保留与激励企业员工队伍的一系列不同但又彼此相关的人力资源管理实践，这些实践使企业的员工具备优秀的能力，并且使他们愿意把自己的能力用在与工作相关的，能够实现企业优秀绩效与持续竞争优势的活动中，强调采用系统性的人力资源管理实践，提供给员工相应的技能、信息、激励与自由，从而可以使员工成为企业持续竞争优势的来源。

在高绩效工作系统中，不同要素相互匹配，比单一要素更能促进组织绩效的提升，单一的实践必须在其他实践活动的配合下才能发挥作用。这种系统观强调了人力资源管理实践之间的相互作用和协同效果。

高绩效工作系统由五个要素组成：组织结构、任务设计、人员（甄别、培训和发展）、报酬系统和信息系统。组织结构是组织中分工、合作和人员之间相互联系的模式，具体包括组织的层级数量、管理幅度等，在高绩效工作系统中，组织结构应该鼓励协作、学习和持续改进。任务设计指组织中职位描述的清晰程度、任务组织方式是基于个体的还是基于团队的，在高绩效工作系统中，通过有效的任务设计能使组织中的职务在富有效率的同时达到较高的绩效水平。人员是高绩效工作系统中最关键和最核心的一个资源，它通过甄选、培训和发展来促进个体与组织及任务的匹配。报酬系统通过激励个体朝着组织的目标努力来促进企业整体绩效的提高，包括绩效管理体系，激励性薪酬和其他与绩效相关的激励措施。信息系统包括组织中信息沟通的模式，如信息获取的方式和权限等设计。在功能上，高绩效工作系统由职位体系、甄选配置、培训发展、绩效管理、激励、决策支持等子系统组成。人力资源管理是高绩效工作系统的核心内容。

（2）高绩效工作系统与控制型人力资源管理系统的联系与差异。

两种系统在功能模块构成上是相同的，都由岗位体系、甄选配置、培训发展、绩效管理、薪酬激励、决策体系等构成。但是每个模块的特征导向不同，如表 4.5 所示。

表 4.5　两种人力资源管理系统的差异

指标	控制型人力资源管理系统	高绩效工作系统
岗位体系	明确、清晰、固定的岗位管理	工作设计的持续改善
甄选配置	基于任职资格的选择	基于胜任力的严格甄选
培训发展	注重岗位技能培训	注重个人能力开发和职业发展
绩效管理	注重个人绩效和成本控制	注重团队绩效和沟通反馈
薪酬激励	注重个人绩效导向的薪酬	注重团队激励，对能力发展给予奖励
决策体系	有限的决策权限	鼓励和支持员工参与和自主决策

2. 案例分析

（1）长庆石化为高绩效工作系统的引入，做了六件事情：组织结构的扁平化与技术工作的重新设计；基于能力素质模型的人才评价；基于员工参与和沟通的职业发展管理；关键岗位的人才继任管理；基于人才综合评价的竞聘机制；以能力和绩效为导向的薪酬激励。

（2）这六个措施的推行，与转型前在组织设计、人才评价、职业发展、人才选拔、培训管理、薪酬激励六个方面的导向和目标上完全不同，两者间的差异如表 4.6 所示。通过比较讨论，控制型人力资源管理系统的关键在于成本控制；而高绩效工作系统的关键在于给予员工支持和激励。

表 4.6　长庆石化人力资源管理转型前后两种系统的对比

指标	控制型人力资源管理系统	高绩效工作系统
组织设计	基于成本和效率考虑	扁平化，基于成本、效率、员工工作机会考虑
人才评价	基于专业、学历、资历、职称	以胜任力为基础，更支持员工能力提升
职业发展	基于组织需要	基于组织需要和个人诉求，注重员工参与和沟通

续表

指标	控制型人力资源管理系统	高绩效工作系统
培训管理	注重岗位技能培训	注重能力培养，培养未来的继任者
人才选拔	标准模糊，机会较少	标准明确，竞聘机制提供了更多机会
薪酬激励	注重绩效工资和工资控制	鼓励进步和能力提升，并给予奖励

（四）问题四：长庆石化推行高绩效工作系统是否能够成功？

1. 理论依据：高绩效工作系统推行的条件以及作用机制

（1）成功推行高绩效工作系统的条件。人力资源政策的推行取决于上下同欲，领导有想法，中层有能力，基层有态度。这是保障人力资源政策和举措得以成功推行的前提条件。对于高绩效工作系统的推行来说，必须具备以下三个前提条件。

第一，需要高层决策者大力提倡。高绩效工作系统的推行，不是某一项改革或工具的推行和实施，而是从组织结构、工作设计到人才激励等多方面工作的系统推进，离开高层决策者的大力提倡，很难得到实施。

第二，需要人力资源部门具备一定的人力资源管理基础。高绩效工作系统是在原有人力资源管理工作的规范性基础上逐步发展形成的。因此，人力资源管理工作需要规范的人力资源管理基础，如岗位管理基础等。

第三，需要人力资源部门具备一定的专业能力。高绩效工作系统是一种战略导向的人力资源管理系统，在实施过程中，需要实施人员能够理解战略，理解各类人力资源管理时间的匹配性，同时能够以人为本，在实施中动员更多的员工力量。

（2）高绩效工作系统的作用机制：AOM 模型。根据 Bailey 和 Meerritt（1992）的观点，高绩效工作系统的结构，由员工能力、员工激励和员工参与决策的机会三部分组成。MacDuffie（1995）也提出，人力资源管理实践系统要能改善组织绩效，必须具备三个要素，即员工能力、激励、员工参与组织目标的实现。在此基础上，Appe Ibaum（2000）提出了著名的高绩效工作系统“AOM”模型，即员工能力（Employee Ability）、动机（Motivatlon）和参与机会（Opportunity to Participate），任何组织要提高自己的绩效，必须致力于对三要素构成的改善。

根据AOM模型，高绩效工作系统影响员工绩效有三种机制。第一，直接影响员工完成任务的能力，主要是满足员工的知识、技能和能力需求；第二，影响员工完成任务的动机，主要是对完成任务的员工提供激励和报酬，告诉员工哪些行为是组织所期望、支持和奖励的；第三，为员工提供工作的机会，这一观点认为，如果员工有工作的技能和动机，组织就必须为员工提供工作的机会。

（3）高绩效工作系统的推进应该与单一的最佳人力资源管理实践的引入相区别。所谓最佳人力资源管理实践，是指在任何条件下，适用于不同文化背景，对任何企业都有适应性，能够为组织绩效带来积极正面影响的人力资源管理实践，具有普遍有效性。一组最佳人力资源管理实践的系统组合，构成了高绩效工作系统。单一的人力资源管理最佳实践，很难从根本上提升组织绩效。提升组织绩效，发挥人才优势，必须各种最佳实践彼此组合，相互匹配，从而构成高绩效工作系统，才能实现。

2. 案例分析

（1）长庆石化推行高绩效工作系统的条件：第一，长庆石化这次引入高绩效工作系统的改革完全是在企业确定新的战略定位之后，由“一把手”李汝新全力推进的。最高层的支持，从决策层面确保了这项工作的系统推进。第二，长庆石化人力资源管理部门多年来在人力资源管理领域实行制度化、规范化、流程化管理，在人力资源管理的七大模块积累了非常丰富的经验，这为高绩效工作系统的实施和推行提供了能力和流程上的保障。

（2）长庆石化高绩效工作系统的作用机制：长庆石化高绩效系统的引入，提升了员工能力、激励员工和给予员工机会，一方面支持企业绩效水平提升，另一方面积累与企业战略相匹配的人才池，发挥人才优势，支持战略。具体来说，组织结构的扁平化与技术工作平台的重新设计这一人力资源管理措施，提供了更多的技术和技能岗位，缩短了高层决策者与技术技能人员的沟通距离，为更多的技术技能人员发展提供了平台和机会，也大大提升了技术技能人才的决策参与机会。

基于能力素质模型的人才评价体系，是一种激励引导体系，这一措施从根本上改变了企业内部人才发展和晋升的基础和标准，将人才努力和发展的方向由资历、学历等要素转向与企业战略能力息息相关的胜任力要素，这既是企业激励体系的一种改变，也有效提升了员工个人的自我学习和自我发展驱动力，从而有效提升员工能力。

基于员工参与和沟通的职业发展管理，关键岗位的人才继任管理，以及基于人才综合评价的竞聘机制，这三种措施，其核心在于给予优秀人才自我发展、脱颖而出的公平机会；通过明确的目标导引，为优秀人才指明了自我发展的方向，因此将有助于人才能力提升；同时，这种机制本身能够帮助员工在工作中获得成就和自我实现，是一种高层次的激励机制。

以能力和绩效为导向的薪酬激励，将能力提升和员工激励有效结合起来，是一种有效的措施。

综上所述，高绩效工作系统在长庆石化的推进，一方面培养了与企业战略相匹配的人才，发挥人才优势，改变了企业关键岗位上高级技术和技能人才短缺的现状，同时通过员工个人绩效水平的提升，支持企业绩效水平提升，支持战略实现。

（3）要注重高绩效工作系统的系统观，即强调人力资源管理实践之间的相互作用和协同效果。案例中提出的单一对职业发展管理体系作出调整，尽管从表面上看是有针对性地解决座谈会上员工提出的问题，但是，如果不调整竞聘机制、继任管理、薪酬激励等，员工的职业发展管理都将是一纸空文。因为想发展的员工，即便努力提升，有向上走的职业台阶，但是没有工作平台，没有工作机会，缺乏关键岗位的工作信息，依然很难发展。

五、背景信息

能力素质模型的引入是长庆石化引入高绩效工作系统非常重要的一项基础工作。长庆石化投入了极大的人力、物力来做这件事情，以确保人力资源管理政策的科学性。能力素质模型中，不仅仅明确了素质条目，而且给每一条素质赋予了明确的行为等级定义，同时通过明确的故事情节来描述上述行为的定义，并将行为评价引入人才评价中（见附件二、附件三）。

为了有效地进行职业发展管理，提高员工的参与度，长庆石化有专门的《职业发展与员工能力开发需求沟通面谈表》（见附件四），并对中层经理进行培训，以改变中层经理的工作风格和工作方式。

六、关键要点

（1）在案例分析中，关键要识别长庆石化要解决的核心人力资源管理问题是人力资源管理系统与战略的不适应性。因此引入战略导向的人力资源管理系统——高绩效工作系统就非常必要。

（2）在案例分析中，一定要深入理解高绩效工作系统与控制型人力资源管理系统的差异，掌握高绩效工作系统的功能构成和特点，同时理解控制型人力资源管理系统的特点，以及其战略弱相关的原因。

（3）通过案例分析，掌握高绩效工作系统作用于战略的条件和机制。一是要得到高层、中层以及基层员工的认可和支持；二是通过提升员工的能力、激励员工和给予员工机会来提升员工绩效，发挥企业人力资源的竞争优势，支持企业战略；三是只有系统协同才能发挥作用。

七、建议课堂计划

本案例可以作为专门的案例讨论课。如下是按照时间进度提供的课堂计划建议（见图 4.6）。整个案例课分为两个课时，共 80 ~ 100 分钟。

1. 课前计划

提前发放案例，提出启发思考问题，学生据此熟悉案例内容并进行初步思考。

2. 课中计划

课中计划包括教师开场白、案例分组讨论、教师提问与学生回答以及教师点评几个环节。

（1）教师开场白：5 ~ 10 分钟。带领学生回顾案例，明确主题。

（2）小组讨论：15～20 分钟。组织学生分组讨论启发思考题，特别要引出两种人力资源管理系统对企业战略的影响，理解案例内容和基本知识点。

（3）集体讨论：50～60 分钟。由教师按照案例分析思路，结合半数设计，在逐步引导学生回答问题的过程中，完成案例分析和相关知识点引入。

（4）教师总结：5 分钟。对知识点进行梳理与案例总结。

（5）问答与机动：5 分钟。回答学生的一些额外问题。

问题一：转型前，长庆石化人力资源管理做了哪些工作？具有什么特点？

长庆石化原有人力资源管理体系工作：
①规范的岗位管理；
②严格的薪酬管理和工资总额管理；
③人才管理——技能标准化

↓

人力资源管理体系特点：
①成本控制导向；
②工作过程控制导向

问题二：长庆石化为什么要进行人力资源管理系统的改革和转型？

外部环境的变化

↓

新战略的确定：示范型城市炼厂

↓

对人力资源管理系统的新要求

人才水平
人才结构

问题三：长庆石化如何实施高绩效工作系统，做了哪些工作？

理论：控制型人力资源管理系统与高绩效人力资源系统的区别

	控制型人力资源管理系统	高绩效工作系统
岗位体系	明确、清晰、固定的岗位管理	工作设计的持续改善
甄选配置	基于任职资格的选择	基于胜任力的严格甄选
培训发展	注重岗位技能培训	注重个人能力开发和职业发展
绩效管理	注重个人绩效和成本控制	注重团队绩效和沟通反馈
薪酬激励	注重个人绩效导向的薪酬	注重团队激励，对能力发展给予奖励
决策体系	有限的决策权限	鼓励和支持员工参与和自主决策

分析：长庆石化人力资源管理转型前后两种系统的对比

	控制型人力资源管理系统	高绩效工作系统
组织设计	基于成本和效率考虑	扁平化， 基于成本、效率、员工工作机会考虑
人才评价	基于专业、学历、资历、职称	以胜任力为基础，更支持员工能力提升
职业发展	基于组织需要	基于组织需要和个人诉求，注重员工参与和沟通
培训管理	注重岗位技能培训	注重能力培养，培养未来的继任者
人才选拔	标准模糊，机会较少	标准明确，竞聘机制提供了更多机会
薪酬激励	注重绩效工资和工资控制	鼓励进步和能力提升，并给予奖励

问题四：长庆石化推行高绩效工作系统是否能够成功？

理论：高绩效工作系统的推行条件及运行机制

↓

分析：长庆石化高绩效工作系统推行条件及运行机制

推行条件：
·高层参与
·规范化基础

运行机制：
·组织结构扁平化、技术平台设计→参与决策
·人才评价体系→发展内驱力
·人才继任→发展机会
·能力绩效导向薪酬→激励

图 4.6　板书参考

第5篇　长庆石化：让诚信根植于心①

张丹妍　张红芳　张　琦　武　悦　陈彦妆

案例正文
AnLiZhengWen

摘　要　本案例描述了长庆石化在应对“城围炼厂”的发展困境时，对内引入诚信管理体系建设，对外塑造企业诚信形象的过程。案例分析了长庆石化进行企业诚信文化建设的必要性，其尝试通过诚信惩戒机制加强内部员工的诚信，却未取得理想效果，最终引入基于正向激励的员工诚信评价体系，并通过一系列实际工作将诚信文化落地，塑造值得社会公众信赖的、安全的、清洁的“示范型城市炼厂”形象。对本案例的分析，有助于学生理解企业文化和企业道德的概念，理解进行企业文化及企业道德建设的价值，掌握如何分析员工诚信道德驱动因素，掌握在企业进行诚信等价值文化落地的方法。

关键词　企业文化；企业道德；诚信

引言

2018年初的一个晚上，正准备休息的长庆石化总经理李汝新接到了质量安全环保处处长的电话。原来上级环保部门接到居民的投诉，说长庆石化偷

① 由于企业保密的要求，笔者在本案例中对有关名称、数据等做了必要的掩饰性处理；本案例只供课堂讨论之用，并无意暗示或说明某种管理行为是否有效。

偷排放废气。对于长庆石化来说，安全环保是头等大事，所以安全环保处处长第一时间上报总经理。接下来的工作就是按照程序进行检测，检测数据、情况说明报告显示，长庆石化各个废气排放都符合环保标准。结果在意料之中，自己管理的长庆石化一直严格遵守环保相关规定，绝不会存在废气偷排的问题，对于这一点，李汝新是非常自信的。但因为高温水气排放会形成白色浓雾，在夜幕下愈加明显，周边居民经常误认为长庆石化是在偷排废气，这样的"投诉"隔几个月就会有一次。

安排处理完"投诉"事件，李汝新久久不能入睡。自任长庆石化总经理以来，李汝新意识到长庆石化"城围炼厂"特殊的地理位置使得诚信经营、安全生产、清洁生产尤为重要。近年来，长庆石化在安全环保技术改造、升级方面进行了极大的投入，确保"超净排放"；同时也尝试在公众开放日向公众宣传公司的环保理念、诚信经营理念，但依旧难以消除周边居民和公众对长庆石化的误解。如何树立长庆石化诚信的公众形象？如何从本质上让社会公众认可长庆的诚信理念？李汝新陷入深思。

1　基本背景

长庆石化始建于 1990 年，是中石油的直属地区炼化公司，以汽、柴、煤油为主要产品，另有丙烯、石油苯、硫黄等少量化工产品。经过多次技术改造升级，长庆石化目前已经形成 500 万吨/年的原油加工能力，生产的汽、柴油全部达到国Ⅳ标准，供应保障以陕西省、河南省、山西省等地为核心的中西部成品油市场，辐射周边十余省市；航煤产品通过专用管道直供西安咸阳国际机场，占该机场航煤总用量的 2/3 以上。

近年来，由于"城市型炼厂"的特殊地理位置，长庆石化不得不面对愈加复杂的外部环境挑战。长庆石化位于咸阳和西安之间，南临渭河和机场高速，西接咸阳市中心，距西安咸阳国际机场 10 千米左右，距西安市中心不到 30 千米。20 世纪 90 年代选址时，专门选在离这两个城市都有一定距离的咸阳东郊，但是这些年，随着西咸一体化的推进，大西安城市化的推进，长庆石化的厂址逐渐靠近西安、咸阳两个城市的核心地区。目前，这一地区又纳入了陕西自贸试验区，属于西咸新区重点建设区域。企业发展与区域定位的矛盾、与周边居民的和谐关系一下子变得非常敏感。

为突破“城市型炼厂”发展的困局，2015 年下半年，在李汝新的倡导和推动下，长庆石化明确提出“示范型城市炼厂”的发展定位，以求实现与城市“自然生态”和“经济生态”双融合。为了推动“示范型城市炼厂”的落地实施，长庆石化明确提出安全环保稳定工程、现场标准化工程、全厂总图整治工程、净化周边工程、员工职业化工程、数字化工厂工程六大基础工程。通过六大工程的实施，长庆石化向地方政府及周边社区承诺建造安全工厂、绿色工厂、智能工厂，消除周边群众和公众的误解。3 年多来，长庆石化在安全、环保、环境净化等方面投入大量人力、物力（见表 5.1）。

表 5.1　长庆石化 2015—2018 年安全环保方面投入

年份	安全/万元	环保/万元
2015	5672.49	1939.18
2016	21388.45	3559.15
2017	10731.25	9922.33
2018	13154.44	16865.49

2　困惑：诚信经营为什么不被认可

长庆石化自成立以来一直坚定践行“诚信、创新、业绩、和谐、安全”的中国石油经营管理理念。同时，长庆石化逐渐形成了本公司“清·新·实·佳”的特色文化，将诚信、绿色、安全、和谐、高效等理念融入企业经营管理及员工管理之中。“清”即清正文雅，和谐自然；“新”即创新无限，快速应变；“实”即诚信严谨，讲求实效；“佳”即最佳业绩，追求一流。这是长庆石化上一任总经理总结提炼的企业文化核心。不管是践行中国石油的企业文化，还是“清·新·实·佳”的特色文化的形成，长庆石化都非常重视诚信经营。

2015 年后，随着“示范型城市炼厂”愿景的提出，诚信更是被放到了一个重要的战略位置。对于长庆石化来讲，诚信不是喊喊口号、锦上添花的事，也不是为了应付上级，更不是为了躲避执法处罚，而是关乎企业的生存。长庆石化想要就地发展，成为城市炼厂的典范，必须获得周边社群以及社会的信任。

2.1　长庆石化在诚信经营方面的作为

长庆石化的诚信首先体现在对国家、对上级、对地方政府的承诺。长庆石化扎扎实实地降成本、提高经营效益，运行效率高、成本低、用工少是长庆石化生产经营的特点，每年上缴集团的利润在中石油系统内排名靠前，每年都是当地纳税最多的企业。

长庆石化在处理供应商关系时也表现出应有的国企责任担当。长庆石化特别重视商业信誉，不管大小单位都一视同仁，民企也好，小企业也罢，从来不拖欠款项。尤其是年底工程款，考虑到民工要回家过年，长庆石化总是想办法尽快地结工程款。供应商、承包商与长庆石化合作特别放心，有时候不是他们催着长庆石化付款，而是长庆石化主动要求尽快提供相关票据走付款程序。

长庆石化在和客户打交道的过程中优先考虑客户的利益。保护客户利益首先是保证产品质量，其次是在一些具有操作弹性空间的环节以客户利益为先。比如，生产运行处计量中心的部门领导在业务培训时经常强调在灌油检测时不能占顾客的便宜，要让利给顾客，因为在检测时下尺子完全靠人为，允许有3‰的正负误差，长庆石化要求哪怕自己亏了也不能让顾客受损。

积极履行对社会公众的超净排放环保承诺。长庆石化近几年先后投入15亿余元，实施160余项技术改造，新建或改造19套环保治理设施，升级改造环保设施，提升环保运行水平，2018年SO_2、NOx排放量分别是排污许可量的8%和50%。

长庆石化还特别重视内部管理的合法合规性。公司的制度流程非常完善，整体风险控制流程比较严密，很少会出现违规行为，更没有违法行为。公司特别重视不相容职责的分离，强调岗位之间的监督。比如，做样品分析时，另外一个人会抽查样品，两个人都不知道另外一个人是谁，但是样品数据必须一致，从制度流程层面约束了员工行为。同时运用技术手段敦促员工合法合规开展工作。以前巡检有监控盲点，存在诚信隐患，现在全部是电脑联网，不存在偷懒，也不会出现漏检行为。制度约束、技术手段控制是基础，一旦出现问题就启动追溯机制，加大惩罚力度。

2.2 外部对长庆石化诚信的认知

虽然长庆石化重视国企责任担当，重视合规合法经营，重视环保投入，但在外界看来，长庆石化只是一个效益好、管理规范的国企，要说多么讲诚信，社会并不认可，尤其是在环保方面，社会大众并不买账。有的员工委屈地说："我每次外出购买办公用品或进理发店，老板就会说我们化工厂很危险，天天排放有毒气体，最好早点搬走。""环保乌龙投诉"事件也是隔三岔五地上演。

2.3 对长庆石化诚信形象塑造的思考

按照一般做法，公司可以通过加大对外宣传的力度塑造企业诚信形象，但如果外界抱着"经营效益至上"的眼光去看待一个公司，抱着"这是一个污染源"的印象去看一家化工企业，即使所有的结果、数据都漂亮，外界也是持怀疑态度的。因此，李汝新认为更重要的是建立内部诚信管理机制，从制度上来保证失信行为可控，让诚信经营过程可控，从而从根本上让社会对长庆石化产生信任。

3 失信行为惩戒：诚信管理的制度化尝试

如何建立内部诚信管理机制？李汝新认为必须规范员工行为，诚信的员工是基础，先有诚信的员工才有诚信的企业。如果有一系列的制度能够约束员工失信行为，那么就可以通过过程控制来保证结果的可信度。长庆石化的主要做法是建立失信行为等级标准和诚信负面清单，依清单对失信行为加以惩戒。

3.1 诚信负面清单梳理

长庆石化目前约束岗位行为的制度规范非常多，到底哪些事件或行为会纳入员工诚信管理的范畴，是员工普遍关心的问题。

通过组织多场不同层级员工的讨论会，大家把负面清单的重点放在与诚信价值观紧密相关的行为，以及与企业经营核心价值链、企业诚信形象关键环节相关的行为上，最终从几百条行为事件中筛选出 13 大项 72 小项作为负面清单。13 大项包括和全体员工相关的劳动纪律、公司声誉与利益、商务活动、信息、廉洁工作 5 个诚信关键领域，以及和部分岗位相关的企业核心管理环节，如物资采购、生产管理、产品销售、技术管理、财务管理、人力资源管理、综合管理、质量环保消防管理等（见图 5.1）。在讨论过程中，大家关注的焦点为对企业生产经营产生重大影响的低绩效行为是否为失信行为，日常轻微违反劳动纪律是否为失信行为。有的人认为履行岗位职责就是对企业最基本的诚信，应该纳入，但大部分人认为失信行为还是从诚信价值观出发，应判断是否出于主观意愿，对于因疏忽或能力导致的低绩效及不利影响，要有容错机制。

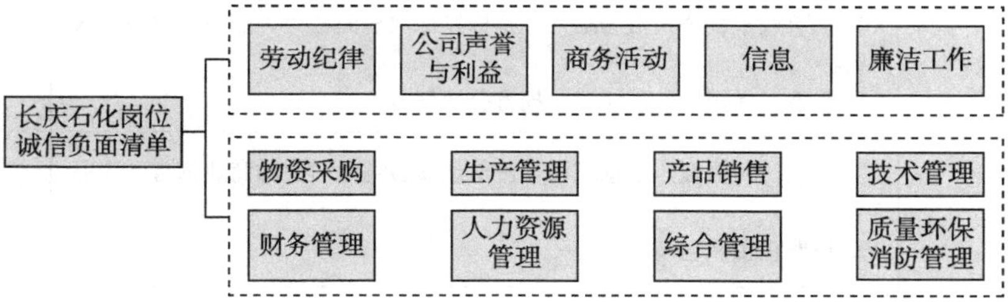

图 5.1　长庆石化诚信负面清单框架

3.2　失信行为等级划分

基于对失信行为范围的讨论，诚信负面清单最终按照失信行为的主观意愿、所造成结果的影响范围和影响程度划分为三个等级，由轻到重分别为三级失信行为、二级失信行为和一级失信行为（见表 5.2）。公司对不同级别的失信行为，采取不同程度的失信行为惩戒，包括警告、通报批评、记过、记大过、降级、撤职等惩戒措施，并处以罚金。

表 5.2 诚信负面清单（部分示意）

<table>
<tr><th rowspan="2">范围</th><th colspan="2">诚信负面清单</th></tr>
<tr><th>行为描述</th><th>等级</th></tr>
<tr><td rowspan="2">劳动纪律</td><td>1. 工作中存在侮辱和骚扰他人的语言和行为，或传播谣言或其他诽谤性、歧视性信息
2. 故意扰乱生产（工作）秩序经劝阻无效</td><td>二级</td></tr>
<tr><td>3. 故意破坏、偷窃公司财物
4. 脱岗或酒后上岗</td><td>一级</td></tr>
<tr><td rowspan="2">公司声誉与利益</td><td>5. 未经公司书面同意在外从事与公司利益相关的兼职或利用工作时间在外兼职
6. 投资与公司有竞争关系的非上市企业，或者为竞争者提供帮助</td><td>二级</td></tr>
<tr><td>7. 利用公司声誉为自己或他人谋取利益
8. 未取得公司批准或授权，以公司名义或公司员工名义进行考察、谈判、签约、招标投标、提供担保、出具证明等相关业务活动，以及在媒体上代表公司发表意见、发布消息、出席公众活动
9. 传播、发布不利于公司形象的言论或观点
10. 插手或干扰公司市场准入、招标投标和合同签订等业务以谋取个人利益
11. 伪造、虚报文件、凭证，损害公司利益</td><td>一级</td></tr>
<tr><td rowspan="2">商务活动</td><td>12. 编造、传播虚假信息或误导性信息损害竞争对手的商业信誉和商品声誉
13. 虚假宣传和包装</td><td>二级</td></tr>
<tr><td>14. 个人接受回扣或佣金
15. 以各种名义行贿或输送利益
16. 以不当方式损害商业伙伴权益或以不合理的要求为难商业伙伴
17. 向他人索要礼品和接待或向他人提供、接受不符合公司规定的礼品和接待</td><td>一级</td></tr>
<tr><td>……</td><td>……</td><td>……</td></tr>
</table>

3.3 员工反应激烈

长庆石化诚信负面清单及员工失信惩戒管理办法出台之后，员工反应激烈。

长庆石化一直严格要求员工遵规守纪，并且有非常刚性的制度要求，从劳动纪律到业务操作流程都制定了办法，有相应的考核奖惩。诚信负面清单的部分内容在现有的制度办法中已经有相对应的管理要求及惩戒办法，有的内容则是从诚信角度新提出来的。一方面，公司对劳动纪律、安全、操作规程等各方面规范要求都非常严格，员工认为这是企业讲诚信非常好的一种体现，该罚的也认，但若要记录在案，好像自己的诚信被抹黑了，大家心里不太能接受。另一方面，员工认为诚信负面清单管理的实施更加限制了员工岗位工作的积极性。基层的岗位不容易出彩但容易出错，他们受到的正向激励本来就很少，诚信负面清单是给他们再上一道枷锁。严格的制度约束及考核体制会让很多员工产生少干活少出错的想法。工作失误难免会出现，因为害怕被处罚，有些员工抱着最好少管一些的想法，只管个人区域范围内的事情。还有部分员工对失信行为惩戒的对象、范围的公平性提出疑义。有的基层部门及员工质疑公司领导及职能部门在诚信管理上是否能够严于律己。

人事处是负责执行员工诚信负面清单管理的部门，人事处孟处长及时向李汝新报告了诚信负面清单实施后员工的思想动态和行为变化。“我们在诚信经营方面的制度建设、员工行为约束、技术改造投入上都做了大量工作，对于公司的诚信水平，员工还是非常自豪和认可的。另外，我个人认为咱们长庆石化员工在遵规守章、岗位诚信方面本身就做得很好。此次的诚信负面清单管理反而起到了一些负面效果，打击了员工岗位诚信的积极性。”

听完孟处长的汇报，李汝新重新思考“什么是诚信的员工”这一问题。“我们现在主要通过制度约束去保证员工的岗位诚信行为，主要手段是惩罚。那么制度所不及的范围怎么讲诚信？惩罚压力下的诚信是不是真正的诚信？如果没有惩罚的压力，我们的员工还能不能讲诚信？除了失信惩戒，我们还能如何激励员工诚信？我希望我们有一套诚信管理体系，能够多维度评价和培育员工诚信水平，能够激发员工的诚信意识，从而支撑企业诚信。”李汝新把“诚信管理体系”这一任务交给了人事处。孟处长对到底如何构建诚信管理体系也是毫无头绪，他决定先听听员工的建议。

4　员工诚信评价：对诚信道德需求的正向激励

孟处长与几位员工非正式地讨论了员工诚信管理这个话题。在此之前，员工对于诚信负面清单的管理已经议论纷纷，因此对员工诚信管理这个问题，大家还是提了很多想法。

4.1 员工对诚信激励的看法

“只惩罚不行，必须还有奖励。”这是相当一大部分员工的想法。“对于我们基层员工来说，不要说失信，就是失误了都会追责，压力非常大。从安全隐患管理这件事情看，我觉得奖励比惩罚更有作用。之前公司对安全隐患问题更多的是处罚，员工发现问题了总想着先拖着不报，自己想办法解决，结果小问题拖成大问题。不过这几年公司导向有所调整，只要你认真干，哪怕失误了也不会处罚，而且我发现了隐患和问题能奖励我，大家也都不藏着掖着，慢慢地大家诚信度就高了。”一名操作工表达了他的感受。

很多员工在交流中表达了对公司诚信经营方面的赞赏和自豪，同时也认为个人诚信是非常重要的基本素质，大部分人对自己是有诚信要求的，这样一些讲诚信的“老实人”，很多时候都在基础岗位上默默无闻，可能不会投机取巧做一些失信的事，但也不会有“惊天动地”的好人好事，应该对这样的员工群体多一些正向的鼓励。

员工还就社会上的诚信行为是否应该作为员工诚信的评价维度展开了讨论。油品运行部的一名普通员工说：“从新闻报道中我们经常看到有人离开了制度约束的环境，就表现得完全不一样，如有人逃票、有人在华清池泡脚、有人在公交车上踢小孩等。我觉得公司既然要做员工诚信管理，应该把员工在社会生活中的行为也纳入进来，这样才有利于塑造长庆石化员工的诚信形象。”但是也有员工提出不一样的想法：“我把岗位工作做好，不违规就是对企业最大的诚信。工作范围之外的事情是私人的，难道闯了个红灯公司也要管?”旁边一个员工笑着调侃他：“有摄像头的地方就不闯红灯，没有摄像头的地方就违规闯红灯，这样的行为就不是真正的诚信。我倒觉得生活中的状态才反映一个人的真实诚信。”

一部分员工认为好的诚信环境对个体会产生诚信影响。“身边人的诚信表现是非常重要的。就像在公园里，如果大家都爱护环境，特别干净，你都不好意思扔垃圾；反过来，如果大家都随地扔垃圾，你可能也就随手扔了。而对于我们员工来讲，虽然嘴上不说但非常关注管理层的诚信。比如，公司承诺的事情有没有办好，承诺员工的一些奖励能不能及时发到位。如果管理层做不到诚信，员工会认为公司讲诚信只是喊口号而已。”

4.2　引入员工诚信评价体系

通过和不同员工进行非正式的沟通，孟处长对诚信管理体系建设有了初步的想法，决定和李汝新进一步沟通。

“李总，现在公司员工对诚信管理体系建设有各种说法。我听了大家的意见，还是很有收获的。我向您汇报一下我对诚信评价体系建设工作的一些想法。”孟处长再次来到李汝新的办公室，这次非常有底气。

“我们长庆石化员工不管从思想上，还是从行为上都是非常讲诚信的。从这一点上讲，我们在管理体系设计上应该肯定员工的诚信美德，更多从正面诚信方面去引导作为。为什么大家都讲诚信呢？人总是更愿意做受到表彰的事情，避免做受到惩罚的事情。公司制度约束在规范员工诚信行为方面起到了很重要的作用，但长此以往缺乏正面激励反而消磨了员工的诚信动力。另外，人的诚信行为受身边人和社会诚信水平的影响，其中，公司管理层的诚信影响尤为突出。我们公司缺乏关于诚信理念和公司诚信事件的正面宣传引导，员工认为诚信是公司针对员工的管理手段，管理者并不受诚信相关制度的约束，因此心理上存在抵触。”听着孟处长的讲述，李汝新偶尔沉思，偶尔点头，他示意孟处长接着说。

“我想在诚信负面清单的基础上，建立一个综合多项因素的员工诚信评价机制，明确评价员工诚信的维度和指标。……”孟处长一口气说完了自己的想法。李汝新肯定了员工诚信体系建设的方向，孟处长立刻着手各项工作。

长庆石化员工诚信评价体系综合考虑了员工的岗位诚信要求、社会诚信要求，是对员工综合诚信水平的评价。诚信评价采用积分制，基础分是600分，在此基础上根据诚信行为加分或减分，员工个体诚信分值是具有成长性的，只要个人重视诚信且诚信经营得当，诚信分值是可以积累和逐渐增加的，不重视诚信就会损失信用。因此，诚信积分是对员工个体诚信历史积累的评价。在具体评价指标上，突出工作领域的诚信要求，包括遵规守纪、突出贡献、廉洁自律等，分值权重占比较大；同时考虑到员工诚信表现具有一致性，员工社会诚信表现也是诚信评价的重要构成部分，包括家风建设、社会公德等，把治安处罚、交通违规记录、其他行政处罚、税务记录、信贷记录等行为记录也纳入诚信考察维度；考虑到大部分员工在岗位上兢兢业业，极少有突出贡献，但也无失信行为，因此设置长期贡献认可评价维度，计分方式设置为根据工作年限、工作绩效及职业能力提升综合逐年加分，体现个人诚信的积累。

诚信积分赋分方式上以事实为基础，也就是说，对员工诚信的判断和员工个体的诚信积累必须基于具体行为事件，有据可依。在行为事实的基础上，评价体系给出了详细的评分标准。比如，遵规守纪采用基础分加扣减分的方式，也就是说，假定员工都是遵规守纪的，给予基础分 200 分，在出现相应的失信行为时，才给予明确的扣分，具体标准为，被认定为失信行为的，根据失信行为等级进行相应扣分：第一次被认定为三级失信行为的记入诚信档案，不扣分，非第一次被认定为三级失信行为的，扣 10 分；被认定为二级失信行为的记入诚信档案并扣 50 分；被认定为一级失信行为的记入诚信档案并扣 100 分（见表 5.3）。

表 5.3　员工诚信评价体系指标构成

评价维度			权重
1	个人基本信息 20%	个人基本信息真实性	20%
2	工作诚信 50%	遵规守纪	20%
		突出贡献	20%
		廉洁自律	10%
3	长期贡献认可 20%	工作年限	3%
		工作业绩	10%
		职业能力	7%
4	社会诚信 10%	家风建设	5%
		社会公德	5%

有员工提出疑问：“因失信行为扣分后诚信积分是不是就一直比别人低，就好像诚信有了污点。”诚信评价是为了鼓励员工重视诚信，并不是为了处罚或扣分。因此，对于诚信扣分，根据失信行为严重程度设定了不同的扣分有

效期。比如，三级、二级失信行为扣分有效期为 3 年，一级失信行为扣分有效期为 5 年，效力期限过后，恢复相应扣分值。但对于故意欺瞒，侵占他人成果、抄袭、编造数据等严重失信行为，扣分有效期为无期限，也就是说一旦扣分，不会再恢复。另外，企业只公开诚信分值和诚信分值的分布，不对外公布诚信分值的具体扣分事件。外部机构及内部管理者在干部晋升时需要查询员工诚信分值时，必须遵循严格的审批流程，以保护员工的个人权利。

长庆石化员工诚信评价体系从多维度正向激励员工，激发员工诚信道德需求，鼓励员工经营诚信积分。诚信积分的方式更有助于员工从长期角度评估自己的诚信，重视诚信积累，注意自己各方面的行为。

5　用事实说话：诚信需要发声

解决了员工诚信评价问题，接下来要做的就是树立公司对外的诚信形象和对内的诚信管理公信力。

5.1　诚信发布会，作出诚信宣言

2019 年 3 月 7 日上午，长庆石化大型会议室，长庆石化领导、各部门负责人及员工代表共计 100 余人在公司总经理李汝新的带领下庄严地作出承诺："我们将诚信视为负责任央企的基本特质，坚持遵法立诚，重诺守信，用诚信守护示范型城市炼厂……"诚信发布会还现场发布了员工诚信评价体系及标准，会后，几名员工拿着《员工诚信评价体系宣传手册》咨询人事处工作人员："我也没有什么特殊的诚信加分事件，是不是只要踏踏实实做好本职工作，诚信分值也会增长？""如果因为疏忽发生了一个二级失信行为，这个诚信扣分是不是 5 年后又会还给我？""如果我做了好人好事，公司不知道，我怎么申报诚信加分呢？"……

长庆石化以往在诚信管理方面"做得多，说得少"，公司逐渐意识到不管对内还是对外，诚信文化的价值比制度刚性约束更重要，一方面对内表达企业诚信价值、对员工的道德期望，另一方面有利于对外塑造形象。2018 年，公司提出诚信专项文化，"遵法立诚、重诺守信"八个字掷地有声，并从对社

会、对客户、对员工、对内部管理四个层面主张企业诚信价值。

企业讲诚信，员工也需要回应企业作出诚信的承诺，这也就达到了李汝新设想的“先有诚信的员工，才有诚信的企业”。长庆石化按照不同性质岗位特点，提出管理者、技术人员和技能操作人员的诚信承诺，并在发布会上组织了诚信承诺书签署仪式。

5.2 奖出来的万元户

长庆石化改变原来“罚多奖少”的制度约束导向，更强调发现问题而不是追责。同时，要求公司领导及机关职能部门以身作则，对员工承诺的说到做到。这样的变化形成了积极宽松的诚信环境，员工更愿意相信公司，也更愿意做出有利于公司的诚信行为。运行一部常压装置操作工觉得自己就是公司倡导诚信的受益者：“公司承诺我们的，基本都落实了。比如，前几年，公司承诺发现隐患或漏洞，奖励300元，现在说要翻倍，就真的翻倍了。我身边就有人被奖励了一万元。我们都不怕因找出问题被问责，发现问题也不会隐瞒，主动上报安全隐患。我个人受益最多，因为我发现很多漏洞。”

公司在内部组织的各个装置技能竞赛，日常仿真、实操、笔试考试，以及评比劳模等关系员工利益的工作中，一方面坚持公平公开原则，另一方面加大奖励力度。该罚则罚，该奖则奖，公司用实际行动开展诚信行为正面激励。

5.3 近零排放承诺，说到做到

最让员工佩服的是，公司总经理李汝新对社会承诺的环保近零排放说到做到。而且李汝新承诺的清洁制造并不是以满足国家环保标准为目标，而是以人的实际感知为目标。为减少符合环保标准废气排放的正常“白化”现象，长庆石化实施加热炉低氮燃烧器改造，尾气中氮氧化物和二氧化硫排放浓度分别低于50mg/m^{3}和20mg/m^3，远低于国标特别排放限值；建设催化烟气脱硫脱硝除尘和酸性气回收装置尾气达标排放治理项目，催化烟气二氧化硫排放浓度从200mg/m^{3}下降到10mg/m^{3}以下、硫黄尾气二氧化硫排放浓度从960mg/m^{3}下降到2mg/m^{3}以下，实现了超净排放、近零排放。

针对周边群众的诉求，长庆石化以近乎苛求的态度进行异味治理。首先开展大范围 VOCs 检测和治理，共检测密封点 30 多万个，治理泄漏点 894 个，VOCs 排放量减少约 80%。其次改造装置，实现全封闭以减少挥发，如污水处理场含烃废气收集装置改造，基本实现了嗅辨无异味的目标。

这些改造和变化使员工切身感受到公司领导在践行诚信经营、绿色发展上的决心，对组织有了更强的信任感和自豪感。

5.4　公众开放日，不藏着掖着

2019 年 6 月 1 日，长庆石化组织了主题公众开放日活动，接待了来自咸阳市的中小学生 200 余人。学生近距离参观了长庆石化公司的生产装置，观看了石油产品和工业水质分析实验，并亲自参与化学小实验，发现科学的奇妙。他们感叹于优美的厂区环境和先进的炼油环保装置。

自常态化开展“公众开放日 + 公众互动日”活动以来，长庆石化已经先后接待了超过 8000 人，让社区居民、学生、媒体记者近距离了解长庆石化的环保措施及诚信管理体系，逐步提高了社会公众的认知，得到了社会公众的认可。

6　尾声

清晨，咸阳渭柳湿地公园里一派生机勃勃，水鸟轻飞，散步、健身的人们熙熙攘攘。这里与绿树掩映的长庆石化仅隔一条马路，距最近的炼油装置也只有几百米，并且该公司 10 万立方米污水氧化塘和排放口就在公园内，但却闻不到异味，听不到噪声，看不到污水。

“看到实时更新的环保监测数据和公司严、细、实的工作作风，我对家人在这样安全的绿色企业里工作，感到踏实、放心。我们生活在周边也感到安心。”在长庆石化举办的公众开放日活动上，职工家属及周边社区居民纷纷为公司的绿色环保行为点赞。

案例教学说明
AnLiJiaoXueShuoMing

一、教学目的和用途

1. 适用课程

组织行为学企业文化。

2. 适用对象

本案例主要为EMBA、MBA开发，适合具有一定工作经验的学员和管理者学习。本案例教学对象为具有管理学和企业文化知识基础的同学。实践经验较少的学生应加强课前对相关基础资料和管理理论知识的准备。

3. 教学目的

本案例以长庆石化诚信文化的建设及落地的过程为主线，从外界对企业诚信形象的不认可，各层级员工对刚性诚信管理的不认可，到以正向激励为主的员工诚信评价体系的建设，到诚信文化的落地，再到外界对长庆石化诚信形象的认可，使学生理解企业文化和企业道德的概念，理解进行企业文化及企业道德建设的价值，掌握如何分析员工诚信道德驱动因素，掌握在企业促使诚信等价值文化落地的方法，促进学生对诚信企业文化的价值及落地模式进行基本思考。具体而言，教学目标包括以下三个层次：

（1）知识传授点。

核心知识点：企业文化；企业道德；道德发展阶段与道德驱动因素。

辅助知识点：行为塑造理论。

（2）核心训练点。

诚信驱动因素分析的框架及方法。

企业诚信文化建设落地及企业诚信形象塑造的过程和方法。

（3）观念改变点。

①企业诚信文化、企业诚信道德并不是企业宣传的口号，也不是为企业经营发展锦上添花的工作。在企业发展的特殊环境下，企业诚信道德是企业

生存和发展的关键。

②企业对员工诚信道德的培养和塑造不能单单以失信惩戒及宣传教育为手段，应该分析员工诚信道德的心理需求，采用以正向激励为主的诚信管理方式，激发员工主动追求诚信。

二、启发思考题

启发思考题的设置目的在于帮助学生提前做好案例学习的准备工作。通过完成课前作业中的启发思考题，学生可以有较为充足的时间预习案例的内容及了解相关素材，在问题的引导下熟悉案例的故事情节，初步了解案例的背景及要点，引导学生主动思考并获取相关的理论与实践知识，以提高课堂学习案例的效率。本案例可以用于启发思考题的内容如下：

（1）长庆石化为什么要坚持强调诚信？长庆石化诚信经营现状如何？外界如何评价长庆石化？

（2）为什么一开始长庆石化要引入失信惩戒机制？起到了什么效果？

（3）长庆石化为什么要建立员工诚信评价体系？是如何做的？

（4）长庆石化在诚信管理体系落地实施方面做了哪些工作？社会各界及员工对长庆石化诚信认知发生了什么变化？为什么会发生变化？

三、分析思路

本案例可以从长庆石化总经理李汝新的角度组织学生分析讨论，通过分组讨论和课堂集体讨论，对长庆石化诚信管理体系建设进行分析。具体来看，本案例的分析主要包括四个核心问题，可依次按照如下逻辑进行分析：

首先向学生提问：长庆石化为什么要坚持强调诚信？长庆石化诚信经营现状如何？外界如何评价长庆石化？引导学生分析长庆石化所面临的生存和发展环境，对企业诚信道德建设有什么样的要求。回顾企业文化的概念及层次，企业道德的概念，企业文化与企业道德的关系，企业文化及企业道德在企业管理中的价值和作用，并分析长庆石化在诚信文化、诚信道德建设方面做了哪些工作，还存在什么问题；诚信建设对长庆石化的重要性和必要性。

提问学生：为什么长庆石化一开始要引入失信惩戒机制？起到了什么效果？引导学生通过讨论分析以惩戒为主要手段的制度化约束方法在企业诚信管理中的作用。引入行为塑造理论，引导学生讨论惩罚和奖励在道德行为塑造方面的作用，也为下一步分析诚信道德驱动因素埋下伏笔。

继续提问：长庆石化为什么要建立员工诚信评价体系？是如何做的？引导学生分析长庆石化员工诚信评价体系的构成及特点，并思考为什么要从这些维度进行员工诚信评价，从而导出诚信驱动因素分析框架，让学生掌握道德发展阶段理论，并能够在实践中分析道德驱动因素。

最后提问：长庆石化在诚信管理体系落地实施方面做了哪些工作？社会各界及员工对长庆石化诚信认知发生了怎样的变化？为什么会发生变化？通过分析引导学生总结出合乎道德的企业文化塑造和落地的方法。

这一分析思路如图 5.2 所示。

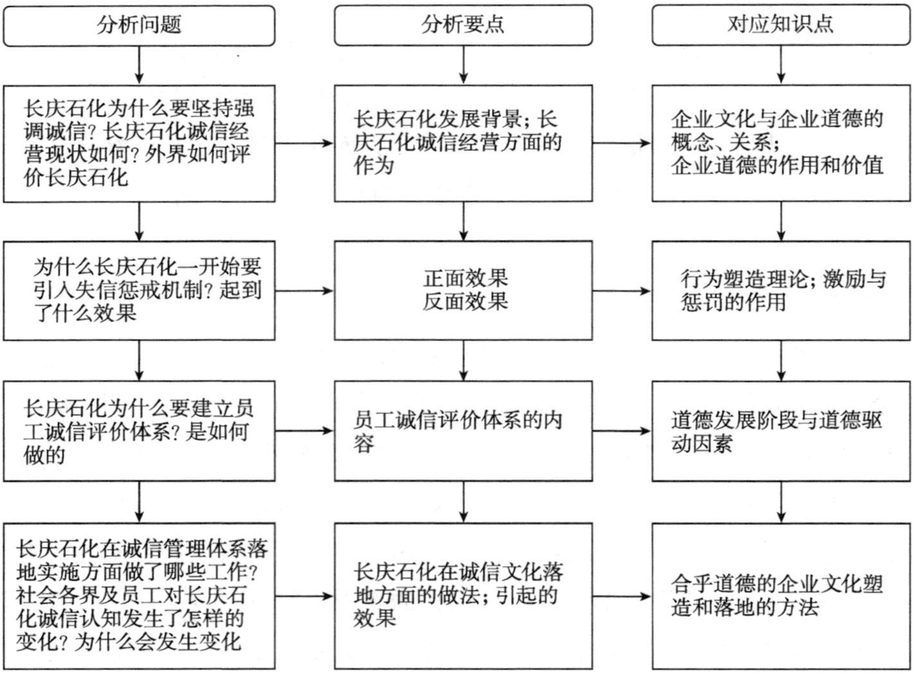

图 5.2　案例分析思路

四、理论依据与分析

（一）问题一：长庆石化为什么要坚持强调诚信？长庆石化诚信经营现状如何？外界如何评价长庆石化？

1. 理论依据：企业文化及其作用；企业道德及其作用

（1）企业文化，是指一个组织由其共有的价值观、仪式、符号、处事方式和信念等内化认同表现出的特有的行为模式。企业文化可以分为三个层级或四个层级。企业文化的三个层级：①理念层，企业文化的核心，反映企业的信仰和追求，是形成制度文化和物质文化的思想基础；②制度层，是企业文化的中间层次，是具体物化的、对企业组织和企业员工的行为进行约束和规范的行为准则体系；③物质层，是企业文化的外在表现，通过制度文化规范下的行为模式、标识特征等将理念形态文化展现出来。

企业文化的作用：导向作用、凝聚作用、规范作用、激励作用。

（2）企业道德及其作用。

企业道德，是指在企业这一特定的社会经济组织中，依靠社会舆论、传统习惯和内心信念来维持的，以善恶评价为标准的道德原则、道德规范和道德活动的综合。企业道德既是社会道德体系的重要组成部分，也是社会道德原则在企业中的具体体现。它是人格化了的企业，是在生产经营活动中，在自然求索和社会交往中，所应遵循的旨在调节企业与国家、企业与他企业、企业与他单位、企业与竞争对象、企业与服务对象以及企业内部各方面关系的行为规范总和。

企业道德建设的意义及作用：

①加强道德建设有利于提高企业层次；

②加强道德建设有利于提高企业控制的有效性；

③加强道德建设有利于提高企业的竞争力。

2. 案例分析

长庆石化为什么要重视强调诚信？对这个问题的回答必须分析长庆石

化的生存和发展背景。随着城市化的发展，长庆石化面临“城围炼厂”的发展困境，如果不能为当地政府、周边社区所认可，可能要面临搬迁或关闭的命运。因此，企业诚信道德建设对于长庆石化来讲，不仅仅是发挥企业文化的导向作用、凝聚作用、规范作用、激励作用，更是关乎企业生存，提高企业的竞争力，支撑企业“示范型城市炼厂”的战略定位实现。

长庆石化在引入诚信管理体系之前，在诚信经营方面做得非常好。具体体现在五个方面：第一，对上级单位及政府讲诚信，注重成本控制，提高企业效益，保证企业利税；第二，对供应商讲诚信，主动及时付款；第三，对客户讲诚信，优先考虑客户的利益，不让客户吃亏；第四，对社会讲诚信，在环保方面投入巨大；第五，内部管理讲合规合法，通过制度和技术手段约束员工行为。

虽然长庆石化在诚信经营方面做得很好，但是外部并不认可。外部评价长庆石化有三个特点：效益好；管理规范；城市中的炼化企业，很危险。有此评价是因为：一方面，长庆石化对外宣传得少；另一方面，外界不相信企业的宣传和数据。因此，经常发生环保投诉事件，周边社区居民也比较排斥企业。

长庆石化诚信形象塑造的逻辑：诚信文化、员工诚信行为、诚信制度等内部诚信体系建设是基础。因此，提升企业诚信形象有两个主要方向：一是对外塑造诚信的形象，以诚信为基础建立良好的社区关系；二是内部诚信管理体系的建设。

（二）问题二：为什么一开始长庆石化要引入失信惩戒机制？起到了什么效果？

1. 理论依据：行为塑造强化理论

行为塑造强化理论是过程型激励理论之一，由美国心理学家斯金纳首先提出。强化理论认为人的行为是对其所获刺激的函数，如果这种刺激对他有利，则这种行为就会重复出现；若对他不利，则这种行为就会减弱直至消失。因此管理者要采取各种强化方式，以使人们的行为符合组织的目标。根据强化的性质和目的，可以分为正强化和负强化两大类型。

在管理上，正强化就是奖励那些组织上需要的行为，从而加强这种行为；负强化就是惩罚那些与组织不兼容的行为，从而削弱这种行为。正强化的方法包括奖金、对成绩的认可、表扬、改善工作条件和人际关系、提升、安排担任具有挑战性的工作、给予学习和成长的机会等。负强化的方法包括批评、处分、降级等，有时不给予奖励或少给奖励也是一种负强化。

强化的具体方式有四种：

①正强化。奖励那些符合组织目标的行为，以便使这些行为得以进一步地加强、重复出现。

②惩罚。当员工出现一些不符合组织目标的行为时，采取惩罚的办法，可以约束这些行为少发生或不再发生。惩罚是力图使所不希望的行为逐渐削弱，甚至完全消失。

③负强化。负强化强调的是一种事前的规避。通过建立规范让存在潜在违规行为的员工深刻地意识到组织规定的存在，从而加强对自己行为的约束。

④忽视。对已出现的不符合要求的行为进行“冷处理”，进而减少该行为出现。

强化理论的不足：

①忽视了人的主观能动性；

②忽视了目标、期望、需要等个体因素。

2. 案例分析

通过分析问题一，我们可知，由于长庆石化“城围炼厂”的发展背景及“示范型城市炼厂”的战略定位，企业诚信道德建设具有战略重要性。要让社会各界信任长庆石化，其内部必须有一套诚信管理的机制。而企业各项经营行为的发出者是各层级员工，因此，长庆石化认为，如果能够有效约束员工的失信行为，那么就能保证员工的诚信，诚信的员工就能支撑诚信的企业。

结合长庆石化以前对合规合法的重视，在内部诚信管理工作上还是延续采用刚性制度的做法，引入失信惩戒机制，以此来强化塑造员工诚信行为，而采取的强化方式主要是惩罚和负强化。

长庆石化引入失信惩戒机制的效果。正向的效果是，管理规范、失信风险可控；负向的效果是，员工倾向于少干活少出错，工作积极性受到打击，员工对诚信管理公平性质疑，即管理层是否受到失信惩戒约束。

采用单一失信惩戒机制的管理办法忽视了员工的心理需求和能动性，以惩罚为主的手段遏制了失信行为的产生，也抑制了员工工作积极性，因此引起内部员工的不满。

（三）问题三：长庆石化为什么要建立员工诚信评价体系？是如何做的？

1. 理论依据：道德发展阶段与道德驱动因素

根据美国心理学家科尔伯格提出的“三水平六阶段”道德发展理论，不同人的道德发展阶段不同会受不同的道德驱动因素影响。

道德发展的“三水平六阶段”及对应的道德驱动因素如表 5.4 所示。

表 5.4　道德发展阶段与相应的道德驱动因素

道德发展水平	道德发展阶段	道德驱动因素
前惯例层次	1. 服从与惩罚取向阶段	遵守规则以避免受到物质惩罚
	2. 相对功利取向阶段	只在符合直接利益时才遵守规则
惯例层次	3. 寻求认可取向阶段	做周围人所期望的事
	4. 遵守法规契约取向阶段	通过履行允诺的义务来维持平常秩序
原则层次	5. 普遍伦理取向阶段	尊重他人的权利
	6. 自我道德约束阶段	遵守自己选择的道德准则

道德发展阶段的特点：

①人们会逐步依次通过这些阶段，不能跨越发展；

②道德的发展可能中断，可能停留在任何一个阶段；

③道德发展阶段的中断决定了个体的道德发展水平，多数成年人的道德发展阶段在第四阶段。

2. 案例分析

长庆石化首先引入了失信行为惩戒机制，并没有起到很好的效果。从员工诚信心理结构来分析，害怕惩罚只是员工诚信的一种动机，而且这一动机处于道德发展阶段低层次，并不产生积极的诚信行为，而只是抑制失信行为。因此，长庆石化需要引入一套能够起到正向激励员工作用的诚信管理机制，充分考虑成熟道德发展阶段的动机因素，建立能够激发员工诚信的评价体系。

基于动机理论分析长庆石化员工诚信心理结构。

员工诚信心理结构是一个由诚信需要、诚信动机、诚信行为及相关的心理反馈各要素交互作用的动态系统（见图 5.3）。基于员工诚信心理结构，每个个体都有诚信美德的心理需要，在动机、行为、外部反馈等方面作出正确引导，可以提高、强化个体诚信需求。

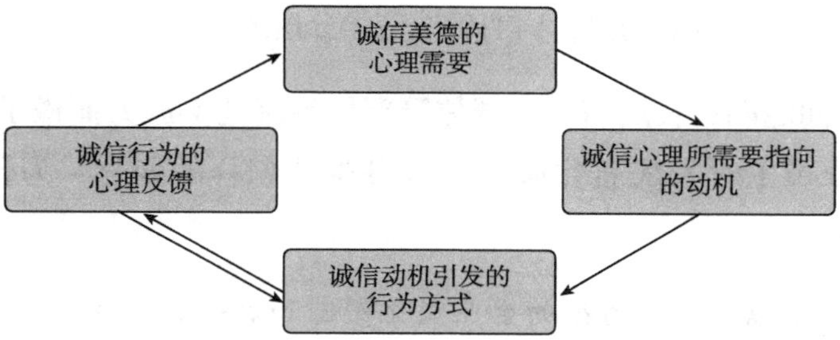

图 5.3　员工诚信心理结构

长庆石化员工诚信动机及诱因。从案例中可以看到，长庆石化员工在诚信道德需求心理层面表现出多样化的动机，如害怕被惩罚，希望被奖励，希望默默无闻的行为也获得组织认可；同时，外部诚信环境、公司内部其他员工的行为也会影响自己的诚信认知；员工对自身具有较大的诚信要求。

结合道德发展阶段的驱动因素，可以判断长庆石化员工道德发展整体处于较高水平，甚至达到原则层次，因此员工诚信动机多样化。长庆石化员工诚信动机的构成包括：

①求善求美的心理动机：人总是追求善美的，人有保持诚信的基本需求。

②趋利避害的心理动机：人总是趋利避害的，更愿意做受到表彰的事情，避免做受到惩罚的事情。

③求认可的心理动机：人总是追求认可的，来自工作上长久的认可会保持诚信持久度。

④从众的心理动机：人是社会人，受社会和身边人诚信水平的影响。

基于以上分析，长庆石化诚信评价体系建设运用多维评价指标，激发员工诚信道德动机。具体的做法包括：

①采用积分制，鼓励员工对自己的诚信进行长期经营。

②设置基本分，在遵规守纪等维度假定每个人都是诚信的，采用基础分＋扣减分的计分模式。

③以工作诚信评价为主，也考虑社会诚信行为。

④充分利用惩罚和奖励，并设置惩罚和奖励的标准。

⑤考虑对默默无闻员工的长期贡献认可。

⑥对扣分设置有效期限，到期后诚信扣分返还。

（四）问题四：长庆石化在诚信管理体系落地实施方面做了哪些工作？社会各界及员工对长庆石化诚信认知发生了怎样的变化？为什么会发生变化？

1. 理论依据：合乎道德的企业文化塑造和落地的方法

创建合乎道德的企业文化的方法：

①领导者的榜样作用。高层管理者对道德问题的态度影响着员工的价值取向，高层管理者应发挥垂范作用，树立正确的道德准则和组织价值体系。

②表达道德期望。明确道德理念，制定道德守则、行为规范、道德规则等正式文件，表明对全体员工的价值期望。

③进行道德培训。在对员工的培训中清楚表明组织的价值观和道德准则，不断强化道德意识。

④明确地奖励道德行为和惩罚不道德的行为。用事实证明组织奖赏道德行为，惩罚不道德行为，并不断强化。

⑤提供保护性机制。尊重个人隐私和权利，在进行道德要求的同时，保护个人权利。鼓励揭发内部不道德行为，并建立保护机制，使员工能放心指出内部的道德问题。

2. 案例分析

（1）长庆石化推动诚信管理体系落地实施：第一，提出明确的诚信文化，不同序列员工进行诚信宣言，并通过诚信发布会对内外表达公司的诚信道德期望；第二，明确诚信惩罚和诚信奖励行为的标准和评价体系；第三，总经理及管理层信守承诺，对员工奖励说到做到，环保近零排放说到做到；第四，建立诚信保护机制，个人诚信积分及诚信档案查询遵循严格的流程，不对外公布员工个人诚信积分加减分事件；第五，组织公众开放日活动，让外界近距离了解长庆石化生产过程、环保措施、诚信管理体系，得到社会公众认可。

（2）长庆石化诚信管理体系落地对员工认知的影响：诚信文化理念的提出及诚信承诺宣言激发员工自我道德约束的动机；总经理及管理层兑现员工奖励承诺和对外环保承诺起到了榜样示范作用；诚信发布会及公众开放日让员工产生组织自豪感。因此，员工认为诚信管理不再是对自己的考核和约束，而是鼓励和自我道德意识的激发。

（3）长庆石化诚信管理体系落地对外界认知的影响：一方面，社会各界对长庆石化诚信的感知不再是符合国家环保标准的冷冰冰的数据，而是切身感受到排放的雾化白气减少了，周边的气味明显没有了，环境越来越好；另一方面，社会各界通过诚信发布会了解长庆石化对员工诚信、企业诚信的内部管理机制，构建起诚信管理机制、员工诚信、企业诚信经营结果之间的逻辑关系，使企业诚信经营结果更可信赖。

五、关键要点

（1）在案例分析中，长庆石化内外环境变化、战略定位变化作为情境因素需要重点分析，长庆石化为什么特别重视社会各界对公司诚信形象的认可，一定要从企业道德的作用、战略与企业诚信道德的关系角度去分析，这样才能理解企业诚信建设对长庆石化的战略支持作用及意义。

（2）通过案例分析，理解为什么合乎道德的企业行为有时并不一定能获得社会认可，必须对外进行诚信形象宣传，对内进行诚信管理机制建设，建立诚信管理与诚信结果之间的逻辑，才能赢得社会各界认可。

（3）在案例分析中，一定要深入理解道德驱动因素的多元性、复杂性，应用动机理论及道德发展阶段理论分析个体诚信道德的驱动因素，采用多元化的手段进行员工诚信激励设计。

（4）通过案例分析，掌握诚信文化及诚信管理体系落地的方法和要点。一是领导要发挥榜样作用；二是要提出道德期望，进行道德培训；三是要明确奖惩；四是要建立保护机制。

六、建议课堂计划

本案例可以作为专门的案例讨论课。如下是按照时间进度提供的课堂计划建议（见图5.4）。整个案例课分为两个课时，共80～100分钟。

1. 课前计划

提前发放案例，提出启发思考问题，学生据此熟悉案例内容并进行初步思考。

2. 课中计划

课中计划包括教师开场白、案例分组讨论、教师提问与学生回答以及教师点评几个环节。

（1）教师开场白：5～10分钟。带领学生回顾案例，明确主题。

（2）小组讨论：15～20分钟。组织学生分组讨论启发思考题，引出企业文化、企业道德等基础概念。

（3）集体讨论：50～60分钟。由教师按照案例分析思路，结合板书设计，在逐步引导学生回答问题的过程中，完成案例分析和相关知识点引入。

（4）教师总结：5分钟。对知识点进行梳理与案例总结。

（5）问答与机动：5分钟。回答学生的一些额外问题。

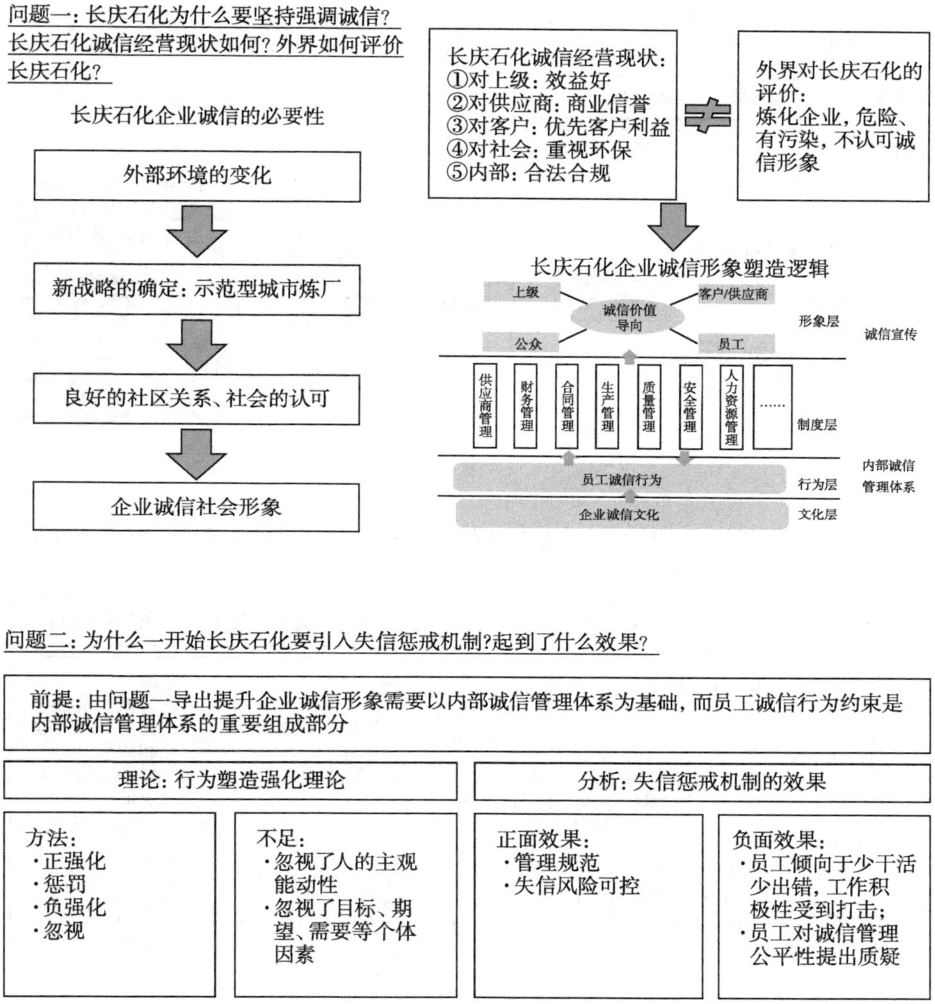
问题一：长庆石化为什么要坚持强调诚信？长庆石化诚信经营现状如何？外界如何评价长庆石化？
长庆石化企业诚信的必要性
外部环境的变化
新战略的确定：示范型城市炼厂
良好的社区关系、社会的认可
企业诚信社会形象
长庆石化诚信经营现状：
①对上级：效益好
②对供应商：商业信誉
③对客户：优先客户利益
④对社会：重视环保
⑤内部：合法合规
≠
外界对长庆石化的评价：
炼化企业，危险、有污染，不认可诚信形象
长庆石化企业诚信形象塑造逻辑
上级
客户/供应商
诚信价值导向
公众
员工
形象层
诚信宣传
供应商管理
财务管理
合同管理
生产管理
质量管理
安全管理
人力资源管理
……
制度层
员工诚信行为
行为层
内部诚信管理体系
企业诚信文化
文化层
问题二：为什么一开始长庆石化要引入失信惩戒机制？起到了什么效果？
前提：由问题一导出提升企业诚信形象需要以内部诚信管理体系为基础，而员工诚信行为约束是内部诚信管理体系的重要组成部分
理论：行为塑造强化理论
分析：失信惩戒机制的效果
方法：
·正强化
·惩罚
·负强化
·忽视
不足：
·忽视了人的主观能动性
·忽视了目标、期望、需要等个体因素
正面效果：
·管理规范
·失信风险可控
负面效果：
·员工倾向于少干活少出错，工作积极性受到打击；
·员工对诚信管理公平性提出质疑

图 5.4　板书参考

问题三：长庆石化为什么要建立员工诚信评价体系？是如何做的？

理论：道德发展阶段与道德驱动因素

分析：长庆石化员工诚信道德驱动因素及诚信评价体系

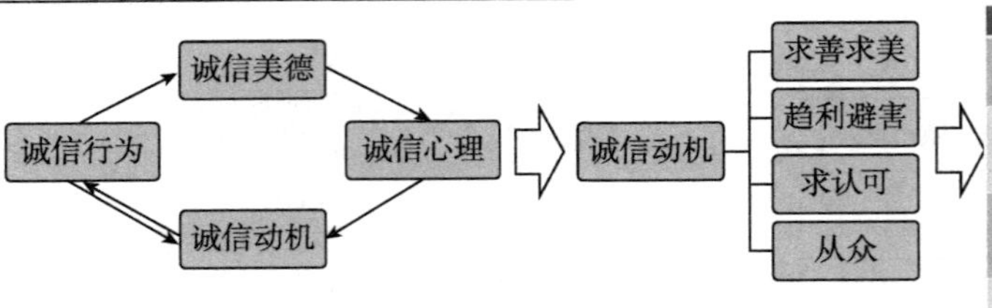

长庆石化员工诚信评价体系

评价维度			权重
1	个人基本信息20%	个人基本信息真实性	20%
2	工作诚信50%	遵规守纪	20%
		突出贡献	20%
		廉洁自律	10%
3	长期贡献认可20%	工作年限	3%
		工作业绩	10%
		职业能力	7%
4	社会诚信10%	家风建设	5%
		社会公德	5%

问题四：长庆石化在诚信管理体系落地实施方面做了哪些工作？社会各界及员工对长庆石化诚信认知发生了怎样的变化？为什么会发生变化？

分析：长庆石化诚信管理体系落实工作

- 提出明确的诚信文化、诚信宣言，并通过诚信发布会对内外表达公司的诚信道德期望
- 明确诚信惩罚和诚信奖励行为的标准和评价体系，总经理及管理层信守承诺，员工奖励说到做到，环保近零排放说到做到
- 建立诚信保护机制，个人诚信积分及诚信档案查询遵循严格的流程，不对外公布员工个人诚信积分加减分事件；组织公众开放日活动，让外界近距离了解长庆石化生产过程、环保措施、诚信管理体系，得到社会公众认可

分析：外界及员工对长庆石化诚信认知的变化

员工认知的变化

原因
- 自我道德需求激发
- 领导榜样作用
- 奖惩作用
- 对外宣传的自豪感

结果：认为诚信管理不再是对自己的考核和约束，而是鼓励和自我道德意识的激发

外界认知的变化

原因
- 环境改善的切身感受
- 公众日近距离接触
- 诚信管理体系的认可

结果：认可长庆石化的诚信、环保上的投入、城市炼厂的定位

图 5.4　板书参考（续）

七、案例后续进展

2019 年，长庆石化在员工失信惩戒机制和诚信评价体系基础上，又引入《GB/T 31950—2015 企业诚信管理体系》国家标准，进一步梳理企业内部诚信要素，做好企业诚信闭环管理。

同时，长庆石化认为诚信的员工和诚信的企业还不够，长庆石化的生产

经营离不开各供应商、承包商以及服务商，他们的行为也会影响到长庆石化的诚信水平，例如，承包商在施工过程中能否诚信履行安全环保要求直接影响长庆石化的诚信承诺。因此，作为负责任的国企，长庆石化一直行进在开展对供应商、承包商以及服务商的诚信评价，构建企业诚信生态的诚信建设之路上。

第6篇　卓诗尼陕西分公司的组织韧性构建之路：从即兴发挥到系统变革①

张红芳　陈彦妆　王佳蕾　武　悦　马　娇　于浩阳

案例正文
AnLiZhengWen

摘　要　卓诗尼陕西分公司是一家以年轻时尚女鞋为主打产品的多品类多品牌的时尚集团，凭借多年的发展在西安鞋类市场中占据一席之地，然而在公司发展逐渐稳定之时，却遭遇了新冠肺炎疫情的突然打击。面对疫情，总经理秦利侠积极自救，通过构建组织韧性带领公司渡过难关。本案例描述了卓诗尼陕西分公司在疫情期间基于构建组织韧性所采取的各项组织改革措施，剖析卓诗尼陕西分公司化危为机的内在逻辑。案例主要介绍了什么是组织韧性、如何构建组织韧性、组织韧性在应对新冠肺炎疫情各阶段的危机中如何发挥作用，旨在启发读者在面临破坏性的突发情况时，如何使企业应对危机，保持生机，在逆境中生存，从而实现企业的长远发展。

关键词　卓诗尼；组织韧性；即兴发挥；系统变革；转危为机

① 由于企业保密的要求，笔者在本案例中对有关名称、数据等做了必要的掩饰性处理；本案例只供课堂讨论之用，并无意暗示或说明某种管理行为是否有效。

引言

“新的一年又将开启新的征程，托举新的希望，承载新的梦想。回顾 2020 年，面对新冠肺炎疫情的冲击，我们不屈不挠，迎难而上，对于即将到来的新一年，我们继续……”在 2020 年底的员工大会上，看着主持人慷慨激昂的样子，秦利侠内心感慨万千。是啊，过去的这一年，每个人都不容易，每一个人都承受了太多的压力，大家能一起渡过这个难关，真的是太不容易了。这一年经历了太多的坎坷，而其中的辛酸苦楚又有几人知道呢？

1　卓诗尼陕西分公司的发展之路

浙江卓诗尼控股有限公司（以下简称“卓诗尼”）于 1997 年创办，至今已发展成为一家多品类多品牌的时尚集团，旗下现有 JOSINY 卓诗尼、Tali-taqoom 等多个品牌，以年轻时尚女鞋为主打产品，包括附属配件箱包、皮具等。卓诗尼产品定位为18～35 岁的年轻时尚女性，以大学生和都市白领为主要消费群体，每双鞋定价约 200 元，在全国拥有店铺约 3000 家，分布在全国每个省份的中心城市、二三线城市和县城的主要商圈、购物中心、百货及商超。2020 年底，销售收入达到 45 亿元。就女鞋这一单一品类来说，无论是从品牌影响力还是销售规模，卓诗尼都已成为国内革鞋品类的龙头企业。

1997 年，卓诗尼女鞋进入西安市场，成立陕西分公司。作为卓诗尼女鞋的二级批发商，陕西分公司通过加盟代理实现店铺扩张和业务拓展，业务辐射西北区域。但是由于当时没有严格的品牌概念，并且从事鞋品批发的公司过多，市场竞争异常激烈，受资金、人力、品牌、管理各方面的限制，公司业务量非常小，到 2013 年，陕西分公司旗下的加盟代理店仅有 30 家。随着鞋类的批发价格逐步上涨，公司运营成本迅速上升，一些货品销售不动，又无法退还，大量资金被占用，导致公司一直处于亏损状态；同时，公司内部员工的销售培训跟不上，工作效率低，整个企业的业务量非常小。

此时在陕西市场步履艰难的卓诗尼，受到了来自互联网电商的冲击。电商时代的主流趋势是“去中间商”。因此，卓诗尼总部希望困境中的陕西分公司能以主打街面商铺的达芙妮和在商场经营的百丽女鞋为标杆，从批发业务向直营业务转型，通过取缔中间批发商环节，降低经营成本，打个翻身仗。

正是在这种困境下，卓诗尼公司在2013年以股份和高薪的承诺聘请就职于达芙妮公司的秦利侠。秦利侠从1998年就进入鞋品销售，是西安女鞋行业的风云人物，职业素养高、业务能力强、销售业绩好，也培养了许多优秀的鞋品销售导购、店长、区域经理。秦利侠进入卓诗尼后，分析了卓诗尼的困境，发现达芙妮的经营非常规范，即统一管理、统一价格、统一品牌和统一营销，卓诗尼则是在收取批发价之后，由各个体老板控制各店铺独立经营，因此，在管理和营销策略上完全无法与“正规军”达芙妮相比。基于此，秦利侠采取了折中做法，她将连锁直营店与联营模式相结合，规定无论是直营店还是联营店，都必须接受总公司的一体化管理，即统一品牌、价格和营销策略。与此同时，公司更名为西安浙顺商贸有限公司，正式转型为一般纳税人，业务模式从加盟批发业务转向全面直营连锁零售，这一举措使得公司实现了销量、规模、利润以及品牌口碑的大幅度提升。

刚开始，由于资金的短缺和市场环境的恶劣，秦利侠的改革之路可谓步履维艰，但是，秦利侠没有放弃，在加强一线员工销售技能培训的同时，她每天都会深入一线，考察各个店面的销售情况和其他竞品的产品类型，及时分析每日的直营店和联营店的销售数据，根据市场变化对销售策略作出迅速调整。在那段最难熬的日子里，秦利侠靠着自己对这份事业的热爱坚持了下来，在无数个日夜的努力下，卓诗尼陕西分公司终于在她的带领下步入了正轨。2013年底，店铺数量增长近一倍，达到了56家，年销售量也突破了20万双；2014年、2015年两年，店铺数量增加了60家，销售量增长了35%，在这一利好趋势下，秦利侠乘胜追击，入驻了宁夏市场，极大地为公司拓展了业务量；2016年、2017年店铺数量每年增加50家，鞋子的销售量也以40%的速度增长。直到2019年，秦利侠察觉到了购物中心开始崛起，她减慢了自己扩张的速度，转而调整店铺分布，将商铺向购物中心转移。到2019年底，公司共有店铺180家（见图6.1）。

现在卓诗尼陕西分公司的业务，已经涵盖了整个陕西省和宁夏回族自治

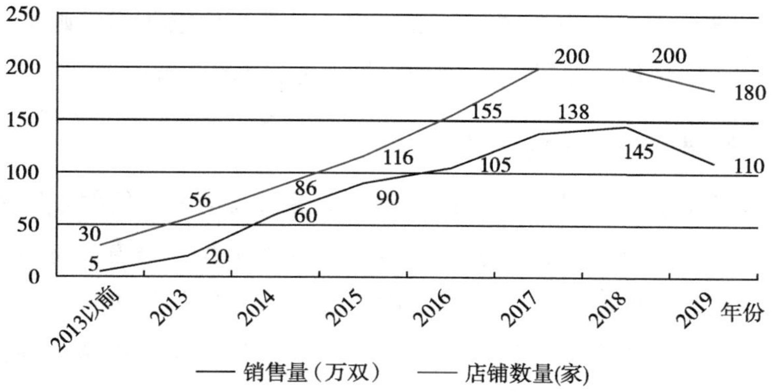

图 6.1　卓诗尼陕西分公司历年销售情况

区以及山西省的部分区域。由于公司规模的逐步扩大以及公司全体成员的不懈努力，陕西分公司在全国的销售业绩遥遥领先，秦利侠更是多次获得总公司的表彰。也正是秦利侠对市场的敏锐观察以及快速作出决策调整的能力，为日后卓诗尼顺利度过新冠肺炎疫情危机打下了坚实的基础。

2　疫情突发之初（2—3 月）：反应与准备

2.1　疫情来袭，何去何从

2020 年 1 月 23 日，陕西分公司的员工开始陆续放年假，本应该和大家一样开心回家过年的秦利侠却因武汉因新冠肺炎疫情“封城”的消息而心烦意乱。虽然疫情并未波及全国，似乎还不是很严重，但是秦利侠心中总是觉得有些不安。她觉得这不是什么好兆头。

果然，疫情迅速扩散，几乎席卷全国。2020 年 1 月 28 日本该是店铺开工的日子，可国家要求所有单位停工停学，各个店铺的开店日期一拖再拖。秦利侠不知道何时才能开店，她能做的只有等待。店铺一天不开门，鞋子就一双都卖不出，公司就没有一分钱的进账，整个公司就岌岌可危。按照 6 个月的订货期，库房积压了 19 万双春鞋，加上 2019 年底订的 22 万双凉鞋和秋鞋，库存规模高达 3000 万元。此外，还要担负 180 个店铺每天 20 万元的房租，一个月仅房租成本就 600 万元。如果再这么持续下去，公司之前的盈利得全搭进去，自己这么多年的心血就要付诸东流了。秦利侠很焦虑，她努力宽慰自己，克制自己的情绪，尽量不让这种焦虑打乱自己的阵脚。

2.2　快速应变，“全员自救”

要保证活下去，得想办法给公司创收。秦利侠发现微信朋友圈中有人在线上销售口罩等医疗用品，心想鞋品销售也可利用线上渠道。时间的紧迫性让她没有太多思考的时间，她迅速在网上查阅线上销售的培训方式、销售技巧、售后服务、物流管理等信息，计算了一下2月的线上销售任务，制订出一份“卓诗尼线上销售计划”。

从2020年2月6日开始，秦利侠动员“全员自救”。她通过钉钉视频的方式在家给680名员工（从内勤到一线）做网上会员建立、拉群技巧以及线上销售技巧的培训，使员工以最快速度适应线上销售模式，开始社群营销。她要求每个店铺认真分析各类客户信息，建立各种客户销售群。要求每个店铺每天增加200个粉丝，增加的人数越多，奖励越多。技术部门配合建立了微店、小程序等线上渠道。公司将成本较低的、款式最新的、最优惠的、库存量比较大的鞋子列入首批销售清单。2月7日开始了第一场限时促销秒杀活动。各个区域没回家的大店安排两名员工进入店铺现场直播展示鞋款，并现场打包发送快递，商品部人员居家办公接单发送物流，物流仓库每天安排两名就近居住的员工进入库房发货，员工干劲实足，配合默契。这样的促销活动平均两天做一场。2月和3月就是以此种方式来维系营业额、清库存。这两个月期间，靠着前期的会员积累，以及员工们的积极工作，社群营销还算成功，2月累计销售额达到100万元，3月取得了300万元销售额这一还算不错的业绩。但秦利侠心里清楚，这对于3000万元的库存而言，其实是远远不够的。

此时，卓诗尼公司总部也与拼多多建立战略合作伙伴关系，利用拼多多平台进行线上销售。陕西分公司积极响应总部这一合作战略，但拼多多的销售产品主要是针对库存过季产品，不太适合陕西分公司的产品结构，因此，获得7万多元的业绩之后，秦利侠很快就放弃了。但是与拼多多的合作，让秦利侠感受到走线上销售这个策略也是个不错的选择。

新冠肺炎疫情似乎不是很快能结束的，于是，秦利侠又琢磨着，目前1400平方米的办公室和6000平方米的仓库有些过大了，闲置着还不如租出去。于是很快就将库房的一半租出去创收，给公司留下3000平方米自用。同时迅速找到了一个新的办公地点，办公室从之前的1400平方米缩减到500平方米。这样一来，直接给公司每个月节省100多万元的支出。

2.3　冷静反思，寻找出路

社群营销的小小成功让秦利侠暂时缓了一口气。随着新冠肺炎疫情反复，这些自救方案只能解决一时问题，未来发展还得从长计议。通过这2个月的应对，秦利侠深刻地体会到了公司存在的一些深层次问题，只有从根本上解决这些问题，公司才有能力系统地应对疫情危机，才可能谈得上未来的持续成长。

首先，秦利侠对公司目前的经营情况作了深刻复盘。近几年，虽然陕西分公司的业绩在全国都有目共睹，但是，在这佳绩背后，依然潜伏着巨大的危机。从2019年开始，公司的业绩增长就已经变缓了，尤其是店铺数量的增长快于销售总量的增长，单店销量不容乐观，甚至有些店铺的销售额是在逐渐下降的。这里面的原因不仅有新零售模式和线上营销带来的挑战，还有商圈变化带来的压力，传统商圈正在向以购物广场为中心的新商圈转移。

组织结构也在线上销售期间表现出了各种不适应。要想顺利度过新冠肺炎疫情，就要和时间赛跑，速战速决。公司业务线为副总经理—总监—区域经理—督导—店长五个层级，管理层级太多，路径太长，使得公司对市场、信息的反应非常慢，严重影响工作效率；甚至在督导和店长这两个基层管理中，出现一些严重的管理角色错位。公司各部门之间有时候也出现一些“扯皮”和推诿的现象，这对公司来说，是致命的缺陷。因此，必须想办法精简公司的组织结构，提高工作效率。

员工工作状态也是需要关注的一个问题。在社群营销和线上办公期间，员工的工作状态、行为和业绩差异非常大。有的员工工作积极主动，有非常好的客户服务理念和行为，每天都超额完成工作任务，并且督促各个部门快速发货，保证自己的顾客可以按时收到货。例如，咸阳分店的一位督导，为了确保顾客能按时拿到鞋，甚至每天骑着电动车，自己发货，尽管很辛苦，但她却非常享受这个过程。而有的员工工作态度非常敷衍，总是为自己不能按时按量完成工作找各种借口。新冠肺炎疫情期间，随着业务方式的调整和公司要求的变化，员工面对突发事件的应对能力、客户沟通能力以及主动性都变得非常重要。秦利侠觉得用人导向、员工评价标准都得进行调整。而且，目前公司的员工数量远远超出了公司业绩的发展需求，给公司的人力资源带来了极大的负担，可以趁此时机，对员工进行调整，淘汰掉浑水摸鱼的员工。

当然，这些问题的背后都涉及人员调整，秦利侠有些不忍心，所以有些拿不定主意，于是在 3 月中旬，趁着新冠肺炎疫情稍有控制，她约了几个朋友和管理学院的老师一起沟通，之后下定了决心。

3 疫情持续之中（4—8 月）：变革与调整

3.1 重整一线，轻装上阵

2020 年 4 月，随着新冠肺炎疫情初步得到控制，店铺也恢复营业，秦利侠带领核心骨干进行市场巡查，了解各区域新冠肺炎疫情影响程度，寻找解决方案。经过调查发现，街边店铺的客流量越来越少，大型的商超、购物中心反而得到消费者们的青睐。

于是，从 4 月起，秦利侠开始处理问题店铺，陆续关闭一些位于街区的、月均业绩 5 万元以下的、低单点、由于商圈转移亏损无法再提升的店铺；对于在新冠肺炎疫情之前就连续亏损 6 个月的店铺全部进行关闭撤店处理；对于亏损时间少于 6 个月的店铺，要求店长作出调整，在规定时间内扭转亏空，否则也会将这些店铺关掉；对于因新冠肺炎疫情而受商圈转移影响的店铺，如大学附近的店铺，坚决关掉。截至 5 月底，总计关闭了 75 家店铺。调整之前，街铺数量在总门店数量中占比高达 80%，调整完成后街铺占比降低到了 60%。

在对店铺进行调整的同时，秦利侠对一线的门店成员也进行了一次大范围的调整。调整以优胜劣汰为原则，以某一门店为例，门店一般设立店长、高级店员以及初级店员。店长的等级调整由相应区域的销售经理以其个人、所属门店以及旗下员工的业绩为依据，对不符合要求的店长进行降职和辞退，高级店员和初级店员的岗位调整依据个人3个月的业绩，采取岗位下调和末位淘汰制度。在裁员的同时，那些通过考核的优秀员工就会被提拔为高级店员或委以重任。同时，秦利侠鼓励那些有魄力、有能力、有想法的优秀店长做联营，如果启动资金不够，公司可以先帮他们垫资。这样一来，既为那些有梦想的年轻人提供了机会，也帮秦利侠调整了公司资产结构。经过这一次的调整，公司既筛掉了能力不足的员工，提高了一线员工的整体水平，也为有能力的员工提供了更好的职业发展机会。对于留下的一线员工，秦利侠坚持给他们做定期的培训，使他们能够快速适应新冠肺炎疫情期间公司的各种调整，并且她将一线员工的基本工资普遍调高了40%，以进一步激发大家的工作热情。

关闭经营不善的店铺，不仅节约了成本，而且使公司能够轻装上阵，聚焦于下一步的调整和变革。

3.2 调整组织，蓄势待发

2020年6月，秦利侠开始对公司总部进行大刀阔斧的调整。公司总部原来设六大部门，有销售部、商品部、市场部、财务部、物流部和综合部共计72人。其中，销售部负责各区域店铺的销售指导和管理；商品部负责商品采购、货品管理和铺货；市场部负责新店的开设；物流部负责配货；综合部涵盖工程、IT、企划以及人力资源培训五大职能；财务部负责财务。由于在新冠肺炎疫情期间，所有的培训都是由销售部直接做的，因此就将销售和企划的职能直接划归给销售部。

销售线是公司的核心业务线，也是主要的调整对象。以前公司的销售线采取直线制，包括导购—店长—区域督导—销售经理—销售总监五个层级。有12个督导，1个区域督导负责12~15家店；2个销售经理，1个销售经理负责6个督导，并向销售总监汇报。由于店铺总量减少了1/3多，且联营店所占比重增加，督导的工作量相应减少了，因此合并了督导的管理区域，如将宁夏和陕北片区合并，并设区域经理。能力强的区域经理可以负责30家店，能力弱的负责至少 18 家店。12 个督导精减到 6 个，收入也相应增加了 30% ~50%。同时，取消销售经理这一层级，由销售总监直接管理 6 个区域经理。销售线的层级调整为导购—店长—区域经理—销售总监四个层级。不仅增加了区域经理的管理幅度，也减少了管理层级，结构更为扁平化，沟通过程简化，效率大大提高。

相应地，随着店铺的减少和业务线人员的精减，总部人员也基本上调整了一半，销售部和商品部人员均由 12 人降至 6 人；工程和 IT 人员均由 2 人降至 1 人；市场部和财务部员工均由 4 人减至 2 人；物流部从 16 人减至 10 人。公司总部由 72 人减少至 28 人。在总部人员调整过程中，秦利侠以员工近 2 年的工作表现以及一线员工对他们的综合评价为依据，来思考和判断哪些人值得留下来，哪些人是可培养的。对于有培养前途的员工，优先留在总部；而对于综合评分低的，缺乏工作激情也无培养空间的员工，就降为店长。对于一部分因不满调整执意要离开的高级员工，秦利侠与他们进行一对一的沟通，并主动介绍他们去别的品牌工作。

将组织和人员调整完成后，各部门的工作更加清晰明确，责任到人，新上任的管理者和员工也都跃跃欲试。

3.3 新店开业，再图发展

经过前期的瘦身和调整，从 2020 年 7 月开始，秦利侠开始在各大购物中心开设新门店。考虑到新冠肺炎疫情的影响，秦利侠将养店①的期限从 1 年缩短至 3 个月。这对市场部数据资源、评估经验提出了更高的要求，即在选择商铺具体位置时，必须把预估的准确性提高到 90% 以上。于是对市场部评估人员的绩效考核方式也发生了转变。开店后，公司先发给评估人员 60% 的奖金，直到新店开始盈利时，才会发放剩余的奖金。

对于新开的店铺，根据预估的业绩来配备员工。对于月盈利 8 万元以下的店铺，店内标准人数是 3 人；盈利 8 万 ~10 万元的店铺，店内标准人数是

① 公司新开的店铺，在前期大多是不赚钱的。公司为了占据市场，树立品牌形象，会由总部出钱，先维持 1 年左右，若 1 年后该店铺仍然不盈利，就会关闭该店铺，这一过程称为养店。

3～4人；盈利10万～15万元的店铺，店内标准人数是4人；盈利15万～20万元的店铺，店内标准人数是5人；盈利20万元以上的店铺，店内标准人数是6人及以上，以标准人数为参考来分配相应的店长和店员。店长是之前有经验的员工，店员多为新招募的，员工培训的主要方式为老带新，公司也会根据其任职时长来组织培训。

以沣西吾悦购物中心分店为例，自从开店以来，每月业绩都很稳定，店铺每个月的成本约2万元，而业绩可以达到13万元，证明了向购物中心转移这一决策的正确性。经过这一系列的调整，公司新开的店铺，成功率都高达100%，卓诗尼因此成为市场的标杆。市场形成了这样一种现象，卓诗尼的店铺开到哪里，其他品牌的鞋、服装、珠宝的店铺就会开到哪里，甚至还会有好多人通过一些小道途径打探卓诗尼下一步要将店铺开到哪里，这样自己好提前下手。如果有新的商圈，招商负责人都会先与卓诗尼建立合作，这样，其他品牌的商品也自然而然地进驻该商圈了。

到2020年8月调整结束后，卓诗尼陕西分公司在购物中心新开了10家店，购物中心商铺增设到50家，是之前数量的2倍。街铺和购物中心商铺的比例由之前的8:2变成了6:4。

3.4　加强培训，形成共识

新冠肺炎疫情和公司调整对员工的冲击是非常大的。每个员工的自我调整能力和心理变化，以及他们能否适应公司的改革节奏，是公司接下来关注的重点。

从2020年7月上旬到8月中旬，公司主抓对员工的各种培训，让大家后续有能力全力以赴冲业绩。在每周二的固定例会上，秦利侠会让大家提出本周遇到的各种问题，详细到每一个员工身上。要求各区域经理加强业务培训，针对督导中发现的问题以及未来的业务需求来安排针对性培训；同时还增加了对员工心理的疏导，打消大家对公司的疑虑，多对员工开展正能量的引导，鼓舞士气，保证留下来的员工从业务上和思想上都可以紧跟公司变革的节奏。2020年7月中旬，公司在总部专门组织了一次全体店长培训会。秦利侠讲解了公司的变革意图和进展，描述了公司调整后的发展计划，以及总公司对陕西分公司的各种支持，打消了员工的疑虑，增强了员工对公司未来的信心；此外她给员工们分享了很多自己看到的一些在新冠肺炎疫情中成功生存下来的企业案例，向大家传递正能量。

接下来的 8 月，秦利侠要求大家尽快适应调整后的新框架和新环境，尤其是一些新提拔的店长和区域经理以及新店的店长。对于工作上有顾虑或者有困难的店长，都会单独和他们去沟通，鼓励他们放开手脚去尝试，不要怕失败，失败了大家一起承担责任。

秦利侠最常讲的一句话就是“变就是找‘死’，不变就是等‘死’”，大家都是宁愿找“死”也不愿意等“死”。找“死”或许会“死”，但是也有成功的可能，无论如何都要比等“死”好。在做调整的时候，每一步对公司来讲都是翻天覆地的变化，这意味着把原来的体系打破，建立起另外一个全新的体系，对人、货和整个公司的结构而言都是巨大的挑战。面对这些改变，她努力让自己去适应，同时也积极给员工做心理建设，让大家在疫情中扎实走好每一步。

4　转危为机之时（9—12 月）：恢复与反弹

4.1　准确预测，大胆备货

前半年公司虽然作出了一些调整，但是由于疫情持续时间较长，公司一直处于亏损状态，秦利侠只能把所有的销售任务压在冬季产品上。她从 7 月中旬就着手制订秋冬季的销售计划。首先是秋季的运动产品系列，9 月的开学季是第一个较为重要的销售节点，如果能抓住，便可实现秋季产品的销量突破。第二个重要的销售节点就是国庆节。秦利侠觉得，市场受疫情影响，萧条了半年多，国庆节可能会是一个爆发点，因此要求商品部在货品的采购上大胆一些，订货量可以比 2019 年同期高出 60%，避免由于库存不足而给销售带来阻碍，为秋冬季的销售做足准备，打好 2020 年冬天最重要的一场仗。

在货品配备方面，多数新店铺内新老货品的搭配比例是 7∶3，对于其他一些特殊店铺的货物配比，商品部门会根据店铺所在区域的具体情况做调整。整个货品结构的调整都是按照市场的变化快速进行的，需要根据消费者的喜好、同品类竞品的产品结构、各类产品的销售情况来调整时装鞋、运动鞋、马丁靴和皮靴的占比，这非常考验秦利侠对市场的敏感度，要求她必须对自己的产品、市场消费以及整个潮流趋势了然于心。对于留下的店铺，她将销售计划、货物储存、店员培训都进行了重新核算与调整，为冬季的翻身仗做充足的准备。

在销售过程中，所有的工作都服务于决策效率，每项工作都要求“快”。首先，总部每天都会反复研究当天的销售数据，了解哪些鞋卖得好，哪些鞋销量没有起色，各类鞋的动销率如何，还有每类鞋的尺码是否齐全，哪里需要补货，全部都拿供应链数据说话，避免任何打乱销售节奏的意外情况出现。其次，相较于之前，总部巡店的频率也大大提高。秦利侠自己也会深入一线观察产品适不适合当地的消费群体，了解哪些款式是好卖的，哪些是不好卖的，按照市场反馈快速调整各个店铺的货品结构，时刻把握同类品牌与自己产品的差异，紧跟市场需求。

4.2　国庆大卖，苦尽甘来

经过了前半年对整个公司的组织结构、商品数量和人员职位的调整，以及在销售过程中秦利侠对货品动态的仔细观察与快速应变，公司终于在 10 月迎来了 2020 年业绩的大爆发。销售额高达 1893 万元，同比增长 65%，月利润突破了 400 万元大关，帮公司扭转了 2020 年的亏空局面，使陕西分公司重新回到全国前五的位置，打了一个漂亮的翻身仗。在接下来的 11 月和 12 月，业绩持续增长，同比增长率高达 35%。冬季产品持续热销，销售业绩保持稳定。看着眼前的销售数据，秦利侠内心百感交集。在 12 月中旬，公司就完成了全年的业绩指标，并且营业额稳居全国前五，为大家这一年的努力交上了一份满意的答卷。经过 1 年的调整，业绩终于在年底超过 2019 年同期水平。最重要的是，调整后，各项成本和费用都节约了近一半，这为未来业务的良性发展奠定了基础。

4.3 未雨绸缪，防患于未然

尽管如此，秦利侠仍觉得不能放松警惕。冬季是新冠肺炎疫情的高发期，进入 12 月，全国各地又陆续传来了关于新冠肺炎疫情反复的消息，虽然不是很严重，但却时时刻刻牵动着全国人民的心。为了预防反复出现的新冠肺炎疫情给公司带来不利影响，防患于未然，保住 2020 年的工作成果，秦利侠决定保守一些。她取消了追加的两万双鞋子的订单，降低库存积压带来的风险，并将自己所有的销售计划全部提前了 20 天。

作为卓诗尼陕西分公司的“一把手”，秦利侠的思考并未止步于让公司在新冠肺炎疫情中活下来。回想这一年，既充满了艰辛，又偶有惊喜。她还记得公司组织调整的前一晚，自己彻夜未眠，内心一直犹豫不决。后来还是坚持变，坚持调整。她认为，改革是公司的必经之路，敢于变化、迅速决策的心态是公司在新冠肺炎疫情期间活下来的一大法宝。未雨绸缪也同样重要。尽管她在新冠肺炎疫情之前就已经对公司的发展现状提出了一些质疑，可是苦于没有一个好的契机，因此将改革一拖再拖。突如其来的新冠肺炎疫情给了她一个机会，将之前已有的一些变革想法付诸实践，把很多更大的风险扼杀在了萌芽时期，将公司从危亡的边缘拉了回来。总而言之，坚持变化、未雨绸缪，是这场危机中秦利侠最大的收获，也是卓诗尼陕西分公司巨大的财富。

5 尾声

经过这次新冠肺炎疫情，秦利侠越发觉得要持续构建和提升应对这种突发性危机的能力：未来充满各种变数，不敢有任何松懈，要不断转变思维，致力加强和巩固组织韧性，使组织在日后有能力对抗外部充满变数的环境，持续实现其自我超越。

案例教学说明

AnLiJiaoXueShuoMing

一、教学目的和用途

1. 适用课程

本案例主要适用于“战略管理”以及“组织行为学”中关于“组织能力”和“组织变革”内容的如下环节：组织能力；组织变革；组织韧性。

2. 本案例的教学目的

（1）教学目标之一是使学生理解组织韧性的概念与定义。引导学生从结果维度、过程维度和能力维度三个角度去理解组织韧性。

（2）教学目标之二是使学生理解组织韧性构建的三个阶段：迅速反应阶段、调整与变革阶段以及适应和恢复阶段。熟悉每一个阶段中企业应该从认知和行为两个能力构建上所采取的行动措施。

（3）教学目标之三是使学生理解组织韧性形成和提升的影响因素。

二、启发思考题

启发思考题的设置目的在于帮助学生提前做好案例学习的准备工作。通过完成课前作业中的启发思考题，学生可以有较为充足的时间预习案例的内容及相关素材，在问题的引导下熟悉案例的故事情节，初步了解案例的背景及要点，引导学生主导思考并获取相关的理论与实践知识，以提高课堂学习案例的效率。本案例可以用于启发思考题的内容如下：

（1）如何认识 2020 年新冠肺炎疫情的环境特征？新冠肺炎疫情的发生给卓诗尼陕西分公司带来了怎样的影响？

（2）2020 年 2—3 月，卓诗尼陕西分公司采取了哪些自救措施？这些措施具有哪些特点？对陕西分公司后期组织调整和业务恢复有什么作用？

（3）2020 年 4—8 月，卓诗尼陕西分公司进行了哪些内部调整与变革？这些变革措施的特点是什么？对后期的业务恢复发挥了什么作用？

（4）2020 年 8 月以后，卓诗尼陕西分公司的业务发展呈现出什么特点？在这一阶段，卓诗尼陕西分公司又采取了哪些举措，有什么特征？对企业未来发展有什么作用？

（5）卓诗尼陕西分公司从新冠肺炎疫情发生业务受重创到业务逐步恢复并反弹，体现了卓诗尼陕西分公司的什么能力？这一能力是如何构建的？

三、分析思路

本案例可通过分组讨论和课堂集体讨论，对卓诗尼陕西分公司在新冠肺炎疫情中进行组织调整和业务调整，从而通过构建组织韧性，实现业务恢复和反弹的过程进行阶段性分析，最后对组织韧性的概念、过程和能力进行总结和归纳。具体来看，本案例的分析主要包括五个核心问题，可依次按照如下逻辑进行分析：

问题一：如何认识 2020 年新冠肺炎疫情的环境特征？新冠肺炎疫情的发生给卓诗尼陕西分公司带来了怎样的影响？通过这一问题的分析，使学生了解 VUCA 时代的环境特征与逆境事件的定义以及给企业带来的巨大的负面影响，理解企业构建组织韧性的必要性。

问题二：2020 年 2—3 月，卓诗尼陕西分公司采取了哪些自救措施？这些措施具有哪些特点？对陕西分公司后期组织调整和业务恢复有什么作用？使学生理解在面对突发不确定性事件时，组织应该迅速进入韧性构建的第一阶段：反应和预期阶段。在这一阶段，以资源拼凑和即兴创作为主导的迅速反应是行动重点，要从即兴创作中去学习和思考，为下一阶段的调整奠定基础。

问题三：2020 年 4—8 月，卓诗尼陕西分公司进行了哪些内部调整与变革？这些变革措施的特点是什么？对后期的业务恢复发挥了什么作用？使学生领会企业在对突发性危机有了一定认识之后，便进入韧性构建的第二阶段：调整与变革阶段。在这一阶段，以组织变革为主导的调整是行动的重点，在变革中内部对危机达成一致性的认知，为业务的恢复和反弹奠定基础。

问题四：2020 年 8 月以后，卓诗尼陕西分公司的业务发展呈现出什么特点？在这一阶段，卓诗尼陕西分公司又采取了哪些举措，有什么特征？对企业未来发展有什么作用？使学生认识到经过组织调整和业务调整，且企业内部形成一定的共识之后，便进入韧性构建的第三个阶段：恢复与反弹阶段。这一阶段业务呈现恢复甚至反弹的特征，此时更重要的是对应对危机的反思和学习，从而在企业内部形成应对逆境和突发事件的韧性。

问题五：卓诗尼陕西分公司从新冠肺炎疫情发生，业务受重创到业务逐步恢复并反弹，体现了卓诗尼陕西分公司的什么能力？这一能力是如何构建的？通过分析这一问题，使学生准确理解组织韧性形成和构建的三个阶段，即反应与预期、调整与变革、恢复与反弹。同时，理解组织韧性在结果维度上表现出的业务的恢复和反弹；在过程维度上表现出的动态性；在能力层面表现出的反应能力、适应能力和学习能力。

这一分析思路如图 6.2 所示。

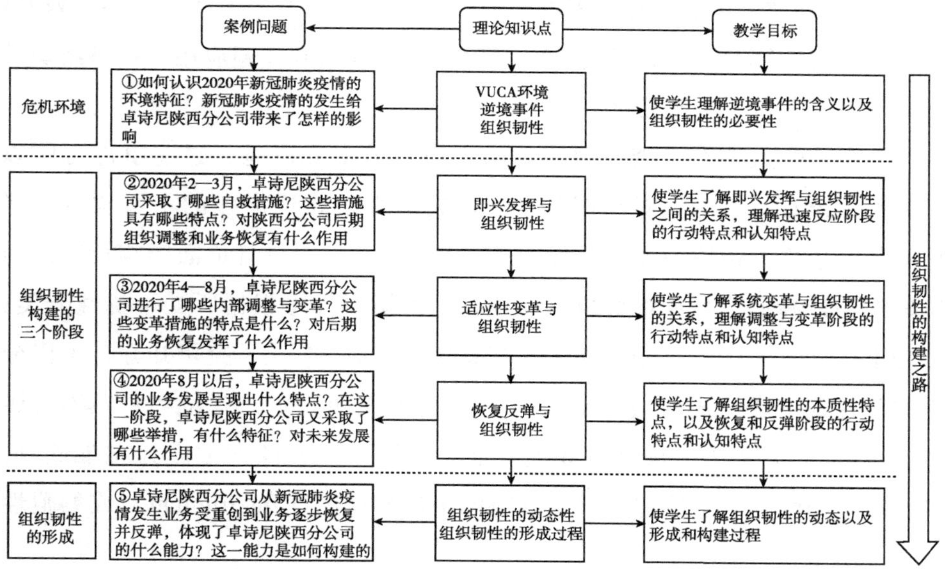

图 6.2　分析思路框架

四、理论依据与分析

（一）问题一：如何认识2020年新冠肺炎疫情的环境特征？新冠肺炎疫情的发生给卓诗尼陕西分公司带来了怎样的影响？

1. 理论依据：VUCA 环境、逆境事件、组织韧性

VUCA 环境，是指外部环境呈现出易变性、不确定性、复杂性和模糊性的特征。目前，全球对未来环境的共识判断是以 VUCA（多变、不确定、复杂、模糊）特征为未来的新常态。其中，V，即 Volatility（易变性），是变化的本质和动力，也是由变化驱使和催化产生的；U，即 Uncertainty（不确定性），指缺少预见性，缺乏对意外的预期和对事情的理解；C，即 Complexity（复杂性），指企业为各种力量、因素和事情所困扰；A，即 Ambiguity（模糊性），指对现实的模糊，是误解的根源，各种条件和因果关系的混杂。VUCA 这个术语源于军事用语，并在 20 世纪 90 年代开始被普遍应用于各种组织的战略环境研究和管理思想中。

组织和个人都不可避免地受到各种事件的多元影响，这些事件可能以多种形式出现，其中，对组织和个人的持续发展构成潜在的不可预测的严重威胁的事件，被称为逆境事件（Adverse Events），具有负面影响特征。逆境事件的最高形式是灾难危机（Crisis）。逆境事件可根据所受干扰性分类：一是干扰严重性，可以分为渐变式与突变式两类；二是干扰可知性，可以分为非意外式与意外式两类（见图 6.3）。显而易见，如果逆境事件具有 VUCA 条件下的突变式、意外式双重特征，此类逆境事件常常成为灾难危机，出现对组织生存与发展造成严重威胁的中断性冲击（Interruption）或颠覆性冲击（Disruption）。

在高度动荡和不确定的时代，组织经常会遇到意外事件，如自然灾害、恐怖袭击或流行性疾病，为了能够在不确定的环境中生存，组织迫切需要提升韧性，以有效应对危机并迅速恢复反弹，甚至以此为杠杆撬动未来发展。

组织韧性，是指在逆境事件（包括灾难危机，尤其是出乎预料的重大灾

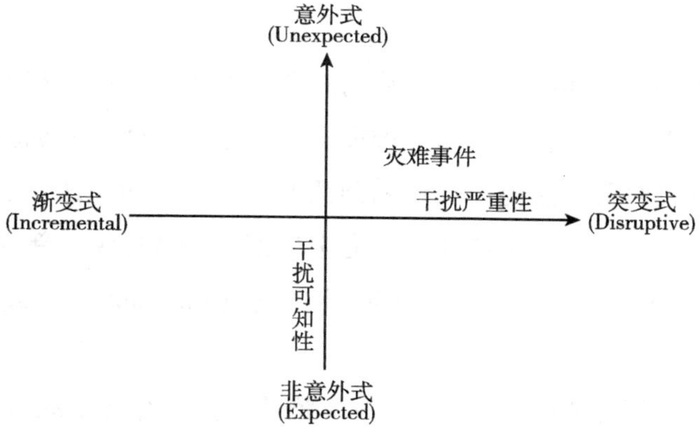

图 6.3　逆境事件分类

难危机，即“黑天鹅”事件）的冲击下能够恢复和反弹，并在反思改进过程中逆势成长的能力。组织韧性主要表现为两种能力类型：一是承受挑战打击，组织反弹恢复原有状态或功能的能力；二是超越承受打击，不但反弹恢复原有状态或功能，而且反思改进原有状态或功能，使组织变得更加坚强的能力，即越挫越勇的“反脆弱”或“逆脆弱”能力，即逆势成长能力。

组织韧性的探讨主要集中于三个方面：防御性反应、成长性反应以及预期性反应。在防御性方面，组织韧性关注的焦点是抵御不利事件冲击和/或在干扰后恢复正常状态的能力，更为关注危机发生后的应对策略以及如何恢复到正常水平。在成长性方面，组织韧性不仅仅强调组织功能的维持和恢复，还着眼于通过积极和有目的的调整，使组织在应对不利事件过程中完成能力的进化。在预期性方面，Somers（2009）将预期（Anticipation）的概念纳入韧性的框架中，认为组织韧性不仅仅涉及生存的能力，还涉及识别潜在风险并采取积极措施应对的能力，组织必须意识到危机的早期信号，才能快速做出反应，从而避免危机升级。此外，一些研究也指出组织韧性应该涉及多重属性的复合，不同的属性（防御性、成长性或预期性）都是构成组织韧性的重要部分，只有结合起来才能使组织有效应对不利事件的冲击。

2. 问题分析

2020年初以来发生的新冠肺炎疫情对所有的国家、组织和个人来说，显然是一个逆境事件，而且是一场灾难危机。一方面，这一危机所造成的干扰是意外的，是人们所无法提前预料和预测的；另一方面，这一危机所造成的干扰是突发的，使正常的生产和生活完全停摆。也就是说，新冠肺炎疫情对国家、组织和个人来说，是一种中断性冲击（Interruption）或颠覆性冲击（Disruption）。

就卓诗尼陕西分公司而言，新冠肺炎疫情对其生存与发展造成严重威胁。首先，疫情初期对其正常经营造成了中断性冲击，企业遭遇生死存亡的危机。所有的店面被迫关门，没有正常的销售收入；所有准备的货品堆积在库房，占用了大量资金；而且需要承受巨额的人员工资和店面租赁成本。其次，疫情常态化后中断性冲击依然存在，企业的正常经营难以为继。随着疫情常态化，市场反应持续疲软，企业正常经营收入依然难以弥补巨额亏损。因此，对新冠肺炎疫情下的卓诗尼陕西分公司而言，其面临生死存亡的抉择，要面对如何生存的策略和选择问题。要在这种严峻的中断性的挑战中生存下来并推动未来的成功，卓诗尼陕西分公司必须要着手构建自己有效应对意外打击的特殊能力，以对突发事件做出迅速反应，并充分利用这一威胁组织生存的突发事件进行自身系统调整和反思改进，从而才有可能在危机中生存下来，甚至有能力比以前“活”得更好，也就是说，卓诗尼只有通过组织韧性能力的构建，才有可能走出这场灾难危机。

（二）问题二：2020年2—3月，卓诗尼陕西分公司采取了哪些自救措施？这些措施具有哪些特点？对陕西分公司后期组织调整和业务恢复有什么作用？

1. 理论依据：即兴发挥与组织韧性；迅速反应阶段

危机发生初期，组织必须迅速对危机做出响应。这种响应是以即兴发挥为导向的。最早的韧性研究起源于Weick（1993）对曼恩峡谷火灾的研究。Weick（1993）认为组织韧性源于基于资源拼凑的即兴创作和创造性解决问题。即兴创作允许将组织中各种资源能力重新组合。如果一种方法在危机情况下失败了，就可以立即开发一种新的方法，有助于避免意外事件带来的可怕后果，可以使组织变得不那么脆弱。在逆境到来之后，企业决策者要应用自己的决策智慧和专业能力进行临机处置和即兴发挥。

基于资源拼凑的即兴发挥，在行动上表现为资源的重新配置。资源的重新配置，就是通过创造性地配置可触达的资源模块，挖掘资源的新用途并激发不同模块间的协同效应，为组织适应危机变化提供支持。有三种基本思路：规避与隔离，抵制与反击，化解与吸收。

第一，规避与隔离，是避免与逆境直接接触的战略性选择，旨在与逆境事件本身绝缘。此类应对措施既取决于企业事前的战略定位，也取决于它在逆境中可以瞬时调整的可能性和灵活性。这样，企业可以及时地剥离与即将受到冲击的业务相关的资产，转入相对安全的业务领域或者地理区域，或者有选择地迅速与某些“选手”形成战略联盟，避开某种特定的威胁。

第二，抵制与反击，企业依靠自身的实力和运作技巧去抗拒和抵御来自外部的威胁和打击。这也是相对主动的一种应对措施，希望拒敌于门外，从而保证自己的核心活动不受逆境的影响。但是否有效很大程度上取决于企业的事前准备及其在商界以及社区等关系网络中的地位、名声和资源。

第三，化解与吸收，尽量地减弱逆境事件带来的威胁和伤害，将其分化瓦解，并且在不得已的情况下尽量消化吸收，争取把危害减小到最低限度。这是相对被动而又无奈的应对措施。

在认知层面，首先，要保持一定的思考定力，要客观冷静。越是逆境时刻，越要尊崇常识，而不能用恐惧绑架和替代理性。要客观地把握事情的本质，而不只是拘泥于自己从情感上期冀的某种假设与臆想。其次，善于学习，发现新的元素和环节。最主要的是新的逆境类型和威胁方式，以及新的应对思路和措施组合，而不只是检验原先的经验和秘诀。最后，通过内外部扫描，形成对危机的重视和审慎。

2. 问题分析

面对新冠肺炎疫情，卓诗尼陕西分公司并未坐以待毙、被动等待，而是主动利用内外部资源，重新配置各类资源和开发各类资源，最大化地减小或缓解危机带来的冲击和损失。具体包括行动和认知两个层面：

行动层面上采取了四个措施：一是积极利用网络资源，进行线上销售，实施全员自救；二是积极研究客户资料，盘活客户资源，拓展网上客源；三是积极寻求战略伙伴，探寻新的合作模式和商业模式；四是出租冗余的空间资源，包括办公室和库房，减少资源占用。前三种措施的应用不仅可以让卓诗尼陕西分公司用区别于线下实体店的经营模式，规避新冠肺炎疫情对实体销售的打击，还可以使其运用自己现有的客户资源、人力资源以及网络资源，采取线上销售的模式去抗击和抵御危机的影响，同时采取第四种措施有助于消化吸收部分既定损失，把损失降到最低。

认知层面上体现出来三种心态：一是冷静理性，主动接受新冠肺炎疫情这一现实。这是卓诗尼陕西分公司能够迅速反应和行动起来的心理基础。二是及时学习，积极发现内外部环境可用的资源和要素。通过主动学习，提高了对线上销售的这一销售模式的认识和利用能力，也有效激活了内部原有的各种资源，使得各种迅速反应行动得以实施和落地。三是主动反思，通过对各种应对措施的反思以及对在疫情中内部暴露出来的问题的深刻反思，逐步形成了对疫情常态化以及企业能力“短板”的认知，为下一步系统性调整提供了认知和思想上的准备。

在新冠肺炎疫情初期，公司上述措施体现出以下几个特点：第一，反应极为迅速。快速行动而不是观望，主动响应而不是等待。第二，即兴发挥。所有的行动都不是规划好的，而是在形势逼迫下根据内外部资源情况，临时对各种内外部资源进行重新组合和配置而采取的行动。第三，是基于生存而非发展所采取的行动，避免了损失最大化。

这一阶段称为反应与准备阶段。以即兴发挥为主的行动缓解了新冠肺炎疫情的负面影响，为系统性应对提供了资源空间；以及时学习和反思为主的认知为系统性应对提供了心理准备。

（三）问题三：2020 年 4—8 月，卓诗尼陕西分公司进行了哪些内部调整与变革？这些变革措施的特点是什么？对后期的业务恢复发挥了什么作用？

1. 理论依据：适应性变革与组织韧性

随着危机持续，组织对危机性质和内外部环境的理解和判断明晰化，组织开始进行调整和变革。这一时期的调整变革，以适应性重构为导向，即尝试从危机中寻求新方式和新手段，通过不断调整业务、结构与制度安排来适应危机的变化，缓冲不利事件给组织带来的负面影响，同时为组织的长期发展奠定良好的基础。适应性变革是一种基于组织长期成长和发展的有规划、有目的的系统性调整。要适应突发事件，组织需要能够同时相信和质疑他们过去的经验（Weick，1969）。“组织要知道他现在所面对的是什么，他必须努力调整自己，使自己适应现在这个只有一次的情况，并且在这样做的过程中运用已经学到的经验教训。”（Ryle，1979）

适应性变革在行动层面表现为三种途径：一是业务重构，对组织原来的业务模式进行调整，使其能够适应危机发生后的市场变化；二是组织重构，即通过对组织原有的僵化的内部分工和权责关系进行调整和重构，使组织表现出灵活适应危机的新的活力和状态；三是制度重构，制度的适时调整是指通过改善旧制度与建立新制度间的迭代循环，建立动态、灵活的制度秩序，突破刚性的制度束缚，为组织应对危机变化提供保障。

适应性变革将导致新的规范、价值观和实践的形成，意味着文化再调整。因此，从认知层面，一是建立领导和员工彼此的尊重与互动，这对接受新的价值观是必需的前提和基础；二是建立对未来的共同的认知和信念，为适应性重构方案的实施和落地提供认知基础。

2. 问题分析

随着对新冠肺炎疫情常态化以及对企业内部问题的深刻反思，公司认识到企业所面对的问题绝不仅仅是新冠肺炎疫情的冲击，而是疫情作为一个导火索，让企业内部存在的人员问题、结构问题以及业务模式等深层次问题得以表现出来。只有针对这些问题进行系统性的调整，才能让企业真正具备抗打击能力，走出疫情之困。具体包括行动和认知两个层面：

行动层面，公司主要做了三个方面的变革和调整：业务调整、组织变革以及制度重构。一是通过关老店、开新店、直营变联营三个举措实现业务调整以及相关人员的调整。一方面，通过店铺的结构化调整使卓诗尼资产轻量化，资产占用减少，经营风险降低，市场匹配度增高，市场能力增强；另一方面，经营方式的结构化调整，强化了公司与联营合作者的联结纽带，激发了经营积极性，强化了市场抗风险能力。二是通过合并部门、压缩管理层级实现了组织扁平化变革以及相应人员的调整。组织的扁平化变革强化了内部上下沟通和协调，减少了部门间的扯皮和推诿现象，其意义不仅在于减少了成本，更重要的在于在组织内部塑造了良好的沟通和合作文化，提高了对市场的灵敏度以及对市场的反应能力。三是随着人员调整，相应调整了考核、薪酬等制度规则，实现了制度重构。制度重构激发了人员活力，保障了新的业务模式和组织结构的推行和实施。

在认知层面上聚焦于共识形成：一是信任与合作。通过沟通和协调，加强了领导与员工、员工与员工之间的合作和信任，对于变革方案的落地发挥了基础作用。二是信念和信心。通过培训，建立组织的危机意识，也强化了对于调整后未来的信念和信心。

上述措施体现出以下几个特点：第一，是一种适应性变革和调整行动。是基于环境变化及组织情景互动和平衡所产生的变革和调整。第二，是一种系统规划的有意识的变革和调整。是在分析内外部环境基础上，有相应资源准备、有明确目的和计划、有具体实施路径和方法的变革过程，是应对危机的系统性方案。第三，边干边学。变革与调整措施的推行，是在行动的过程中通过学习—实践—再反思—再实践的过程逐步形成的。第四，是基于长期发展所采取的行动。是当前承担成本但是寄希望于未来收益最大化的行动。

这一阶段称为变革与调整阶段。以系统变革为主的行动策略为业务恢复和反弹提供了组织能力储备；以形成共识为主的认知策略为业务恢复和反弹提供了价值驱动。

（四）问题四：2020 年 8 月以后，卓诗尼陕西分公司的业务发展呈现出什么特点？在这一阶段，卓诗尼陕西分公司采取了哪些举措？有什么特征？对企业未来发展有什么作用？

1. 理论依据：恢复与反弹和组织韧性

恢复与反弹，是组织韧性的最为直观和最为核心的表现。经过相对被动的化解和吸收，主动的学习和应对，企业迅速恢复实力，甚至超越以前，实现反弹，从而补齐“短板”，更新反应措施，重新构建能力，提升应对未来逆境事件的总体能力。实现恢复与反弹的措施体现在行动和认知两个方面：

从组织行动来看，主动盘活关键资产，激活发展机会，为组织逆势成长注入动力，实现危向机的转化。盘活关键资产，第一，要准确识别。关键资产，是指与企业生死存亡息息相关的资产，是“万事俱备，只欠东风”的“东风”，既可以是客户端，也可以是供应商端。在不同环境下不同时期，企业的关键资产是不同的。第二，建立与关键资产的有效链接，使关键资产在最需要的时机关口能够发挥最大价值。第三，防范关键资产带来的潜在风险。

从组织认知来看，既要反馈，又要前瞻；既要固化，又要更新；既要总结，又要推广。首先，要善于捕捉新的经验和被证明较为有效的新鲜应对方法，而不仅仅是诉诸自己熟悉和擅长的领域。其次，要珍惜和强化自身优势，认清哪些核心能力是组织韧性的可靠基础和主打项目，并对其进行保护和增强。最后，采取前瞻性的视角，树立忧患意识，把应对逆境看成一个连续不断的常态，而并非毕其功于一役的阶段性应对。

2. 问题分析

公司在这一时期业绩大幅增长，与往年同一时期相比，在开店总量和用工总量都下降的前提下实现了业绩的突破和增长，因此，对公司来说，转危为机，实现了恢复和反弹，这也是具有韧性的组织在危机中的典型特征。这一阶段，公司采取的措施表现在以下两个方面：

行动方面，主要是激活关键资产，撬动业务恢复与反弹的机会。经过前一轮的变革和调整，公司从业务、人员、组织等各方面都已经为危机的应对提供了各种资源和能力的基础。对于零售业来讲，新冠肺炎疫情以来持续低迷的市场消费有可能在国庆节以后迎来增长，要赶上这一市场机会必须是有足够多的且适销对路的库存。库存是影响零售业发展的关键资产，既可能带来机会，也可能带来风险。公司正是通过对这一关键资产的精确预测、储备和盘活，才赶上并很好地利用了9月以后市场变化的机会，实现了业务的恢复和反弹。

认知方面，主要是固化和改进，形成忧患意识，未雨绸缪，防患于未然。卓诗尼在内部通过对疫情应对过程进行讨论和反思，不仅将上一阶段的调整措施进一步固化，也将应对疫情中的经验、心态和能力加以固化；尤其是面对未来所具有的变革意识、忧患意识、精确预测能力，都为未来的危机处理和应对做足了准备、提供了基础。

上述措施体现出以下几个特点：第一，行动的目标是实现业绩的恢复与反弹，即将前期的心理准备、组织准备和资源准备利用时机转化为业绩恢复和反弹，实现从能力储备向业绩转化是重点。第二，盘活关键资产，撬动业绩转化时机，是行动的关键。能力向业绩的转化，需要抓住并盘活与业绩最直接相关的核心要素。第三，反思、固化和改进。通过危机过程中的经验、教训反思，面向未来，不断固化，持续改进。第四，是基于未来发展所采取的行动，是当前承担成本但是寄希望于未来收益最大化的行动。

这一阶段称为恢复与反弹阶段。以盘活关键资产为主的行动策略激活了业务恢复和反弹的机会；以固化和改进为主的认知策略为未来的持续发展奠定韧性基础。

（五）问题五：卓诗尼陕西分公司从新冠肺炎疫情发生业务受重创到业务逐步恢复并反弹，体现了卓诗尼陕西分公司的什么能力？这一能力是如何构建的？

1. 理论依据：组织韧性的动态性；组织韧性的形成过程

组织韧性的形成过程视角是基于韧性的动态性，关注从韧性资源（输入）和韧性结果（输出）之间组织韧性形成的过程和机制。不同学者提出了不同的过程框架。有人认为组织适应与韧性的过程导向框架包括五个阶段：预期适应—暴露—恢复重建—组织韧性的后影响—未来适应。也有人认为韧性过程一般包括三个阶段：威胁察觉和反应激活—响应—组织学习。其中，威胁察觉和反应激活是韧性过程中的关键阶段。也有人提出一个由建立情景感知、管理关键漏洞和增强适应能力三个要素组成的韧性管理过程。Duchek（2020）则从预期、应对和适应三个阶段分析韧性过程。单宇、许辉等（2021）认为组织韧性需要经历危机变化的主动响应、危机破坏效应的修复以及危机中反弹的实现三个阶段，是激活、适应性重构和转化三个要素构成的动态循环。

2. 问题分析

从卓诗尼开始面对新冠肺炎疫情危机的挑战到业务的恢复与反弹，可以再一次回顾组织韧性的概念以及特点。组织韧性，是指在逆境事件的冲击下能够恢复和反弹，并在反思改进过程中逆势成长的能力。组织韧性不仅仅是承受挑战打击，反弹恢复至原有状态或功能的能力，更是超越承受打击，不但反弹恢复，而且反思改进原有状态或功能，使组织变得更加坚强、逆势成长的能力。

卓诗尼组织韧性的构建主要表现为三个阶段：反应与准备阶段—变革与调整阶段—恢复与反弹阶段。每个阶段的反应策略都体现在相互作用和反馈的行动链条和认知链条两个层面。

危机发生之初，反应与准备阶段。这一阶段的行动方案是快速响应，突破常规，即兴发挥，是基于短期生存的防御性反应。认知方面，关注及时学习、内部审视并强化心理准备。

危机持续之中，变革与调整阶段。这一阶段的行动方案是系统推进适应性变革，根据危机的特点、环境的变化以及内部存在的问题，有目的有规划地推行变革和调整方案，是基于长期发展的成长性反应。认知方面，关注内部合作和信任、对未来的共识和信心。

转危为机之时，恢复与反弹阶段。这一阶段的行动方案是动态盘活核心和关键资产，撬动组织在逆境中恢复与反弹的机会。认知方面，通过反思和沉淀，关注新经验的固化，强化组织韧性意识，为未来发展奠定良好的心理和能力基础，是一种基于未来的长期性反应。

这三个阶段步步推进，相互循环，从而形成一个面对突发性危机的韧性构建和提升的动态闭环。反应与准备为下一阶段的变革与调整奠定了心理准备以及资源空间基础；变革与调整为恢复与反弹阶段奠定了发展共识和组织能力储备基础；恢复与反弹为未来危机的发生奠定了戒备的意识和预警的能力基础。

组织韧性的形成阶段见图 6.4。

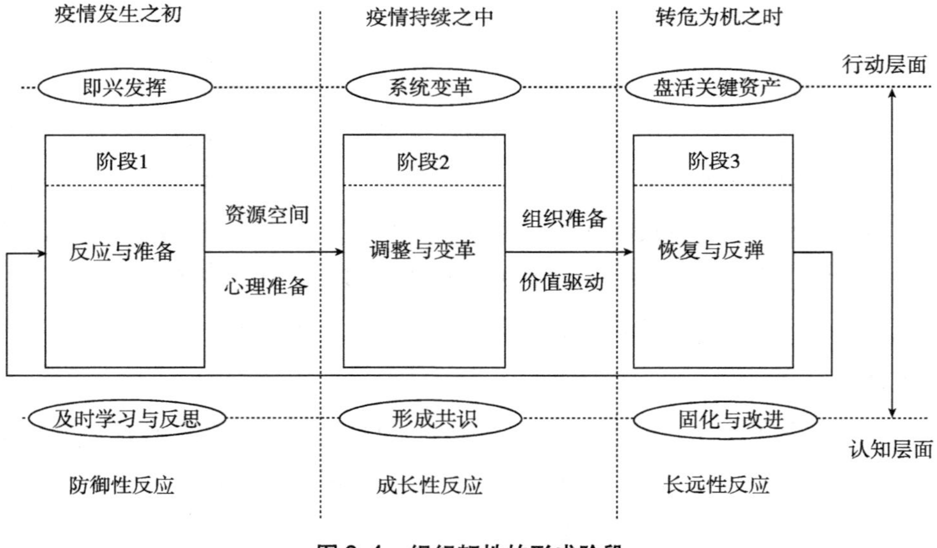

图 6.4　组织韧性的形成阶段

五、背景信息

（1）卓诗尼陕西分公司在 2020 年 12 月进驻了西安赛格国际购物中心这一西安标志性购物广场，进一步提高了品牌的知名度。

（2）2021 年第一季度公司业绩稳步增长，同比增长 35%。

六、关键要点

（1）在案例分析中，关键是理解 VUCA 成为常态的环境背景下，突发性危机事件发生的频率大大增加，企业有构建组织韧性的必要性。组织韧性，是对抗突发性事件、灾难危机、不确定事件的重要方法和途径。

（2）在案例分析中，要深入分析组织韧性构建的过程，准确把握每一个阶段构建组织韧性的策略和方法，理解行动和认知的相互作用和支撑，从而深入理解组织韧性的动态性。

（3）通过案例分析，需要准确把握组织韧性的概念和特点，组织韧性是面对打击时，不仅具备恢复至原状的能力，而且具备反弹至更高水平的能力。

七、建议课堂计划

课堂时间拟安排为60分钟。

1. 课前准备

提前一周发放案例和启发思考问题，学生据此熟悉案例内容并进行初步思考。

2. 课中计划

（1）教师开场白：5分钟。带领学生回顾案例，明确主题。

（2）集体互动与讨论：35分钟。由教师按照案例分析思路，对问题1～5，以提问的方式，在逐步引导学生回答问题的过程中，完成案例分析和相关知识点引入。

（3）以提问的方式要求学生举出自己熟悉的企业在疫情危机中的做法的例子。10分钟。

（4）教师联系问题5与学生提出的其他企业的实践案例，进行总结与延伸。5分钟。

（5）问答与机动：5分钟。回答学生的其他问题。

八、参考文献

[1]单宇,许晖,周连喜,等. 数智赋能:危机情境下组织韧性如何形成?——基于林清轩转危为机的探索性案例研究[J]. 管理世界,2021,37(3):84-104.

[2]马浩. 组织韧性的机制与过程[J]. 清华管理评论,2020(6):84-89.

[3]李平. VUCA条件下的组织韧性:分析框架与实践启示[J]. 清华管理评论,2020(6):72-83.

[4]Stephanie Duchek. Organizational resilience: a capability-based conceptualization[J]. Business Research,2020,13(1).

第7篇 神木电化老员工劳动关系处理之困局[①]

张红芳 马 娇 王佳蕾 武 悦 陈彦妆

案例正文
AnLiZhengWen

摘 要 本案例描述了陕西煤业化工集团神木电化发展有限公司（以下简称“神木电化”）在企业发展持续向好的关键时期，遇到的34名基层员工集体请愿提前退休的劳动关系处理决策问题。为了优化公司干部队伍，助力公司稳定发展，公司选择让11名中层管理人员提前离岗，但是这一仅从公司效率出发的劳动决策也为公司后续劳动关系管理埋下隐患。因而为解决劳动关系中的冲突问题，公司需在出台统一内退政策与召回11名中层员工这两个方案中选择一项合理合法合情的方案来缓解员工与企业矛盾。通过对本案例的讨论与学习，可以让学生理解公司在作出劳动关系决策时不仅应从效率机制出发，还要考虑其是否满足合法机制的要求以及是否考虑了其他利益相关者的诉求。

关键词 劳动关系；效率机制；合法机制；公平理论

① 由于企业保密的要求，笔者在本案例中对有关名称、数据等做了必要的掩饰性处理；本案例只供课堂讨论之用，并无意暗示或说明某种管理行为是否有效。

引言

2021年3月底的一天，一份由34名生产一线员工签名的要求提前退休的请愿书放在了神木电化董事长辛文辉的桌头。申请书上这样写：

“我们都是20世纪90年代中期进入这个企业的，常年在生产一线倒班工作，任劳任怨。即便在公司最困难的时期，也没有因待遇问题提出过任何要求。但是，公司却先后同意让11位中层干部提前退休离开企业，而且给了很高的待遇，甚至比我们辛辛苦苦上班挣得还多。何况他们还在外面找了新工作，拿了高薪。我们也要求提前退休。希望公司同意。”

辛文辉将这份请愿书细看了几遍，感到说不出的委屈和愤怒。

1　扭亏为盈：员工为何执意内退

2018年6月，45岁的辛文辉接到上级公司党委通知，到下属的神木电化公司担任党委书记、董事长兼总经理。多职一肩挑，看似荣耀，辛文辉却忧心忡忡。

神木电化是一家混合所有制企业，源于20世纪90年代中期的神木发电公司。在神木县国有资本退出改革中，神木发电公司逐步转变为民营企业，并于2009年与陕西省属大型国企陕西煤业化工集团（以下简称“陕煤”）合作，共同投资成立神木电化公司。其中，陕煤占股59.17%，民营占股40.83%。项目总投资22.33亿元，形成了“发电—化工—供热”一体化发展的资源综合利用产业链，于2013年底全部建成投运。但是自建成投运以来，公司一直处于亏损状态，生产成本居高不下，法律诉讼持续不断，内外唱衰之声一片……安全问题更像一柄利剑，高悬头顶。辛文辉一上任，就走访生产一线，跟踪生产过程。通过优化原料配比、工艺管控、整合维修等，生产局面迅速改观，平均日产量稳步提升，装置产能得到了有效释放，生产成本持续下降。通过开展全面对标管理，推进精益班组建设，创新安全管理制度，引进6S/CTPM精益管理项目，工作效率和管理水平得到全方位提升。

经过公司上下的努力，2019年底公司减亏4791万元；进入2020年，尽管受新冠肺炎疫情影响，公司依然提前35天完成生产任务，实现利润5000多万元，是公司自建成投产以来实现盈利的第一年，基层员工收入也大幅提升，达到人均9万元。2021年第一季度实现盈利1亿元。公司正在谋划的“塞上云谷”大数据启动送电项目，也将进一步拓展公司的生存空间。就在公司一片欣欣向荣的情况下，却有34位老员工以联名请愿的方式要求提前离岗，辛文辉觉得非常不解。

2　埋下隐患：11位干部的提前退休

有一件事辛文辉记忆犹新。在上级领导班子宣布辛文辉就任的第一天，3位已被前任董事长免去职务的中层干部堵住了会议室，他们希望上级领导给一个说法。上任后，这3位免职干部几乎天天堵在辛文辉办公室门口。辛文辉了解了相关情况，他们分别曾任电厂厂长、生产技术部部长和企业管理部部长，年龄都在45岁左右。被免职的原因是工作责任心不强，业绩差。辛文辉把这件事提交公司内部党委会讨论，大家一致认为，他们天天在公司闹，影响极其恶劣，给予一定的待遇，让其提前退休，可能是一个比较好的解决方案。公司在2017年出台过干部提前退休的办法，给予的待遇是基本工资和85%的绩效工资，年龄条件是男性55岁，女性50岁。而这3位免职干部，年龄都在45岁左右，距离规定年龄还有10年左右。尽管如此，考虑到公司稳定发展，也考虑到公司干部队伍优化，辛文辉也就支持了这一方案。经过人力资源部与免职干部的反复沟通和谈判，最后双方达成一致：基本工资按在岗同职级人员标准执行，绩效工资按照在岗同职级标准的85%发放，正常缴纳社保；取消各类奖金。根据这一协议和政策，3位免职的干部还有一些已达到55岁的干部，就以自愿提前离岗的形式签订协议，离开公司。公司暂时得以平静。

到了2020年，随着公司形势逐渐好转，干部年轻化调整成为辛文辉和他所带领的班子重点考虑的事情。电化公司11个部门，2个分厂，600多名员工，中层干部就有30多位，年龄都在45岁以上，且严重超编。由于公司常年亏损，管理不规范，中层干部养成了论资排辈、遇事推诿的管理风气。从

2020年底，公司开始精简管理岗位，公司对基层各单位专设的支部书记（包括副书记）岗位进行了合并调整，由单位“一把手”兼任，同时撤销了一些副部长岗位，并通过公开竞聘为各部门选拔业务骨干和管理干部。通过一系列调整措施，干部队伍逐步年轻化，推诿扯皮、得过且过的风气大大改善，大家干劲十足。

管理岗位精简后，对富余的8名中层干部的处理就成为公司重点考虑的事情。这8名中层干部年龄都在45岁左右，都曾任部门副职或者支部书记，是建厂初期进入的，学历相对较低，工作积极性和能力都很难适应企业现代化发展的要求。通过沟通协调，公司党委会决定，对这8名干部的处理方式与之前3位干部大致相同，从2021年起办理提前职务退出，并给予基本工资和80%的绩效工资待遇。尽管有部分民营股东对这一决定持有异议，但最终依然按此规定执行。人力资源部对这8名干部的提前离岗进行了较为详尽的数据分析：由于这些岗位不再配备人员，且公司收入的50%左右是体现在年终的创收奖励上，因此，这8名离职干部与在岗时期相比，收入平均减少了一半，为公司节约成本80多万元。

辛文辉觉得，这些中层干部的退出，逐步改善了公司的风气和氛围，不仅解决了公司管理干部队伍的冗员问题，更重要的是以一种平稳的方式减小了公司改革发展的阻力，培养了内部积极向上的风气和氛围。但是，始料未及的是，这样一次看来似乎对各方面都有利的干部调整，却在一线工人队伍中引起了“大地震”。

3　表达不满：员工见面会

8名干部离岗后，与他们同时进厂的部分基层工人就开始相互联络，以各种途径向公司表达他们的不满，并提交了联名请愿书。有一名行为比较激进的锅炉检修工，每天待在辛文辉办公室不走。为此，4月9日上午，公司人力资源部组织老员工见面会，希望大家畅所欲言，提出自己的诉求。

部分员工表达了由于年龄和身体的原因，工作力不从心。一位47岁的员工说：“我在一线运行岗位工作了26年，年龄大了，体力不支，特别想换个轻松一点的岗位，但一直未能实现。我就想，既然已经有8个人内退的先例了，为什么我不能比照他们，也离职内退？希望公司制定统一政策，解决我们的问题。”

也有员工觉得发展无望。一位班长说：“我46岁，是检修班班长，工作26年，没有上升的通道，等着没啥意思，还不如早点回家，希望离职后比照那8个人的待遇。”另一位年龄45岁的员工说：“我工龄24年，一直在一线。现在年轻人都在机关工作，年龄大的都在一线，年龄和文凭的限制太大了，没有任何提升空间。我申请退休，希望能够比照那8个人的待遇。”有一位年龄40岁出头的员工说：“我工龄20多年，一直自己花钱培训考各种技能证书，公司开始说认证书，后来又说不认，再后来我的证书也丢了。现在还算年轻，公司不用咱，提前离岗出去还有机会。”

还有一些在化验、保管等二线生产单位工作的员工认为待遇太低，“工龄20多年，每个月基本工资才2000多元，连自己也养不活，离岗的8个员工拿的工资比上班的还要高”。

也有员工和公司算了一笔账：“那8个回去的中层有两个是1977年的，才44岁，到他们正式退休，公司还要养活他们16年。我们在运行岗上工作了这么多年，为什么不能同样对待我们？”

……

4　何去何从：党委会该如何决定？

员工给公司施加的压力越来越大，甚至扬言如果公司不能积极解决，会有更激进的做法。人力资源部提出，目前问题焦点在于公司缺乏相应的提前离岗内退制度，有了相应的制度，所有人一律执行，不因人而异，就能解决这批老职工提前离岗的要求。但是按照国家关于特殊工种距法定退休年龄5年以内或工龄满30年以上便可提前退休的政策，有11位员工年龄不符合提前退休条件。同时也要考虑到，34名员工提前离岗，是个群体性问题，会带来更大的公司成本及复杂的连锁反应。

根据人力资源部的分析，公司党委开了几次会，但一直不能对解决方案达成一致。有一部分领导认为，目前关键在于安抚人心，满足工人离岗诉求，在国家政策的基础上放宽提前离岗条件，按照公司已经出台的干部离岗待遇，平等对待，给予工人基本工资，同时按工龄划了三档标准，分别给予60%、65%和70%的绩效工资。但是也有人质疑，如果出台这样的内退政策，不仅会给企业运行带来巨大的成本，怕是股东也难以同意。而且在未来用工越来越难的情况下，如果员工一到年龄，就提出内退，会造成企业用工荒的局面。

也有领导提出，“造成员工请愿闹事的根本原因，是对11名中层干部提前离岗的处理既不合法也不合情。本来我们的初衷是将这些不合格的管理者或者公司发展后不需要的管理者从管理岗位上免职，但却用提前内退的办法来解决退职问题，从而造成了公司内部极大的不公平。所以，党委应该纠正这个错误，让那11名提前离岗的人回公司上班。否则就停发工资，解除劳动关系”。这个办法有人表示赞同，但是党委会已经形成的决议，是否可以更改？是否会在公司内部造成朝令夕改的负面影响，引发新的矛盾？

会议室里一片争执之声：是出台统一的员工提前退休政策，还是撤回11名中层提前离岗的决定？辛文辉董事长听了大家的意见，陷入深深的思索之中。

案例教学说明
AnLiJiaoXueShuoMing

一、教学目的和用途

1. 适用课程

人力资源管理。

2. 适用对象

本案例为有关劳动关系的决策案例，适合具有一定工作经验的学员和管理者学习。本案例教学对象为具有一定战略管理以及人力资源管理知识的同学，实践经验较少的学生应加强课前对相关基础资料和管理理论知识的准备。

3. 教学目的

（1）通过对神木电化案例进行分析，使学生理解劳动关系管理的内涵及意义，以及劳动关系处理时应该考虑的合法性机制和效率机制。

（2）使学生理解公平理论的概念，认识到劳动关系决策对员工与公司关系的影响，理解劳动关系有效处理对保障员工的合法权益、保证组织的和谐稳定发展的积极作用。

（3）通过案例的分析使学生理解关于劳动关系的决策既存在共性又具有差异性，不同的企业要结合不同情境考虑效率机制与合法性机制这两种不同机制的平衡问题，并且要学会在后续实践中遇到其他决策问题时可以融会贯通，灵活应用。

二、启发思考题

启发思考题的设置目的在于帮助学生提前做好案例学习的准备工作。通过完成课前作业中的启发思考题，学生可以有较为充足的时间预习案例的内容及相关素材，在问题的引导下熟悉案例的故事情节，初步了解案例的背景及要点，引导学生主动思考并获取相关的理论与实践知识，以提高课堂学习案例的效率。本案例的启发思考题如下：

（1）神木电化作出让 11 名中层员工提前内退这一劳动关系决策的驱动因素是什么？这一决策是否存在问题？为什么？

（2）请你思考一下，为什么 34 名老员工会提交要求提前内退的联名请愿书？

（3）如果你是神木电化的领导，面对这一劳动关系问题，在出台员工内退政策和让已办理提前退休中层返岗两种方案之间，你会如何选择？有哪些因素影响你的选择？

三、分析思路

本案例可以从神木电化总经理辛文辉的角度组织学生分析讨论，通过分组讨论和课堂集体讨论，对辛文辉面临的这一劳动关系决策问题进行具体分析，主要包括三个核心问题，可依次按照如下逻辑进行分析：

问题一：神木电化作出让 11 名中层干部提前内退这一劳动关系决策的驱动因素是什么？这一决策是否存在问题？为什么？通过分析，使学生理解劳动关系管理和决策的概念及影响因素；理解基于理性选择的效率机制以及基于制度理论的合法性机制对劳动关系决策的重要性。

问题二：请你思考一下，为什么 34 名老员工会提交要求提前内退的联名请愿书？通过梳理总结并分析员工见面会上员工的诉求，归纳员工对公司不满的问题，理解公平理论及其对劳动关系决策的影响。

问题三：如果你是神木电化的领导，面对这一劳动关系问题，在出台员工内退政策和让已办理提前退休中层干部返岗两种方案之间，你会如何选择？有哪些因素影响你的选择？让学生代入辛文辉这一角色，总结出效率机制与合法性机制的优缺点以及不同的适用条件，使学生掌握劳动关系处理时需要考虑和权衡的各种因素，确保学生能够在实践中融会贯通。

这一分析思路如图 7.1 所示：

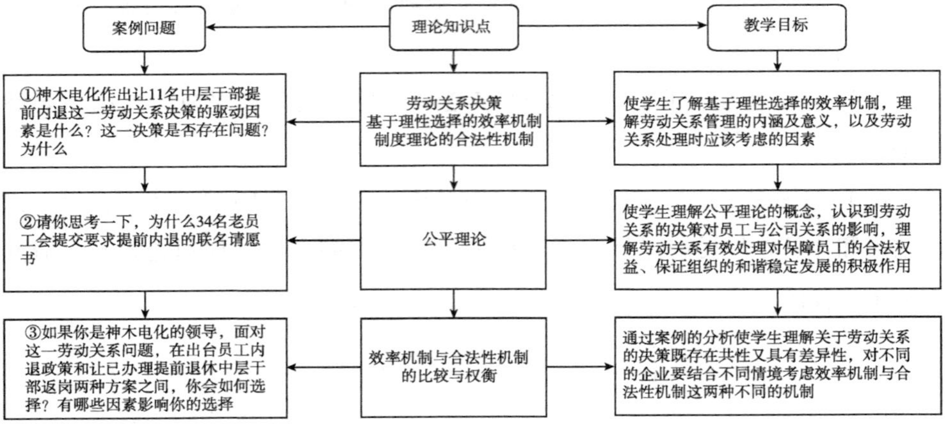

图 7.1　分析思路框架

四、理论依据与分析

（一）问题一：神木电化作出让11名中层干部提前内退的劳动关系决策的驱动因素是什么？这一决策是否存在问题？为什么？

1. 理论依据：劳动关系决策；基于理性选择的效率机制；基于制度理论的合法性机制

（1）劳动关系管理。

劳动关系，是指劳动者与用人单位依法签订劳动合同而在劳动者与用人单位之间产生的法律关系。劳动者接受用人单位的管理，从事用人单位安排的工作，成为用人单位的成员，从用人单位领取劳动报酬和受劳动保护。劳动关系管理是对人的管理，而对人的管理是一个思想交流的过程，在这一过程中的基础环节是信息传递与交流。劳动关系能够通过规范化、制度化的管理，使双方（企业与员工）的行为得到规范，权益得到保障，保持稳定和谐，促使企业经营稳定运行。

劳动关系管理的基本原则主要有四点：兼顾各方利益原则；协商解决争议原则；以法律为准绳的原则；劳动争议以预防为主的原则。因此，劳动关系管理具有下述基本要求：规范化，既要满足合法性要求还要满足统一性要求，对劳动关系的处理要依据国家法律、法规的规定，此外，劳动关系在管理时要保证全体员工在同一时期内的统一；制度化，即要满足明确性要求，在劳动关系管理中要明确人员的职责、权限以及标准，此外，还要满足协调性要求，即劳动关系管理要随着企业的发展进行阶段性调整。

（2）基于理性选择理论的效率机制。

理性选择理论认为，组织在作出选择时遵循的是在特定约束条件下利益最大化的逻辑，即遵循效率机制。同时，理性选择强调的是差异性问题，即每个组织面临的环境不一样，面临的问题不一样，它要追求效率，要达到效益最大化，就要结合自身特点进行具体分析，采取适合其目标的组织模式。

效率机制是一种经济学逻辑。无论是消费者还是组织，他们的行为都为追逐私利的动力所驱使。而达到这一目的的最佳途径就是提高效率，即用最少的投入获得最大的产出（或者在投入不变的情况下得到最大的产出，或者在产出一定的情况下使用最少的投入）。无论是组织还是组织中的人都是追求自身利益最大化的，其行为都受到未来利益的驱使。因此，组织在特定的环境和问题情境下，会努力通过理性的计算来找到最有效率的应对方式，或者是在一定的成本下最好地解决问题、实现目标，或者是以最小的成本解决特定的问题、实现特定的目标。

（3）基于制度理论的合法性机制。

制度理论认为，任何组织的结构和行为必然受制于所处的制度环境。这里的制度环境泛指一系列迫使或诱使组织采纳具有合法性的组织结构和行为的制度力量，包括规制、规范、观念认识，这些被社会广为接受的制度力量统称为合法性机制。

合法性机制约束和规范着组织行为，在发挥提高组织社会地位、使组织获得社会认可、促进组织社会交往等积极作用的同时，亦会产生组织趋同化发展等消极影响。合法性机制对组织行为的规约主要表现在“强意义”和“弱意义”两个层面。强意义层面的合法性机制认为，组织行为是政策制度、实践格局、观念认识等外部制度环境强力规制下的被迫选择，组织对制度处于一种机械式服从和执行状态。弱意义层面的合法性机制则认为，组织行为并不完全是被动适应的，也可以主动塑造制度环境；与此同时，制度也会借助资源支持的方式对组织产生激励作用，诱导组织遵从其意愿，自愿采纳或模仿社会上广泛通行和认可的先进经验和实践做法。

2. 案例分析

（1）神木电化关于中层干部提前退休这一劳动关系决策的驱动机制。

神木电化基于理性选择理论的效率机制作出的劳动关系决策，是权衡了各种成本、收益和风险后得出的解决方案。具体如下：

工资成本降低：神木电化作出内退决策时组织需要负担的成本主要是11名提前退休人员的工资以及相关社保费用，即基本工资以及80%～85%的绩效工资，正常缴纳社保。提前退休后，大部分岗位由于合并不再需要配备人员，且由于近一半的工资收入体现在年终奖金中，因此这些成本与其在岗时公司需要承担的工资成本相比降低了。

组织收益提高：一方面，有助于给组织带来新的发展力量。提前退休的这 11 名中层管理人员大多工作责任心不强，业绩较差，因此为他们办理提前内退有助于组织任命新的管理干部，有利于干部年轻化，进而能够减小公司变革阻力，为公司带来更大的收益。另一方面，有助于为组织引进新的组织文化。组织内中层干部思维方式存在严重问题，论资排辈、遇事推诿的现象频频发生，11 名中层干部的提前退休有助于积极向上的新的文化氛围的形成。此外，辛文辉虽然初任电化公司总经理，但一上任便使得公司工作效率和管理水平有了大幅度提升，即使是在新冠肺炎疫情期间，该公司的生产纪录依旧不断被打破，公司发展不断向好，也验证了这一决策对于企业管理氛围和管理效率的正向作用。

组织可能面临的风险：虽然组织为这 11 名管理岗位员工办理了内退手续，但是由于他们并非企业关键性人才，他们的在岗不能够为企业创造额外收益，同时，他们的离岗也不会带走企业的关键技术，不会造成人才流失的相关风险。

综上分析，基于理性选择的效率机制，神木电化认为该决策得到的收益是远大于成本和风险的，这一决策是有效的。

（2）该劳动关系决策存在的问题。

这一劳动关系决策虽然是以公司利益最大化为目的的最佳选择，但是根据基于制度主义理论的合法性机制要求，该决策也存在一些潜在的问题。

第一，违背了规制的合法性。对于管理干部而言，1993 年《国有企业富余职工安置规定》（国发〔1993〕111 号）第九条明确规定："职工距退休年龄不到五年的，经本人申请，企业领导批准，可以退出工作岗位休养。"而神木电化办理提前内退的职工的年龄都在 45 岁左右，距提前离岗还有 10 年，因而不符合内退的法律要求，违背了规制的合法性要求，这就留有很大的隐患。

第二，违背了规范的合法性。规范的合法性要求明晰同类国有企业为员工办理内退的办法，以保证公司出台的内退政策能得到共同体组织的认可，即企业的内退办法要符合国有企业改革时处理此类情况的大众导向。对于神木电化这类国企混合所有制改革公司职工出现的这类学历低、学习能力不够，不能顺应新时代要求的情况，混改精神普遍要求要把握好职工安置中的合情、合理与合法的关系。制订职工安置方案时，要在法律法规的范围内以改革大局为重，尽量给员工提供更多的选择权，并保证各种安置方案的相对平衡，做到合理。

第三，违背了观念认知的合法性。强调观念认知的学者表示，组织内部广泛的共同认知会作为一种管理机制运行。神木电化的员工对这样一种决策潜在的不公平性质疑时，这种决策就显得不合情理。这是违背了认知的合法性。

因此，从合法性机制来看，显然劳动关系决策问题并非简单地以效率导向为主的人事决策问题，必须要考虑多方因素，如法律制度的因素、社会规范导向的因素，以及员工与企业关系处理中公平的因素。显然本案例中的决策就影响到了公司 34 名员工与企业的关系，不利于组织后续工作的开展。因此神木电化的这一决策有非常大的隐患。

（二）问题二：请你思考一下，为什么 34 名老员工会提交要求提前内退的联名请愿书?

1. 理论依据：公平理论

公平理论是研究工资报酬分配的合理性、公平性对职工工作积极性影响的理论。每个人都会把自己付出的劳动和所得的报酬与他人付出的劳动和所得的报酬进行社会比较，也会把自己现在付出劳动和所得报酬与自己过去所付出的劳动和所得的报酬进行历史比较，职工个人需要保持一种分配上的公平感，当他发现自己的收支比例与他人的收支比例相等，或现在的收支比例与过去的收支比例相等时，他就会认为公平、合理，从而心情舒畅，努力工作，而当他发现自己的收支比例与他人的收支比例不相等，或现在的收支比例与过去的收支比例不相等时，则会产生不公平感，内心不满，工作积极性随之降低。公平感直接影响职工的工作动机和行为。因此，从某种意义上来讲，动机的激发过程实际上是人与人进行比较，作出公平与否的判断，并据以指导行为的过程。

2. 案例分析

首先，从见面会上员工的倾诉中可以发现，34 名员工对企业的不满主要体现在四个方面：一是与提前退休人员比较之后的不满；二是对发展机会少的不满；三是对工作环境辛苦但收入低的不满；四是对提前退岗人员不工作却拿高收入的不满。这四个方面的不满的本质都是对公司内部不公平环境的不满。因此，与提前退休人员比较之后产生的强烈的不公平感是其长期积压的不公平感的一种爆发。

其次，用公平理论来分析，34 名员工感知到了这一决策对自身的不公平。公平理论并不仅仅指薪酬分配的均等和平均，而是强调分配机会、分配尺度以及分配过程和分配规则的公平，其主要包括薪酬分配的外部公平、内部公平、个人公平、机会公平等多个方面。

第一，感知到了机会不公平。机会公平要求每个员工在与薪酬分配有关的场合中都享有同样大小的参与机会、被挑选的机会和获胜的机会，谁也不受歧视。但神木电化为 11 名中层管理人员办理内退，而基层员工却没有机会获得办理内退的机会，这意味着公司在资源分配上的不公平，即管理层员工比其他员工多享受了一项福利，因此不符合机会公平的要求。

第二，感知内部不公平。一方面，内部公平强调员工的付出与收获成正比，但是公司内离职管理人员的工资甚至比一些在化验、保管等二线生产单位工作的员工的正常工资都高；另一方面，一些员工希望自己的价值能够被公司认可，为此，自费培训考取了各种技能证书，但是公司后来出台的政策却不认可这些文件，且公司也没有为基层员工提供具体的晋升渠道，导致基层员工感觉自己的价值没有发挥的余地，因此感觉到不公平进而产生了不满情绪。

综上所述，神木电化领导作出内退决策让 34 名基层员工感觉到机会上和公司内部用人方面的不公平，进而导致基层员工对公司这一决策怨声载道。

（三）问题三：如果你是神木电化的领导，面对这一劳动关系问题，在出台员工内退政策和让已办理提前退休中层干部返岗两种方案之间，你会如何选择？有哪些因素影响你的选择？

1. 理论依据：效率机制与合法性机制的比较与平衡

效率机制满足组织利润最大化的诉求，使组织获得最大的收益，可以用最小的投入获得最大的产出，但是其也存在诸多问题。第一，依据效率机制可能导致组织作出的选择收益最大化，但不满足合法性的要求；第二，效率机制理论建立在人们在市场中可以获得充分的、对称的信息以及人们可以充分作出理性选择的“特定假设”基础上，但是人往往是有限理性的，因此可能不能正确地评估收益成本风险，容易导致后续出现问题。

合法性机制在不确定之上设置了确定性，可以通过影响资源分配和利益产生激励，鼓励人们去采纳那些社会上认可的做法；但是很多经济学研究都强调，制度主义理论需要付出较大的成本，而且制度制约了人，影响了组织行为，使组织不得不采取许多外界环境认可的合法性机制；此外，制度导致的趋同性使得组织倾向于已经被其他组织确立合法性的管理结构和实践。

在决策中效率机制与合法性机制应该相互补充。效率机制的采用必须以合法性机制为前提，才可能既保证决策的科学性，又保证决策的合理性，使决策在更大范围内被接受，易推行。

2. 案例分析

（1）两种方案的比较。

神木电化在对 11 名中层干部作出提前内退决策时仅是基于理性选择，但是劳动关系决策不能仅考虑其能否使得公司利益最大化，还要考虑其是否满足合法性机制要求。科学合理的劳动关系决策不只简单地考虑单方面的问题，而应考虑双方平衡的问题，因此，公司在解决劳动关系决策问题时不能仅仅从效率逻辑出发又或者只考虑合法性逻辑，而是需要在效率逻辑与合法性逻辑中间找到一个平衡点。对于神木电化的这一劳动关系问题，其相应的解决方案有两种，不同的方案都在不同程度上满足了效率机制和合法性机制的要求，具体如下。

①出台统一的提前退休方案。

从效率机制上来讲，短期来看由于出台提前内退政策需要给有意愿提前内退的员工支付工资，将增加公司经营成本，因此出台提前内退政策不符合效率机制要求，但是长期来看，公司出台提前内退政策符合效率机制要求。第一，有助于重整组织结构、改善组织文化氛围、给组织带来新的中坚力量。满足提前内退条件的人员大多工作责任心不强、学习能力低，因此为他们办理提前内退手续有助于组织任命新的管理干部，招聘新的工程技术人员，使得干部年轻化、技术人员学习能力强，进而能够减少公司变革阻力，为公司创造更大的收益。

从合法性机制来讲，第一，满足社会规范的合法性要求。公司出台内退政策填补了提前离岗这一制度空白，是组织在考量大环境基础上提出的统一制度，有利于公司后续工作的开展。第二，满足合法性机制中观念认知合法性的要求。合法性机制往往要求组织选择或者采纳那些能被组织环境认可且支持的做法，即合法性机制要求一项制度如果要存续下去必须建立在人们能接受的想法之上，它一定是大家普遍认可并且接受的。出台统一的内退政策是民心驱动的结果，因此满足观念认知的制度要求。

②让已办理提前退休中层干部返岗方案。

从效率机制来讲，短期来看，召回 11 名中层管理人员符合效率逻辑要求。因为这一方案可以减少组织经营成本，选择召回原先的内退人员后，组织就不用再额外支付该类员工基础工资加部分岗位工资，为公司节省了人力成本；但是长期来看，召回 11 名员工不符合效率逻辑要求。第一，让这类员工继续在岗位工作，由于其存在思想僵化、工作不积极等问题，其在岗也不能够为企业创造更大收益；第二，由于一岗一人的岗位要求，这些员工在其位却不谋其职也使得公司不能提拔和引进新的人才，从而会阻碍公司变革，不利于公司更上一层楼。从合法性机制来讲，由于对以前的决策进行了更改，召回的 11 名中层干部可能会心生不满，因此可能会不认同这一决策，不符合观念认知的合法。

（2）两种方案的权衡。

①首先，长期来看，方案一符合效率机制的要求，而且满足合法性机制中的社会规范与观念认知要求。其次，选择方案一也符合外部情境因素要求。其一，可以满足基层员工的公平性要求；其二，其避免了企业重新更改先前的决策，以一种组织更能接受的方式解决企业的历史遗留问题。

②首先，短期来看方案二虽然短期符合效率机制的要求，但是长期来看其效率不高；其次，方案二的出台还会滋生公司先前离岗的 11 名员工的不满情绪，不利于公司的后续变革；最后，选择方案二并不能更好地平复基层员工的不满情绪，合理地解决公司遗留的历史问题。

综上所述，神木电化在选择方案时应该选择方案一，方案一不仅符合效率机制要求和规范、社会认知的合法性要求，而且符合外部情境的要求，因此，选择方案一更利于企业的长久发展。

由此可见，在面对劳动关系决策问题时，公司不应仅从效率机制或者合法性机制出发，而是应该在考虑外部情境因素下，将合法性机制与效率机制有机结合起来，在决策时找到一个平衡点，从而合理合法合情地解决公司的管理问题，如图 7.2 所示。

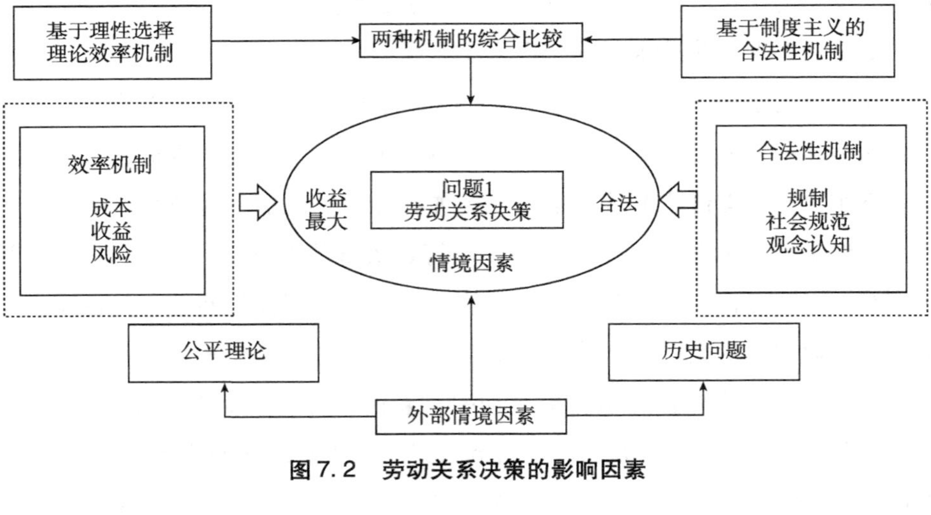

图 7.2　劳动关系决策的影响因素

五、关键要点

（1）在案例分析中，需要总结出神木电化在作出每一次提前内退决策时所面临的压力，识别神木电化在处理劳动关系决策问题时都是从理性视角中的效率机制出发，分析神木电化在作出前两次中层员工提前离岗决策时是如何从成本收益风险这三个方面来衡量的；此外，还要意识到解决劳动关系决策问题不应仅从效率机制出发，还要认识到这一决策背后埋下的隐患。

（2）在案例分析中，要将案例分析的表现与其背后的理论机制即公平理论的应用结合起来，要从员工不满这一角度入手，挖掘引起众多员工不满的原因是公司此举让员工感知到机会不公平和内部不公平，公司此举没有给员工同样的公平条件，没有让员工感知到自己的价值被认可，从而激化员工与公司的矛盾。

（3）在案例分析中，要抓住问题的关键矛盾点，即如果过度强调效率机制就会激起员工的不满情绪，但如果将重点放在合法性机制上，那就需要承认先前决策的不妥，损害组织公信力，因此，要学会在劳动关系决策问题中寻找到一个效率机制与合法性机制的平衡点，还要透过对这一问题的两条路径的分析总结出效率机制与合法性机制在解决不同问题时的适用条件。

（4）在案例分析中，要识别出影响劳动关系决策的因素并不仅仅是成本收益风险，还有法律环境、员工保障以及企业与员工关系等因素。

六、建议课堂计划

本案例可以作为专门的案例讨论课。如下是按照时间进度提供的课堂计划建议。整个案例课分为两个课时，共 80 ~ 100 分钟。

1. 课前计划

提前发放案例，提出启发思考问题，学生据此熟悉案例内容并进行初步思考。

2. 课中计划

课中计划包括教师开场白、案例分组讨论、教师提问与学生回答以及教师点评几个环节。

（1）教师开场白：5～10分钟。带领学生回顾案例，明确主题。

（2）小组讨论：15～20分钟。组织学生分组讨论启发思考题，特别要引出劳动关系决策、公平理论以及基于理性选择的效率逻辑和基于新制度主义的合法性逻辑等理论知识，结合理论知识点理解案例内容和基本知识点。

（3）集体讨论：50～60分钟。由教师按照案例分析思路，结合板书设计，在逐步引导学生回答问题的过程中，完成案例分析和相关知识点引入。

（4）教师总结：5分钟。对知识点进行梳理与案例总结。

（5）问答与机动：5分钟。回答学生的一些额外问题。

第8篇 爱菊粮油“玩”餐饮：“不务正业”还是战略升级①

郭亚军 张红芳 王佳蕾 武 悦 马 娇 陈彦妆

案例正文
AnLiZhengWen

摘 要 案例描述了西安爱菊粮油工业集团有限公司（以下简称“爱菊粮油”“爱菊”）面对行业低利润的特征，尝试跨界经营的战略选择过程。传统粮油行业形成的低利润困境是摆在包括西安爱菊粮油集团在内的粮油企业面前的世纪难题。为此，爱菊曾多次尝试从粮食生产的上下游进行产业链延伸。粮食种植或者订单种植只是保障了粮油的品质，依然无法解决低利润的困局。爱菊举办“菊花节”是向下游延伸的尝试，由此带来的餐饮服务业务似乎可以解决低利润的老问题，爱菊要不要正式进军餐饮业？这是不务正业还是战略升级？

关键词 一体化战略；横向一体化；纵向一体化；制造业服务化

引言

2021年4月，因为连续一周的大雨，爱菊粮油精心培育的近百亩花卉遭到了重创，计划月底开园的爱菊花卉节不得不延期举行。一个粮食企业竟然

① 由于企业保密的要求，笔者在本案例中对有关名称、数据等做了必要的掩饰性处理；本案例只供课堂讨论之用，并无意暗示或说明某种管理行为是否有效。

搞起了工业旅游？这缘于2020年秋天的“首届爱菊丝路文化菊花节”，近40天的集团开放活动吸引了36万多游客前来参观“打卡”，高峰时日接待人数达3.3万，在单一媒体平台日均搜索量超过331万次，西安的老牌粮油企业因一场别开生面的开放活动火“出圈”。

1 爱菊：“泼烦”① 中艰难前行

西安爱菊粮油工业集团的前身是建于1934年的华峰面粉有限公司，是西北地区最早的面粉加工企业。2003年，其在政府的支持下，兼并重组了西安市油脂公司和油脂仓库，将主营业务扩展到油脂和面粉两大业务种类。2008年，爱菊正式建立粮油工业集团公司。2015年，其更是走出国门，把业务拓展到哈萨克斯坦，成为我国首家进入哈萨克斯坦的农业加工企业。经过80余年的发展，爱菊已发展成为集粮油、熟食品和豆制品加工，物流配送，粮油储备，网点连锁等产储销于一体的综合性粮油集团。

受制于粮食行业的特殊性，爱菊粮油一直挣扎在生存线上。市场上产品同质化竞争激烈，近乎完全竞争市场，利润极其微薄。并且粮油行业受销售半径的影响，区域性较强，爱菊的市场基本上限定在以西安为中心的关中区域，规模化发展受限。为开拓生存空间，爱菊积极向产业链上下游探索。

一方面，爱菊关注粮油原材料源头，通过发展种植业保证后续粮食生产加工的品质与成本。爱菊先后在陕西、河南、新疆等地建立原材料生产加工基地。2015年，在原有国内粮源基地已不能满足爱菊对原料品质和数量的需求的情况下，爱菊在哈萨克斯坦打造首个海外粮仓，借助其天然环境优势，与当地的20多个农场主（共计150万亩土地）构建起“种植—收购—仓储—加工—贸易”的全产业链运营模式，并与当地高校合作，根据土壤类型进行科学的田间管理，在进一步提升原料产品质量的同时，也实现了从粮食加工向粮食种植的跨越。

另一方面，爱菊不断向行业下游延伸。2009年，爱菊承接了西安市政府

① “泼烦”是艰难的意思，是陕西的方言，也是爱菊董事长贾合义对粮食行业的口头评价。

的“放心馒头”工程，以此工程为起点，爱菊开始探索主食产业化，主营业务从面粉、油脂加工向馒头、包子、面条、饺子等主食生产扩展，同时配套构建了自己的配送、物流和终端渠道，开始从粮油加工企业向主食产业一体化企业转型。至 2020 年，其已拥有近 50 种营养健康、快捷方便的主食产品，走出了粮食生产企业“从粮到食”的生产之路。

随着爱菊在产业链上下游的不断延伸，企业形势不断好转，但是低利润、发展空间的地域局限性以及品牌价值始终无法提升，仍然是摆在董事长贾合义面前的一道难题。

2　“菊花节”：“出圈”玩旅游

贾合义试图找出一条与企业外部环境和内部能力相契合的道路。工业旅游的出现为爱菊开辟了新的思路。贾合义不禁思索，爱菊能否借助工业旅游，邀请游客前来参观，通过展销产品、邀请消费者亲身体验食品加工过程的方式，拉近与消费者之间的距离，扩大爱菊的品牌影响力？于是，菊花节的设想应运而生。

2020 年 9 月，“首届爱菊丝路文化菊花节”在爱菊园区拉开序幕，这是爱菊直接面对消费者的一次大胆尝试，邀请游客走进爱菊，不仅走近爱菊的产品，更是让消费者体验到爱菊所倡导的健康饮食的文化。菊花节展出的 80 亩 630 多种菊花，以及爱粮节粮科普馆、健康产品展示馆、健康生活体验馆与工业体验游览中心构成的“三馆一中心”游览路线，游客量超过 36 万人次。游客不仅可以欣赏菊花，还可以亲眼见证粮食的生产过程，购买满足家庭厨房需要的所有产品，收获爱粮节粮知识。不仅如此，爱菊还在园区内打造了一个占地 2000 平方米的餐厅供前来的游客就餐，制作食品的面粉与食用油均来自爱菊，在爱菊的中央厨房，原料被加工为成品或是半成品，之后被配送至各档口的操作台，仅需几个极为简单的步骤便可以将其变成美味的餐点，迅速满足了消费者的需求，保障了菊花节现场近千人同时用餐的需求。健康美味又便捷的园区餐厅受到了游客的一致好评。

园区的餐厅起初只是为了让游客能够更直接地体验到爱菊的产品，却意外地成为菊花节的爆点。在与消费者的近距离沟通交流中，爱菊注意到习惯吃外卖的年轻人实则对健康理念、食品安全等问题颇为关注，但快节奏的生活往往让他们有心无力；同时，老人、儿童的饮食问题也值得重视，因为不会做、懒得做、勉强凑合等导致的饮食结构单一，营养搭配失调，可能会引起老人免疫力下降、儿童生长发育不良等。因此，为城市居民提供健康的饮食，不仅要从源头把握品质，也要向下游延伸到城市居民的每一餐，这也是爱菊“从粮到食，从食到餐”的初心。

3 尝试餐饮："中央厨房"探路

菊花节的举办让爱菊意识到前向一体化的必要性与重要性，即服务化的转型迫在眉睫。爱菊的中央厨房位于西安市浐灞生态区，拥有近 10 年生产加工各类主食的经验，为配合十四运的基础建设，原有的中央厨房搬迁至港务区，借此契机，集团决定升级生产线，创新产品线，打造能够承担餐饮生产的大规模中央厨房。在原有主食生产基础上，开发针对学校学生、单位职工、居家老人三类不同人群的团餐，根据不同人群的需求，定制营养健康、搭配合理的团餐，并依托中央厨房生产相应半成品或成品。随后定点配送，产品加热即食，让消费者能够简单便捷地品尝到营养丰富的放心餐食，将爱菊的放心食品直接提供给终端消费者群体。

全新升级的中央厨房一方面能更好发挥中央厨房省时、省工、提高产品附加值的特点，在保证商品品质的同时，促进企业利润增加。另一方面作为新业态的一部分，其能够在延伸企业产业链的同时，更好地满足或创造消费者需求。同时，以中央厨房为依托可形成一种全新的食品加工方式，将原料制作加工成半成品或成品后，配送到各连锁店进行二次加热或者组合后即可销售给顾客。在终端网点，食品被精简了复杂的加工操作，且在其随后的简单加工工序中专业化程度高，有利于提高终端食品加工的标准化水平，同时更好地保障消费者的食品安全。

在产品的销售模式上，爱菊也有了新的思考。爱菊在西安共拥有 313 家实体网点，其中包括销售亭 256 个、一级店 9 家、二级店 12 家、三级店 36

家，对此爱菊计划进行全面升级改造，成为集粮食销售、团餐配送、餐饮服务于一体的餐饮超市综合体。与传统的单一销售模式不同，这样的餐超体验馆既销售爱菊产品，又为团餐销售搭建配送平台，居民可以在这里买到从原料到半成品，再到成品等的相应商品。5平方米左右的小型网点可以提供早餐和快餐，只需将中央厨房配送来的成品简单加热即可。50平方米左右的中型网点可被改造为新形式餐超，既提供简单加工即可直接食用的餐品，也提供厨房用品。大型网点则被改造为餐超与体验馆的结合，在提供餐饮与购物服务之余进行健康生活理念的宣传。这样一来，成功打通产业上下游，爱菊彻底实现从粮油到食物再到厨房用品的生产、加工、销售全产业链的拓展。

4　出师不利：继续还是停止

2021年3月，全新打造的中央厨房已基本完成，已经能够保证团餐的加工生产，然而在试运行的两个月期间，爱菊接到的订单数量十分有限并且物流配送系统还未健全，餐超计划也迟迟未能启动。

首先，即使是直接提供中央厨房生产成品，爱菊仍无法走出销售半径的束缚，商品利润与运输成本、资金占用与渠道部署都是不得不考虑的问题，这些需求是否在爱菊现有资源的承受范围之内？其次，即使看似前景颇丰，但毫无餐饮业经验的爱菊是否有能力去做新市场的开拓者？最后，在基层实体网点，餐超改造项目也层层受阻。原先为快速布局实体网点而采用的直营与加盟代理相结合的形式逐渐显露弊端。

出师不利的爱菊内部陆续出现了不同的声音：

集团的老张说：“盖中央厨房已经砸进去不少钱了，这也没多少订单嘛，之后又要建餐超，前期的投入都没收回来，这又是一大笔投资，谁来给解决嘛?”

生产一线的小何提出了质疑：“老百姓能不能认可咱做的团餐啊，咱一直都是粮食企业，突然搞餐饮，老百姓能信咱不?”

“之前和咱们竞争的就是那几家粮食企业，现在和咱们竞争的是西安市成千上万的饭店餐馆咧。还有咱的人也没做过餐饮，没有经验嘛，人员的能力也是个问题嘛。”销售部的小李如是说。

此刻，在爱菊的全员大会上，大家七嘴八舌，争论不休。贾合义看向窗外，爱菊的餐饮服务业该何去何从呢?

案例教学说明
AnLiJiaoXueShuoMing

一、教学目的和用途

1. 适用课程

战略管理。

2. 适用对象

本案例主要为EMBA、MBA开发，适合具有一定工作经验的学员和管理者学习。本案例教学对象为具有一定战略管理知识基础的同学。实践经验较少的学生应加强课前对相关基础资料和管理理论知识的准备。

3. 教学目的

本案例讲述了西安爱菊粮油工业集团的发展历程，揭示了爱菊面临的困境，进而介绍了爱菊的一体化战略选择。学生通过学习和讨论此案例，一方面，可以更好地理解企业如何从产业发展角度制定企业一体化战略并找准抓手整合资源；另一方面，在制造业服务化的大背景下，充分认识粮食企业的发展定位，为今后打造粮食全产业链企业奠定良好的理论与实践基础。

二、启发思考题

启发思考题的设置目的在于帮助学生提前做好案例学习的准备工作。学生可以通过完成课前作业中的启发思考题预习案例的内容及了解相关素材，在问题的引导下熟悉案例的故事情节，初步了解案例的背景及要点，主动思考并获取相关的理论与实践知识，以提高课堂学习案例的效率。本案例可以用于启发思考题的内容如下：

（1）从爱菊的发展历程出发，分析爱菊选用了怎样的发展战略，战略选择的驱动因素是什么。

（2）爱菊选择向服务化转型是什么战略？为什么作出向服务化转型的决策？

（3）爱菊是否能实现向服务化转型？它实现服务化转型的条件和保障是什么？

三、分析思路

本案例可通过分组讨论和课堂集体讨论，对爱菊集团一体化战略进程开展分析，进一步探讨爱菊服务化转型的可行性。具体来看，本案例的分析主要包括三个核心问题，可依次按照如下逻辑进行分析：

问题一：从爱菊的发展历程出发，分析爱菊选用了怎样的发展战略，战略选择的驱动因素是什么。了解爱菊的企业背景和行业背景，引导学生分析企业的发展状况及所处困境，基于一体化战略相关理论，指导学生深入分析爱菊制定一体化战略的动因。

问题二：爱菊选择向服务化转型是什么战略？为什么作出向服务化转型的决策？使学生深入理解前向一体化战略，并结合企业战略转型与粮食企业服务化的特点，分析爱菊实施服务化转型决策的前因因素。

问题三：爱菊是否能实现向服务化转型？它实现服务化转型的条件和保障是什么？引导学生理解粮食企业服务化转型的影响因素，以及在具体实践中这些因素如何影响企业的决策和发展方向。

案例分析思路如图 8.1 所示。

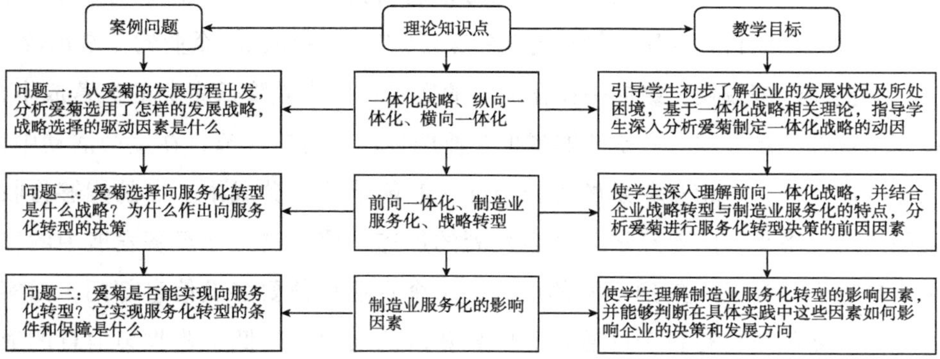

图 8.1　案例分析思路

四、理论依据与分析

（一）问题一：从爱菊的发展历程出发，分析爱菊选用了怎样的发展战略，战略选择的驱动因素是什么。

1. 理论依据：一体化战略、纵向一体化、横向一体化

（1）纵向一体化战略（Vertical Integration Strategy）也称垂直一体化战略，是企业以现有的主营产品和核心资源为基础，沿着价值链线性地向前或者向后进行扩展，经过整合形成在某一产业链上的几段或全部的产业体系，即生产企业与原材料供应企业或生产企业与产品销售商联结在一起的组织形式。

依据一体化的不同方向，企业的纵向一体化又可分为后向一体化和前向一体化。后向一体化，是指某产品的生产企业将其业务领域向后扩展到原材料的生产制造领域，目的是确保产品或劳务所需要的全部或部分原材料的供应，加强对所需原材料的质量控制。前向一体化则是指某产品生产企业将其业务范围向前扩展到最终产品的最终用户，目的是促进和控制产品的需求，做好产品营销。

纵向一体化战略的实施可以给企业带来如下利益：

①确保供给和需求：企业要想顺利地进行生产经营活动，一方面需要充足的原料供应；另一方面则需要有较为畅通的销售渠道。企业实行纵向一体化战略有利于原材料的质量管理与销售渠道控制，从而保障企业的正常运营。

②提高经济效益：纵向一体化战略的实施可以有效降低企业的经营成本，提高企业的经济效益。一是能够减少企业的生产和运输环节，在生产活动中，相比分散工作，把相互联系的工作放在一起能节约部分成本。二是能够将收集的信息经济化，随着经济与社会发展的加速，信息在社会经济发展中的作用越来越大。为了收集到不同的信息，一个企业往往要多设信息部门，而实行纵向一体化战略有利于打通企业信息获取的通道，降低企业收集信息的成本，实现收集信息经济化。三是节约交易成本，企业在市场活动中，为了经

济活动的顺利进行，需要跟其他的企业或组织进行谈判和磋商，实施纵向一体化战略后，这些交易成本将有所下降。四是有利于企业内部协调、减少浪费，从整个社会再生产过程来看，企业与其上下游产业之间存在一种平衡关系，如果企业与它们没有完全协调好，会产生浪费。实施纵向一体化战略后，企业与它们的协作程度提高，从而能有效地减少浪费。

③拓宽技术领域：纵向一体化给企业提供了进一步熟悉上游和下游业务相关技术的机会。

④建立进入壁垒：企业实行纵向一体化，可以在一定程度上控制关键的资源和销售渠道，从而对行业的新进者建立进入壁垒，阻止竞争对手进入企业的经营领域。

（2）横向一体化（Horizontal Integration Strategy）又称水平一体化，是指与处于相同行业、生产同类产品或工艺相近的企业实现联合，实质是资本在同一产业和部门内的集中，目的是扩大生产规模、降低生产成本、巩固市场地位。

企业实施横向一体化战略的优势在于：

①形成规模经济：横向一体化战略通过收购同类企业达到规模扩张，使企业获取充分的规模经济，从而大大降低成本，取得竞争优势。

②减少竞争对手：通过实施横向一体化战略，可以减少竞争对手的数量，降低产业内企业相互竞争的程度，为企业的进一步发展创造良好的产业环境。

③较容易的生产能力扩张：横向一体化战略是企业生产能力扩张的一种形式，这种扩张形式较为简单和迅速。

2. 案例分析

引导学生通过以下两个步骤对爱菊的定位进行分析：

（1）识别爱菊选用的发展战略。

结合案例内容，纵观爱菊集团的发展历程，爱菊选用了一体化战略。

首先，爱菊采用纵向一体化战略，向产业链上游进行探索，关注原材料的源头，先后在国内的陕西、河南、新疆，国外的哈萨克斯坦等地建立优质原材料生产加工基地，将发展战略由粮食生产向上游延伸至粮食种植，沿着价值链线性地向后进行扩展。具体而言，这是一种后向一体化战略，爱菊作为面粉生产企业将其业务领域向后扩展到原材料的生产制造领域，此举能够确保产品所需要的全部或部分原材料的供应，加强了对原材料的质量管理，也使爱菊实现了从粮食生产的制造业活动向粮食种植的农业活动的后向一体化跨越。

其次，爱菊进行前向一体化战略，开展“放心馒头”工程，对粮食产品进行深加工，这种企业自行对本公司产品进行深加工的活动属于前向一体化战略。此举在为爱菊打破技术壁垒形成竞争优势的同时，也实现了新产品市场的开拓与经济收益的增加。

最后，爱菊仍选用纵向一体化战略，举办“菊花节”是从粮食生产的制造业活动向服务化的工业旅游项目扩展的前向一体化，通过拉近与消费者之间的距离再次线性地向价值链前方进行扩展。同时，随后的中央厨房与餐超改造项目均将产品与服务的业务范围向前扩展，并距离消费终端的城市居民更近，因此其同属纵向一体化中的前向一体化战略。

此外，爱菊通过兼并重组西安市油脂公司和油脂仓库，将爱菊主营业务从单一面粉加工工厂扩展到集米面粮油为一体的综合性粮油企业这一举动，属于在粮食行业内不同产品种类间的横向扩张，这是横向一体化战略的结果。此举有利于实现规模经济，并能够在降低产品成本、巩固市场地位的同时，提高竞争优势，从而减少竞争对手。

（2）考虑战略选择的驱动因素。

由于粮食行业的特殊性，市场中同质化竞争激烈，导致利润极其微薄；同时较为“笨重”的米面粮油类商品，运输成本较高，销售半径严重限制了企业的发展。尤其对于爱菊而言，作为区域性粮食企业，销售半径的局限框定了粮食市场的大小，限制了企业发展的区域。因此，低利润困境与区域性难题是爱菊不得不面对的问题。所以，利润增长与品牌价值的提升是爱菊一体化战略的最主要驱动因素。

为走出面粉生产加工的低利润困境，爱菊先是尝试进行横向一体化策略，试图通过增加产品种类（除保持原有面粉生产外还发展了大米与粮油的生产）以进行产品种类的多样化。其次，爱菊选择纵向一体化。在后向一体化上，尝试进入粮食种植的第一产业；在前向一体化上，尝试进行产品深加工即主食的生产。上述举动均用以进入新的产品市场，以获取新的利润增长点。

为提升品牌价值，爱菊再次尝试进行前向一体化，通过工业旅游项目进入服务化的第三产业，增加与终端消费者的联系，并在此过程中发现了第三产业中存在的新机遇。因此，出于利润增长的角度，爱菊选择继续进行后向一体化战略，通过中央厨房提供熟食与餐饮超市的改造直接面对消费者，试图打开餐饮业的新市场用以满足企业利润增长与品牌价值提升的需要。

（二）问题二：爱菊选择向服务化转型是什么战略？为什么作出向服务化转型的决策？

1. 理论依据：前向一体化、制造业服务化、战略转型

（1）前向一体化战略（Forward Integration Strategy）是纵向一体化战略的一种，是指某产品的生产企业将其业务范围向前扩展到最终产品的最终用户，目的是促进和控制产品的需求，做好产品营销。采取前向一体化战略的企业将沿产业链向下游的用户方向扩展。

前向一体化战略的选择要点是：

①企业现在利用的销售商或成本高昂、或不可靠、或不能满足企业销售需要。

②可利用的高质量销售商数量有限，采取前向一体化的公司将获得竞争优势。

因此，选择进行前向一体化的企业，通常是想借此解决日趋严重的销售或技术方面的问题。如为突破销售“瓶颈”，企业可选择建立起广泛的销售网络，向销售领域进行前向一体化。而控制了销售渠道的企业，能够更快地对顾客的需求做出反应，提供更好的售后服务，并且获得更多的潜在优势，从而能够领先竞争对手。同时，企业还可以在技术方面进行前向一体化用以突破技术“瓶颈”。

（2）制造业服务化（Servitization of Manufacturing），是指制造企业通过提供服务业务而增值的现象，也是制造企业沿着“产品—服务”连续体进行移动的过程。同时，其交换的主体不是产品而是服务。当传统制造企业从基本的产品导向服务不断向服务占主导的高端迈进，最终提供解决方案时，其服务含量由少到多、服务价值由低到高、服务地位由边缘到核心。

随着经济全球化、科学技术迅速发展与客户需求个性化，作为经济发展的基础，制造业的竞争也越来越激烈，利润空间越来越小。面对不断变化的环境，传统的制造企业为客户提供单一的产品和少量的附加服务不再能满足其需求，他们更希望能获得直接价值，以产品为中心的商业模式在当前看来已经不再具有竞争优势，制造企业迫切需要重新审视自己的商业模式并不断改进以适应环境的变化。

制造业服务化战略选择对既往重视生产制造的传统制造企业来说有如下优势：

①有助于增强顾客对制造企业的经济黏性和情感黏性。

制造业服务化强调增值服务的主导作用，强调以顾客需求为导向提供增值服务，其具有对顾客形成强大黏性的潜能，一方面有助于企业改善生产运行效能，以增强顾客的经济黏性，另一方面因为与顾客之间的历时性互动，彼此的关照与支持而可能增强与顾客的情感黏性。而顾客黏性的建立，对企业绩效的改善或稳定，或是竞争优势的塑造具有积极影响。因此，服务化决策对制造业企业重构新型顾客关系，建立战略优势具有积极意义。

②有助于进一步增强制造企业核心业务竞争力。

在产品日益丰富的当下，顾客对功能、技术日益趋同产品的获得已经表现得漫不经心，制造企业单纯地依靠有形产品的制造和销售，无论是从顾客需求满足视角来审视，还是从实体产品的竞争力视角来审视，都已经很难影响顾客的业务忠诚与企业竞争优势的构建。因此，企业试图在产品生产技术革新方面建立竞争优势以强化核心业务竞争力已经变得愈加困难。而制造业服务化战略选择可以为顾客提供相关情境性服务支持，为企业核心业务竞争力的增强找到了适合途径。尤其是制造业服务化将因为增值服务提供而频繁地与顾客接触、互动，企业能够更加清晰和直接地知道如何满足顾客需求，这为制造企业找到最能满足顾客需求的方式或手段创设了极为有利的条件。

③有助于推动制造企业市场提供物的适应性创新。

只有当企业行为得到顾客认可的时候，企业行为才有价值和意义。企业的成功取决于顾客的认同，如果企业对于顾客的满足感毫无回应，顾客则可以动用转换品牌消费的权利，即顾客行为的根本驱动力是企业满足感获得的主要途径，如果企业不能紧随顾客需求的变化或价值视角去进行环境适应性的创新，企业将面临竞争劣势。

（3）战略转型（Strategy Transition），是指企业由传统管理运营模式转变为符合未来发展要求的现代公司制模式。企业的战略发展过程就是不断对内外条件变化进行动态平衡的过程。当企业外部环境尤其是所从事行业的业态发生较大变化时，或当企业步入新的成长阶段需要对生产经营与管理模式进行战略调整时，或以上二者兼有时，企业必须对内外条件的变化进行战略平衡，选择新的生存与成长模式，即推动企业发展模式的战略转型。

企业要进行业务转型，进入新的领域，必须具有与新进入行业相匹配的资源，即资金、人力、管理、技术或者销售渠道等。同时，新行业资源要求与现有资源有一个比较大的共享空间，使本企业在现有行业取得成功的某些关键因素能够方便、快捷而且有效地复制到新进入的行业之中，从而使企业在新进入的行业中，一开始就能站在一个比较高的起点。

2. 案例分析

（1）爱菊选择向服务化转型是什么战略？

爱菊的服务化转型是一种一体化战略，爱菊为了促进和控制产品的需求，更好进行产品营销，试图通过举办"菊花节"、升级中央厨房、餐超改造这些服务化行动将其业务范围由生产制造向前扩展到直接接触销售终端的城市居民消费者，即直接面向最终产品的最终用户，因此，爱菊的服务化转型为纵向一体化中的前向一体化战略的尝试。

（2）为什么作出向服务化转型的决策？

结合战略转型的内涵，可以发现爱菊选择进行服务化转型的决策是其在经营发展过程中为适应复杂多变的外部环境而主动寻求变化，为可持续的生存和发展谋求空间和优势，结合自身的特点和资源，促使企业的战略内容或形态发生根本变革的过程。

因此，服务化转型这一决策的产生同时受到内部企业因素和外部环境的影响和驱动。其中，外部动因主要来自外部环境。一方面来自粮食行业的固有限制。囿于行业特征，无论是粮食的生产抑或是主食的加工都无法使企业摆脱低利润困境与区域性限制，因此，为跳出这一难题，爱菊决定另辟蹊径，开拓新产业。另一方面则是来自产品市场中消费者需求的转变。城市居民的粮食材料消费需求逐渐降低，而成品熟食的消费需求不断上升，为更好满足市场需求，贴近消费者，爱菊将尝试提供更符合终端客户需求的产品与服务。此外，制造业企业工业旅游项目的兴起也在行业的大背景上为爱菊提供了新思路，使爱菊开始考虑这一新兴模式在本企业实施的可行性。而内部动因则更为复杂多变，首先，在企业资源和能力上，爱菊已有的资金条件、渠道设置、生产线条件、产品创新能力、内部管理水平有条件有能力支持企业进行服务化转型这一决策。其次，企业高绩效的需求也促使爱菊通过开拓新市场来发掘新的利润增长点。最后，企业高管层致力于发展以哈萨克斯坦和阿拉山口种植业为代表的第一产业，以粮油加工与中央厨房为代表的第二产业，以工业旅游和餐饮超市为代表的第三产业，打造一、二、三产业相融合的迈向现代化、服务化的粮食全产业链企业。

综上所述，在对企业内部资源能力与外部市场条件的综合考虑下，爱菊决定进行服务化转型，用于满足消费者需要，增加客户黏性，并发掘新的利润增长点，获取新的竞争优势。

（三）问题三：爱菊是否能实现向服务化转型？它实现服务化转型的条件和保障是什么？

1. 理论依据：制造业服务化的影响因素

影响企业服务化转型的主要因素包括以下三点：顾客服务需求、制造能力、服务能力。

（1）顾客服务需求对服务化的影响。顾客需求是企业实施战略变革的主要驱动因素，客户需求发生变化的情况下，制造业企业需要对业务模式进行变革来匹配顾客需求的变化。制造企业面临的顾客价值的增长压力、利润增长的压力是企业实施服务化的驱动因素。因此，顾客对服务的需求推动制造企业提供相应的服务从而提供更多的顾客价值。此外，在产品销售的业务模式下，由于客户缺乏产品相关的知识，无法对产品进行维护，需要外包维护服务，这会导致大量的外包协调工作。而在服务交付的业务模式下，客户不再需要外包发动机维护服务，可以将资源投入擅长的业务中。制造企业提供服务的方式有利于发挥规模经济和范围经济的效应，降低总体成本。因此，顾客对服务的需求为制造企业服务化提供了外部动机，推动企业提供产品服务和客户服务。

（2）制造能力对服务化的影响。在服务化能力更强的制造企业中，顾客服务需求的两种动机能够转化为更高程度的服务化。首先，制造能力强的企业更有能力提供产品服务。由于服务是围绕产品开展的，制造能力强的制造企业能够利用在产品设计、生产和销售过程中的技能来提高产品服务的质量。因此，制造能力强的企业能够节约服务化的成本。其次，制造企业在产品交付方面的能力可以确保产品运输、安装等服务的实现，同时制造企业在柔性方面的能力可以确保其根据客户的需求来调整服务的设计和交付。此外，制造企业在成本效率方面的优势能够确保其有足够的利润空间来容纳由于提供产品服务所提高的成本。因此，相对制造能力不足的制造企业而言，制造能力强的企业有更强的能力提供产品服务。在对顾客服务需求强劲的背景下，制造企业更有可能以将外部动机转化为服务化的实践来满足客户的产品服务的需求。

（3）服务能力对服务化的影响。制造企业服务化的关键问题是如何摆脱原有的基于制造的价值创造模型，重新考虑价值创造的流程而不仅仅考虑如何向不同的顾客销售产品以及销售不同的产品。随着产品市场发展的成熟，要想实现产品差异化已经变得很困难。在传统的制造范式下，顾客服务只是质量的一个维度，而现有的服务内容不仅仅包括顾客服务，还包括安装基础服务、流程导向的服务、专业服务、运营服务等。因此，在竞争激烈的环境中，制造企业需要不断从服务的多样性、服务文化和服务技能等方面入手来提高企业的服务能力。

同时，顾客的服务需求也推动企业构建服务能力来满足客户的需求。在客户没有服务需求时，服务能力并不能为顾客增加价值，服务能力的构建于企业而言是一种冗余，是资源低效配置的表现。而在顾客有服务需求时，企业的服务能力能够为顾客创造价值。因此，在顾客有服务需求的条件下，企业需要扩大服务种类来满足客户的多样化需求，通过多样化的服务实现差异化。产品服务的服务对象是制造企业的核心产品，对于制造能力很强的制造企业而言，通过产品服务来提升产品的功能和使用便利性是提高产品附加值的途径之一。

2. 案例分析

判断爱菊能否成功实现向服务化转型要从内部能力与外部环境两个层面进行分析。首先在外部环境层面，顾客服务需求提供了服务化转型的外部动机，“菊花节”作为契机让爱菊有了与消费者面对面沟通交流的机会，让爱菊洞察到了顾客的需求，即一方面都市生活的年轻人向往健康饮食，但却因生活节奏的限制难以满足自身的需求；另一方面居家老人的饮食现状表现出饮食结构单一、营养搭配失调等问题，但也因为“不会做 ”“懒得做”“勉强凑合”等原因使问题得不到改善。对此，爱菊抓住了顾客服务需求，这意味着未来的市场前景得到了有力保障。因此，从外部环境而言，基于用户视角提供产品服务让爱菊的服务化转型具有可行性。

内部能力主要可以分为制造能力和服务能力。就制造能力而言，制造企业发展服务化是在考验企业资源高约束下企业的交付能力，而爱菊 80 余年从事生产加工粮食以及近 10 年发展主食产业化的经验为爱菊打造全新的中央厨房提供了坚强后盾；在设备和工艺方面，爱菊自主知识产权的大型智能化馒头生产线，以及全新打造的中央厨房，原材料近乎自给自足，无论是米面粮油、调料，还是部分菜品，爱菊可以在保证品质的同时尽可能降低成本。就服务能力而言，团餐满足了顾客对营养和便捷的双重需求；定制化的服务理念可以满足消费者个性化的需求；同时现有的“爱菊厨房”作为良好的销售渠道，在此基础上进行改造升级，能够很好地强化网络系统性与协调性，从而更好地为顾客提供服务。因此，基于内部能力与外部环境的分析、基于顾客服务需求的驱动，并以自身制造能力与服务能力为双重保障，爱菊实施服务化转型将具有可行性。

五、背景信息

爱菊集团发展大事记（详见附件五）。

六、关键要点

（1）在案例分析中，关键要分析爱菊一体化战略实施的内外部因素，理解一体化战略实施的要点和驱动因素，尤其是理解企业一体化战略的决策过程，并学会运用相应的一体化战略。

（2）通过案例分析，需要理解制造业服务化转型的前因与必要条件，并理解企业发展中战略转型的必要性与重要性。

（3）根据爱菊一体化战略实施和选择的经验，对本土制造企业一体化战略选择给出自己的观点和建议。

七、建议课堂计划

本案例可以作为专门的案例讨论课来进行。如下是按照时间进度提供的课堂计划建议（见图 8.2）。整个案例课分为两个课时，共 95 ~ 115 分钟。

1. 课前计划

提前发放案例，提出启发思考问题，学生据此熟悉案例内容并进行初步思考。

2. 课中计划

课中计划包括教师开场白、案例分组讨论、教师提问与学生回答以及教师点评几个环节。

（1）教师开场白：5～10 分钟。带领学生回顾案例，明确主题。

（2）引入案例讨论：15 分钟。通过导引问题，进入案例阶段。

（3）小组讨论：15～20 分钟。组织学生分组讨论爱菊一体化发展中的关键事件，理解案例内容和基本知识点。

（4）集体讨论：50～60 分钟。由教师按照案例分析思路，结合板书设计，逐步引导学生总结爱菊一体化战略的实施过程，完成案例分析和相关知识点引入。

（5）教师总结：5 分钟。对知识点进行梳理与案例总结。

（6）问答与机动：5 分钟。回答学生的一些额外问题。

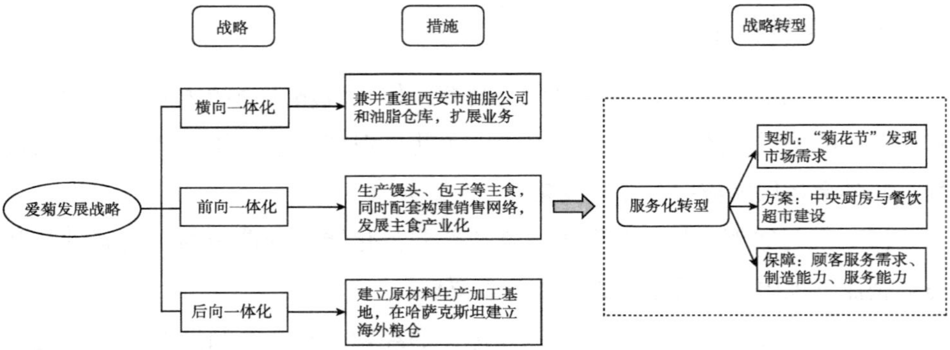

图 8.2　板书参考

附　件

附件一　陕鼓业务板块及业务模式介绍

陕鼓在持续深入推进从单一产品制造商向分布式能源系统解决方案商和系统服务商的转型实践中，形成了“能量转换设备制造、工业服务和能源基础设施运营”三大业务板块，智慧绿色产品及服务广泛应用于石油、化工、冶金、空分、电力（包括核电）、城建（地铁）、环保、制药等国民经济支柱产业领域。

其中，第一板块能量转换设备制造包括各类透平压缩机、鼓风机、通风机、工业能量回收透平、汽轮机、仪器仪表等；第二板块工业服务包括投资业务、金融服务、能量转换设备全生命周期健康管理服务、供应链、EPC 等；第三板块能源基础设施运营包括分布式（可再生）能源智能一体化园区、水务一体化（污水处理）、热电联产、冷热电三联供、垃圾处理、生物质发电以及气体运营等。

陕鼓通过国际化发展实践，整合全球资源，构建了以分布式能源系统解决方案为圆心的“1 +7”业务模式（见附图 1），为流程工业、智慧城市、“一带一路”等领域客户提供设备、EPC、服务、运营、金融、供应链、智能化七大增值服务。目前在全国运营 9 个气体厂、5 个水处理厂、2 个分布式一体化模式发电厂、1 个全球首个能源互联岛全球运营中心及欧洲服务中心、印度服务中心、印尼工程代表处等多个海外机构。

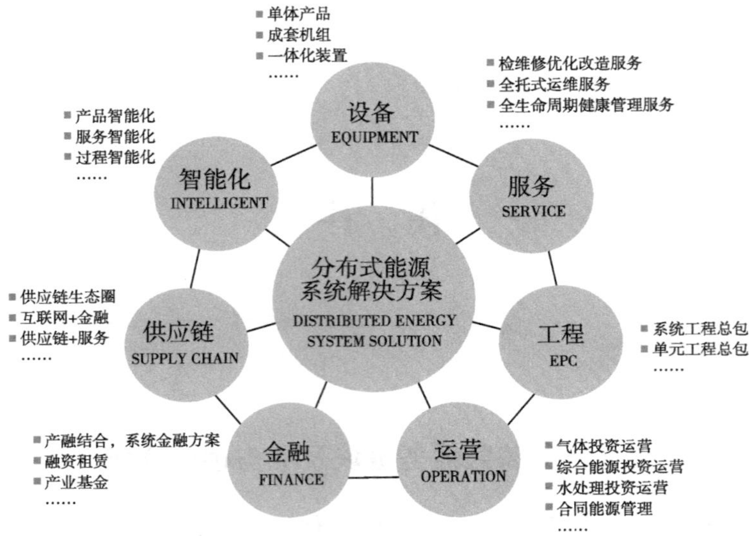

附图 1　陕鼓集团“1 +7”业务模式

附件二　长庆石化素质条目阐释（部分）

降低不确定性

【定义】重视次序、过程的可追溯性，反复对工作和信息进行监督和检查，以降低各类不确定因素。长庆石化作为一家炼油加工企业，安全是第一位的，平稳运行是提升经济效益的基础，产品品质是企业存在的前提，一个小的疏忽、一个操作的失误就可能造成安全事故、引起运行的不平稳、影响产品的品质。因此，规范化运作，对不确定性的规避是长庆石化员工的基本动机素质。

秩序：工作环境的布置的秩序和定制化，工作安排的条理性和计划性，工作程序的规范性。

明确性：拒绝模棱两可，拒绝可能和侥幸心理。

监控：反复检查确认工作，监督其他人的工作。

持续追踪：发现问题和隐患不是工作的结束，而是工作的开始，要持续追踪问题解决和改善的情况，不容忍拖延与疏忽。

【等级与行为描述】

等级	行为描述
1	·工作缺乏秩序性：工作环境物品摆放随意，工作安排没有条理，按照经验处理工作
2	·基本保持一个良好有序的工作场所； ·能够按照已有的规章制度、工作规程展开工作； ·偶有缺乏次序的工作，但不会发生问题
3	·制定工作相关的标准、程序、流程等，减少不确定因素； ·一再检查自己的工作以确保工作及信息的准确度； ·能够发现问题及隐患，并及时做好职责内的工作
4	·以文字的形式记录详细的工作，确保可追溯性； ·在自己工作相关范围内，能够检查监督其他人的工作品质，确定是否符合工作的程序； ·对问题和隐患敏感，能及时发现细小的问题及隐患，除做好职责内的工作外还持续跟踪问题的解决
5	·对管理系统、生产作业系统、安全监管系统等提出系统性的改进，或开发并使用新的系统来确定平稳、降低不确定性； ·从已发现的问题或隐患入手，提出系统性改进措施以杜绝类似隐患再次发生

附件三 长庆石化人才评价表

技能序列职业发展晋升量化评价表

知识经验评价				
序号	评价因素	权重	评 价 标 准	分值
一	岗位操作理论知识	10	近两年月度理论知识考试成绩的平均值除以 10 后作为得分值	0 ~ 10
二	岗位操作技能水平	20	近两年月度应急演练测试/实操测试成绩的平均值除以 5 后作为得分值	0 ~ 20

续表

素质行为评价				
序号	评价因素	权重	评　价　标　准	分值
一	胜任素质：技能精深	5	根据技能类素质模型由直接主管上级进行评价	1～5
二	胜任素质：传授他人	5		1～5
三	胜任素质：关注细节	5		1～5
四	胜任素质：快速持续追踪	5		1～5
五	胜任素质：程序操作	5		1～5
六	胜任素质：敬业	5		1～5
七	行为评议	20	申请者根据技能类素质模型提供2年内的行为及事实证据，由评议委员会根据素质模型行为等级标准打分后乘以0.67为分值	1～20
绩效评价				
序号	评价要素	权重	评　价　标　准	分值
无	年度绩效考核结果	20	近两年的年度绩效考核成绩 优秀：10分；称职：8分；基本称职：5分；不称职：0分	0～20

其他加减分项			
序号	评价要素	评　价　标　准	分值
一	隐患处理能力	·能够及时发现重大事故隐患，并协助相关部门进行处理，每项次3分； ·能够及时发现较重大事故隐患，报告相关部门进行处理，每项次2分； ·能够及时发现一般事故隐患，并能组织相关人员进行处理，每项次1分； 最高加分不超过10分	0～10

续表

其他加减分项			
序号	评价要素	评 价 标 准	分值
二	技能竞赛	·集团级技能竞赛中获得前5名，每项次加5分； ·集团级技能竞赛中获得6～15名，每项次加4分； ·公司级技能竞赛中获得第1名，每项次加3分； ·公司级技能竞赛中获得第2名，每项次加2分； ·公司级技能竞赛中获得第3名，每项次加1分； ·获得团体名次的相应降低一档加分； ·最高加分不超过10分	0～10分
三	参与项目	·有以下项目经验的酌情每项加1～2分： 1. 参与公司重点工程项目，并运用先进工艺技术、解决重大关键性技术问题； 2. 参与公司高、精、尖设备引进投产项目，并做出重要贡献； 3. 参与大修、技术改造、技术创新、技术攻关项目，并取得突出成绩； 4. 参与多次开工、停工，并做出重要贡献。 ·最高加分不超过10分	0～10分
四	论文及科技创新	·在一般刊物上公开发表论文、论著、技术成果，每篇加1分； ·在某一生产工作领域总结出先进的技术操作方法，经推广取得明显经济效益，每项次加1分； ·在驾驭生产装置、技术改造、装置管理等方面提出合理化建议，经实践检验对优化装置运行起到明显作用，每项次加2分； ·获得国家专利，每项次加1分，并应用到生产实践中，取得明显经济效益，每项次再加2分； ·最高加分不超过10分	0～10分
五	安全环保事故	·出现安全环保事故，并承担主要责任，每项次减5分； ·出现安全环保事故，但不是主要责任人，每项次减2分； ·减分不设下限	减分不设下限

注：其他加减分项只参考自上次职业通道晋升至本次晋升申请期间的成果和事件；加分项总分不超过20分。

附件四　职业发展与员工能力开发需求沟通面谈表

职业发展与员工能力开发需求沟通面谈

填表日期：　年　月　日

【目标】

1. 你在未来6年想在长庆石化达成什么样的目标？（考虑2～3个个人和专业目标）

2. 如果你达成这些目标，对你的团队和业务会产生什么积极的影响？

3. 围绕目标，你希望组织中其他人了解什么？

【现状】

1. 对比目标而言，你认为你当前进行到了哪一步？

2. 阶段性目标是什么？

3. 今年你希望达到什么目标？明年呢？

【问题】

1. 什么阻止你达成这些目标？（职业发展的劣势或短板是什么？考虑内部的和外部的因素）

2. 通过克服这些困难，你会建立哪些能力和优势？

3. 你怎么样帮助自己达成目标？

【措施】

1. 我们如何通过意识提升、技能发展、领导能力发展、组织氛围构建等建立你的优势，从而解决上述问题？（公司应该怎么做？员工应该怎么做？）

2. 确保直接上级就以上内容与员工进行充分沟通、面谈！

员工签字确认：

直接上级签字确认：

附件五 爱菊发展大事记

1934 年，河南投资人投资河南信丰银号破产，成立兴记信昌银号，计划资金转投西北发展机制面粉业。

1935 年，投资 30 万银元，成立西安华丰面粉有限公司。

1936 年 2 月，因西安华丰面粉公司与上海兴记华丰面粉公司重名，改名为西安华峰面粉有限公司。

1936—1938 年，华峰面粉公司积极支持抗战事业，每月生产军粮 20 天、面粉 10 天，面粉产量比投产时提高 78%。

1937—1938 年，企业先后成立“华峰抗日工会”“华峰抗日救国会”等爱国组织，积极声援抗战。

1949 年 5 月 20 日，西安解放，胡宗南军队临逃时进厂破坏生产，企业护厂队积极互救确保了主体设施未受较大破坏。

1949 年 12 月，在党和政府的关心下，华峰面粉公司恢复生产。

1950 年，华峰面粉公司走上正轨，年获纯利 4.2 万元。

1950 年，公司推广“前路出粉法”，试制成功“八八粉”，普通粉小时产量增加到 174 袋。

1951 年，创立华山牌红字粉品牌。

1955 年，华峰面粉公司正式由私营变为公私合营，归地方工业局领导。

1956 年，华峰面粉公司划归粮食局管理，并改企业性质为国营。

1966 年，经西安市粮食局批准，华峰面粉公司正式更名为西安市群众面粉厂。

1998 年 10 月，企业成为陕西省、西安市粮食系统首家改制的股份制企业。

2008 年，企业经西安市工商管理局注册成立西安爱菊粮油工业集团。

2009 年，市政府、市粮食局指定爱菊集团为“放心馒头工程”的主要实施单位。

2010 年，在西安港务区筹建粮油物流基地。同年，为扩大馒头等主食的市场投放量，投资360万余元联合开发一条大型馒头生产线。

2011年8月，市政府确定爱菊集团为实施放心豆制品工程执行单位。10月，“西安爱菊豆业有限责任公司”成立。

2012年，开发主食新产品，先后推出多口味包子、卤面、臊子面、扯面、炒米饭、丸子、馄饨及速冻产品等。新建12000平方米的三层现代化主食产业加工车间。

2015年，爱菊集团开始进入哈萨克斯坦建立优质粮油原料基地，响应国家“一带一路”倡议。

2016年3月26日，爱菊进口哈萨克斯坦非转基因优质油脂2000吨，实现“中欧货运班列”首趟满载货物回程。

2016年12月6日，年加工30万吨油脂厂在哈萨克斯坦爱菊农产品物流加工区投产运行。

2017年12月31日，年加工10万吨的面粉厂在阿拉山口爱菊农产品物流加工区投产运行。

2020年9月8日，“首届爱菊丝路文化菊花节”在爱菊港务区园区启动。

2021年5月，爱菊中央厨房改造工程完工并投入使用。